外国语言文学学术论丛

数字化时代的江苏外语生态研究

Jiangsu Foreign Language Ecology in the Digital Age

沈红伟　姜海霞　著

中国人民大学出版社
·北京·

前　言

生态兴则文明兴，生态衰则文明衰。生态语言学研究使我们打破了对传统语言学认识的局限，将多学科的理念和方法运用到语言学研究中。随着数字化时代的发展，作为语言生态重要组成部分的外语生态，其内涵和外延也在不断发生着变化，呈现出丰富多彩、纷繁复杂的特征。这对国家的语言治理能力提出了新的要求，要求国家具备应对这种变化的能力。我国社会发展不平衡，城乡之间、东西部之间在经济发展过程中存在各种发展梯度，由此决定了各地语言生态的差异性，也决定了各地外语生态的差异性。在宏观层面，我国已取得了一批重要成果，但在不同地域的语言生态研究方面仍处于起始阶段，其深度和广度都有待挖掘和拓展。在此背景下，调查和研究江苏地区的外语生态，将进一步丰富和发展生态语言学的研究视野和应用范围，这对提升国家及个人的外语能力、构建健康网络世界的语言生态具有重要的学术意义。

本书主要以生态语言学为理论基础，以数字化时代为背景，采用定性和定量相结合的方法，运用文献综述、理论推导、语料统计、问卷调查、访谈等手段，对江苏地区（含网络空间）外语生态的演变及发展状况展开调查，分析造成语言非生态的原因，并提出相应的对策。本研究旨在帮助公众树立语言生态意识，提升其多语服务能力；为国家制定语言政策和规划、提高语言生态治理能力等提供基础数据和策略，以促进江苏乃至全国的语言生态健康和谐发展。

本书共分五章。第一章主要分析生态语言学的缘起、研究现状及发展趋势。第二章着重研究数字化时代外语生态的特征，为外语生态带来的变化、外语的社会应用及多语种语言服务。第三章分别从江苏公共服务领域双语标识使用现状、在苏高校大学生外语能力状况、江苏企业语言使用状况、江苏社科类科研基金语言学课题立项情况、江苏语言文字学术团体与科研机构建设情况、在苏高校外国语言文学类专业设置与建设情况以及江苏高校英文网站建设状况等七个方面开展调查，对江苏外语生态演变及发展状况进行数据统计与分析。第四章主要从树立正确的外语生态意识，处理好语言生态与外语教育、中式英语和中国英语、外语数智化产品与语言生态的关系等方面探讨外语生态的构建及改善策略。第五章主要从做好语言规划、提升外语能力、加强网络空间语言生态治理、构建和谐语言生态等方面探讨数字化时代外语生态的治理对策。

语言生态可谓千变万化，奥妙无穷。生态语言学研究使我们打破了对传统语言学认识的局限，将多学科的理念和方法运用到语言学研究中，这无论是对加深对语言发展规律和语言演化本质的认识，还是为语言政策与语言规划的制定提供参考均有重要意义。近年来，尤其是 2020 年，突如其来的新冠疫情加速了人们信息素养的全面提升，改变了人们学习外语、使用外语和研究外语的方式。外语正以前所未有的速度进入人们的语言生活，并伴随着时代和社会的发展变化而发展变化着。要想准确、客观、深入地调查和了解它，对之进行全面的分析和探讨，需要渊博的语言学及跨学科的知识和深厚的学术素养，这对我来说无疑是一个巨大的挑战。在写作的过程中，本书的总体框架经过前期的酝酿和中期的多次研讨与修改，成文的书稿也经过多次的校对、调整和补充。书稿能够得以如期完成，离不开南京师范大学汪少华教授和山东工商学院刘白玉教授的指导和鼓励，离不开姜海霞、杨倩怡及南京晓庄学院"啄木鸟行动"外语标识纠错实践团在课题调查、访谈、资料收集和整理方面付出的努力，离不开姜海霞在第三章和第五章中承担的部分书稿撰写工作，离不开在写作期间给予我鼓励和帮助的老师和朋友们。本书能够得以顺利出版和发行，离不开中国人民大学出版社责任编辑为书稿的编校工作付出的细致而专业的努力。在此，我向他们表达诚挚的谢意。另外，本书在成书的过程中，参考和借鉴了国内外大量的专著和期刊，在此，向各位前辈和学者一并致谢。

鉴于时间仓促和自身水平等原因，尽管我们在撰稿时力求严谨，但讹误恐难尽免，敬请广大读者和专家学者批评指正。

沈红伟

2023 年 8 月于南京

目　录

第一章
生态语言学的缘起与发展 …………………………………… 001
1.1　生态语言学的缘起 …………………………………………… 001
1.2　国外生态语言学研究 ………………………………………… 004
1.3　国内生态语言学研究 ………………………………………… 008
1.4　生态语言学研究的本土化 …………………………………… 016
1.5　生态语言学的发展趋势 ……………………………………… 018

第二章
数字化时代外语生态的特征 ………………………………… 021
2.1　数字化时代为外语生态带来的变化 ………………………… 021
2.2　数字化时代外语的社会应用 ………………………………… 024
2.3　数字化时代的多语种语言服务 ……………………………… 033

第三章
江苏外语生态状况的数字化审视 …………………………… 037
3.1　江苏公共服务领域双语标识使用现状调查 ………………… 037
3.2　在苏高校大学生外语能力状况调查 ………………………… 057
3.3　江苏企业语言使用状况调查 ………………………………… 069
3.4　江苏社科类科研基金语言学课题立项情况调查 …………… 084
3.5　江苏语言文字学术团体与科研机构情况调查 ……………… 098
3.6　在苏高校外国语言文学类专业设置与建设情况调查 ……… 112

3.7　江苏高校英文网站建设状况调查……………………………122

第四章
数字化时代的外语生态构建…………………………………… 143
4.1　树立正确的外语生态意识…………………………………143
4.2　处理好语言生态与外语教育的关系………………………153
4.3　处理好中式英语和中国英语的关系………………………157
4.4　处理好外语数智化产品与语言生态的关系………………167
4.5　构建生态话语体系…………………………………………173

第五章
数字化时代外语生态的治理对策……………………………… 179
5.1　做好语言规划………………………………………………179
5.2　提升外语能力………………………………………………186
5.3　加强网络空间语言生态治理………………………………190
5.4　构建和谐语言生态…………………………………………199

参考文献 ……………………………………………………………205

第一章

生态语言学的缘起与发展

生态兴则文明兴，生态衰则文明衰。生态不单单是一个科学的概念，它还融合了天人合一的观念。无论是西方的《圣经》还是东方的传统哲学抑或是儒家学说，无论是科学研究还是商业发展抑或是人们的日常生活，人与自然以及自然中其他生物之间的关系都是其中一个永恒的主题（黄国文 等，2019）。生态语言学的兴起，是回应时代的需求。生态语言学研究使我们打破了对传统语言学认识的局限，将多学科的理念和方法运用到语言学研究中，这无论是对加深对语言发展规律和语言演化本质的认识，还是为语言政策与语言规划的制定提供参考均有重要意义。

本章在介绍生态语言学的缘起、国内外研究成果的基础上，侧重分析生态语言学研究的本土化及发展趋势。

1.1 生态语言学的缘起

关于语言的科学研究可以追溯到一百多年前索绪尔（Saussure）提出的现代语言学。语言学是关于语言的科学研究；语言是现象，是研究对象，语言学是研究语言的理论和方法（黄国文，2023）。语言学可以分为理论语言学（也称普通语言学）和（广义的）应用语言学。理论语言学关注的是语言系统和语言系统中的各个要素，而应用语言学关注的则是语言理论的应用和以语言学为主体的交叉学科研究。生态语言学同社会语言学、心理语言学一样，属于"应用语言学"研究的范畴。

生态语言学的理论基础可以追溯到西方学者对生态问题的研究。加纳（Garner, 2004）认为生态语言学借鉴了生态思维的观点，认为人们应该从整体、动态、互动和环境四个角度重新认识语言。整体观认为语言与其使用的环境是紧密相连的，它只是复杂社会交际文化网络的一部分。语言不是独立存在的，而是与社会、文化和环境相互作用的。动态观强调了语言与语境的动态变化。每个语境都具有固定的动态性，每个对话都具有潜在的不可预测性，所以语言的含义随着语境的动态变化而千变万化。互动观认为语言是交流的手段，也是交流的产物。语言与非语言形式、说话者的生理与心理状态、社会背景等构成一个复杂的网络，它们之间相互作用、相互影响，呈现出独特的互动性。环境观源于整体观、动态观和互动观，认为环境不仅仅是语言的背景，更是它的基本组成部分。生态语言学将语言现象置于生态文化背景中，将其视为一个整体的开放型生态系统，研究语言符号的生态性质和语言发展的生态规律。这些观点为后来的生态语言学研究奠定了基础，并为我们理解语言与环境的关系提供了重要的思路。

"生态语言"概念最早由艾纳·豪根（Haugen）于1972年提出，主要是研究语言与生态之间的相互关系，即从生态的角度研究语言（系统）和语言使用（实例）。语言生态（也称语言生态学）有两种基本模式：一种是豪根模式，另一种是韩礼德（Halliday）模式。豪根将"生态"解释为言语社区生态，认为语言生态是有关语言与言语社区生态之间关系的科学，将"生态"作为"环境中的语言"的隐喻，豪根模式也被称为"机构生态语言学"。语言生态学的隐喻模式研究所有可能增强或削弱语言功能的环境因素，关注语言的生存发展状态、语言多样性、濒危语言保护、语言活力、语言进化、语言规划、语言推广、语言服务、语言纯洁与净化、语言与现实世界的互动关系、语言与网络虚拟世界的关系、语言多样性与生物多样性之间的关系、生态系统与文化系统之间的关系等。其中，作为语言使用者的"人"构成了非常重要的因素，因为语言的状况与语言使用者的生活状况紧密相连。语言使用者的语言状况在很大程度上决定和影响着社会的发展与文化的传承，语言使用者的外语状况将反过来影响到中国文化的海外传播、文化的交流互鉴，进而影响到中国参与全球治理的广度和深度。

韩礼德从生物学上研究"生态"，将"生态"解释为"自然生态"，研究语言在生态环境中的作用和影响，认为生态语言学是一种语言和自然生态之间关系的科学，又称其为"系统生态语言学"，是一种非隐喻研究模式。韩礼德关注语言的使用对生态环境的影响，尝试通过分析语言来发现语言与生态相关的问题（如语言对生态环境的作用、生态语法、生态翻译等），揭示语言在反映和构建生态现实中的角色和作用，进而对人们的生态哲学观、生态伦理、生态价值观及生态行为产生影响。

黄国文（2016）指出，韩礼德模式强调语言在各种生态问题中的重要作用，突出语言学家的"社会责任"，提醒语言学家要记住自己在环境保护方面能做出哪些工作和贡献。采用韩礼德模式的学者中，有相当一部分人从话语批评角度审视人们赖以生存的话语，包括对日常生活中语言使用的批评性研究和语言系统的生态特征和非生态特征研究，同时通过改变语言系统模式和语言使用方法，使得语言更适合于自然生态系统，使语言系统与生态系统更加和谐。

生态语言学的这两种模式好比一枚硬币的两面，相互补充。从当下的情况来看，在进行生态语言学研究时，研究者虽然会受到自身因素的制约，在研究时会出现有所侧重的情况，但由于语言和语言使用者都是生态系统的组成部分，言语社区环境也是生态系统的组成部分。因此，对语言和言语环境之间关系的研究可以上升到对语言、人类、非人类有机体和自然环境之间关系的研究（黄国文 等，2019）。生态语言学不再将语言看作一个封闭的系统，而是将语言现象置于生态文化背景中，研究语言符号的生态性质和语言发展的生态规律，探讨语言多样性以及语言在生态和环境发展及问题解决路径中的作用。生态语言学不仅仅是对语言进行描述性研究，而且是一门前瞻性或治疗性的研究。它致力于理解语言与环境的关系，为解决生态问题提供思路和方法。

生态语言学研究不像单一的语言学内部的研究那样，仅用单一的语言学的理论、观点和方法研究语言问题。生态语言学是跨学科（超学科）的，而且在某种程度上其研究的理论和方法是开放的。在生态语言学（语言生态学）的研究中，人们可以运用生态学的理论、观点和方法探索世界语言系统中的语言问题，探索语言的"生态"变化及其发展情况，获取语言的生态对策，为进一步优化世界语言的生态系统而做出贡献。生态语言学与生态学和生态工程学不同，生态学可以为人们提供生态知识，生态工程学可以将生态保护落到实处。生态语言学无法保证通过语言可以立竿见影地解决生态环境问题，立刻改变生态现状。如果说生态学和生态工程学在生态环境保护中发挥着"硬实力"作用的话，那么生态语言学发挥的则是一种"软实力",是一种间接的作用(黄国文 等,2019)。生态语言学可以从语言的角度揭露生态问题,展示生态现实,帮助人们在阅读和交流中透视生态现象,提升他们的生态意识和生态素养,培养敬畏自然、热爱周围每一个物种的生态人。人们通过语言往往可以改变对生态环境的态度和行为。良好的语言生态则可以提升公民的语言生态意识,提升一座城乃至一个国家和民族的文化交流与互鉴,提高城市的国际化程度和对外开放与交流能力。

生态语言学的兴起,是回应时代的需求。生态语言学关注语言规划、语言治理、语言服务、语言纯洁与净化、语言与现实世界的互动关系、语言与网络虚拟世界的关系、生态系统与文化系统之间的关系等。生态语言学研究使我们打破了对传统语言学认识的局限,将多学科的理念和方法运用到语言学研究中,这无论是对加深对语言发展规律和语言演化本质的认识,还是为语言政策与语言规划的制定提供参考均有重要意义。我国是一个疆域辽阔,人口众多,拥有多民族、多语言、多方言的国家,语言资源丰富和语言生态环境复杂是当前语言生态的特点。在宏观层面,我国已取得了一批重要成果,但在不同地域的语言能力研究方面仍处于起始阶段,其深度和广度都有待挖掘和拓展。致力于生态与语言问题研究,把学术研究置于社会实践,把理论用于解决社会现实问题,这是新时代语言工作者的重任(黄国文 等,2018)。

我国社会发展不平衡,城乡之间、东西部之间在经济发展过程中存在各种发展梯度,由此决定了各地语言生态的差异性,也决定了各地外语生态的差异性。在此背景下,调查和研究江苏地区外语生态,将进一步丰富和发展生态语言学的研究视野和应用范围,这对提升国家外语能力、构建健康网络世界的语言生态具有重要的学术意义和实践价值。

1.2 国外生态语言学研究

很早以前国外学者便开始探讨语言与生态的话题,生态思想的萌芽可追溯至达尔文1859年《物种起源》一书的问世。达尔文的科学进化论思想是人类科学史上具有划时代意义的突破,其影响触及人类生活与研究的方方面面,如1866年德国生物学家厄恩斯特·黑克尔(Ernst Haeckel)首次提出"生态学"(ecology)概念并将其定义为"研究生物体与其周围环境相互关系的科学"就是最好的例证。

"生态学"概念的提出，为其后生态语言学的诞生做了理论上的准备（李美霞 等 2017）。另外，18世纪末德国学者威廉·冯·洪堡（Wilhelm von Humboldt）曾注意到语言与人的精神、民族的特性以及地理因素的关系。他认为人类的命运与某一地理位置内的语言相联系，强调了地理因素对语言的影响。这可以看作是语言生态思维的初步萌芽。英国人类学家马林诺夫斯基（Malinowski）也曾指出在实际应用语言时，一字的意义并不是神秘地包含在一字的本身之内，而是包含在特定情境中。他强调了语言运用的意义与人类的各种动作相关联，是一切身体行为不可或缺的配合物。这一观点将功能主义和生态思维结合起来，进一步拓展了语言与环境的讨论。美国语言学家萨丕尔（Sapir，1912）也对语言与环境的关系进行了反思。他认为语言学家应该关注语言与自然环境的关系，探讨语音、词汇和语法系统如何反映自然环境。同时，他也意识到语言与文化之间的联系，以及不同社会态度和语言结构在不同文化中的多样性。尽管萨丕尔没有明确提出生态语言学的概念，但他被视为语言生态学或生态语言学研究的先驱。

将这些问题作为一个学科来探究则是最近几十年的事情。语言生态的概念是由美国语言学家豪根正式提出的。他认为语言研究不应局限于语言内部，而应扩展到外部环境。他将语言视为一种生态隐喻，并主张将语言作为一种生态隐喻来研究。这一概念得到了越来越多的语言研究者的认可，并出现了以语言生态学或生态语言学为主题的著作。国外的生态语言学相对于国内发展较早、历史较长，因此也更为成熟，且呈现出更多样化的研究路径。国外生态语言学的学科发展大致可以分为萌芽阶段、发展阶段和多样化阶段。生态语言学的萌芽阶段主要指豪根和韩礼德的经典生态语言学研究模式的形成。发展阶段是指利用豪根模式展开对语言与其言语社区关系的研究，包括语言政策、语言规划、语言保护和语言活力等问题，以及借助韩礼德模式展开的语言对生态环境影响的研究，包括对语言中施事、指示语、委婉语、名物化结构等问题的讨论。21世纪以来，以斯蒂比（Stibbe）、斯特芬森（Steffensen）和考利（Cowley）等为代表的国外生态语言学家在不同理论的指导下，从更多路径将生态语言学研究推向了新的阶段，实现了生态语言学与不同学派、不同学科的结合与融合，向生态语言学的整合型和多样化阶段迈进。多样化阶段的主要代表人物有奥地利的阿尔温·菲尔（Fill）、英国的阿伦·斯蒂比、丹麦的苏内·沃克·斯特芬森、英国的斯蒂芬·考利。

阿尔温·菲尔主要致力于构建"应用生态语言学"，强调生态语言学在解决实际问题方面的应用潜力。他在认可语言多样性的基础上，进一步拓展了其研究范畴。他强调语言以及生态语言学对外部世界和生态环境的认知与影响，并研究如何解释这种影响以帮助解决相关的生态问题。菲尔呼吁不同地区的生态语言学研究团队应该加强交流与合作，建立一个世界范围的生态语言学学术共同体。菲尔本人身体力行，与世界各地的生态语言学研究团队保持积极互动。他认为生态语言学的研究已经不再局限于北美、欧洲和澳大利亚，而是在全球范围内得到了发展。他不仅建立了自己的研究团队，还与丹麦的人类互动研究中心、中国的生态语言学研究会等团队保持合作。这种积极互动有助于促进不同地区生态语言学的发展。近年来，菲尔接受了中国的《鄱阳湖学刊》和巴西的《巴西生态语言学学刊》的专访，他在这些专访中提出了关于生态语言学发展和不同地区生态语言学学术团体交流合作的建议。这些建议对于推动生态语言学的发展具有重要意义。通过加强交流与合作，不同地区的生态语言学研究团队可以共享经验和资源，互相学习和借鉴。建立世界范围的生态语言学学术共同体，将有助于加强生态语言学的影响力和推动生态语言学的发展。

阿伦·斯蒂比对生态语言学的界定和分类做出了重要的贡献。他将生态语言学定义为关于语言与可持续生活之间互动关系的研究，并将生态话语划分为有益性话语、中性话语和破坏性话语。他提出了生态哲学观的七个要素，包括重视生活、福祉、现在和未来、关怀、环境极限、社会公正和恢复。这些概念和分类为生态语言学的研究提供了框架和指导。在实践方面，斯蒂比运用大量实例进行了生态话语的分析。他基于生态话语的基本类型和生态哲学观，对意识形态框架与构架、隐喻、评估与评价模式、身份信念与真实性模式、删略和凸显等八种生态主题进行了话语分析。这种分析方法对于理解和解释生态话语在全球化语境下的作用具有重要意义。此外，斯蒂比还探讨了生态文学和环境教育的相关问题，为未来生态语言学的发展提供了借鉴思路。他的研究进一步拓宽了菲尔的应用语言学的学术内涵，为生态语言学的发展做出了重要贡献。

斯特芬森的生态语言学可以概括为哲学观、学科观、语言观和生态观四个方面。在哲学上，他批判了传统语言学中的自然文化二元论，认为这种二分法割裂了自然与文化、语言与生物之间的联系，使生态语言学陷入困境。他提倡采用辩证的视角，从生态哲学的角度看待人、社会和自然的关系，因此他的观点被称为辩证生态语言学。在学科上，他将生态语言学看作重新定位语言学研究未来发展的生命科学，强调生命系统对语言系统的包容性、语言学研究的价值性以及生态语言学对语言学发展的变革性。从语言上看，他反对传统语言学的语言线性还原论，提出自然化语言观，批判了本体本质论和本体现象论两种本体论的极端倾向。从生态上看，他认为经典生态语言学对环境的不同理解引导了四种语言生态概念化的途径，即符号生态、自然生态、社会文化生态和认知生态。他主张将这四种概念化途径统一纳入自然化语言模式，形成单一解释框架内的描述维度。斯特芬森的研究历程表明，他倾向于对语言和认知生态进行系统探索。

考利是分布式语言学研究会的创始人之一，也是南丹麦大学人类互动研究中心的核心成员之一。他的研究主要关注生态语言学和生物生态学的相互关系，包括分布式语言学、生物生态共存观和激进生态语言学这三个议题。他的著作对这三个方面产生了较大的影响，包括他主编的论文集《分布式语言》、论文《生物生态和语言的必然统一》和论文《生命和语言：探索意义、生物、符号》。分布式语言学包括历史背景和基本观点两个主要部分。历史背景涉及分布式语言学观念的学术渊源和发展历程。在考利早期提倡的分布式语言运动中，他和其他成员都认为语言活动是在人脑、身体和外部世界的协同作用下进行的，这构成了语言学研究的分布式视角。这一运动对生态文学的发展做出了贡献，其中之一是运用非洲文化哲学概念如"伊布巴"来建立自然与认知之间的联系，反对将自然科学和人文科学对立看待。这与生态语言学的哲学特质是一致的，因此，考利的分布式语言观与斯特芬森的观点是一致的。他们反对传统语言学的符号观，承认语言的集体性、个体性、对话性和感知性。基于分布式语言观，考利提倡在生态语言学研究中推广生物生态共存观。这个观点的基本立场有两个：第一，语言是生物生态的一部分；第二，人类是世界的一部分。在培养人类生物生态共存观的过程中，考利强调在生态危机的大背景下应引导生态人反思人类的过去、现在和未来，并思考生态语言学的价值和美学问题，以及所谓的人类的自然性和自然的人文性的统一。他特别指出，这种以"伊布巴"为代表的生物生态共存观与中国古代的"天人合一"的和谐观在本质上是相符的，二者都承认人类、自然、社会和心智的和谐统一。在对生态语言学的四种概念化途径进行评判的基础上，考利提出了生态语言学的第五种范式，即激进生态语言学。这种新视角结合了分布式语言观和生物生态共存观，主张语言活动是生命系统的一个重要组成部分。他以生命和语言之间的关系为出发点，以认知生态为基础，将生命生态语言学定义为对语言、言语存在和其他生命系统的双重关系进行研究。这里的生命系统包括人类、动物、植物和菌类等不同的生命形式，而人类在这个生命系统中扮演着主体角色。考利进一步指出，要建立这一新的研究框架，生态语言学家需要坚持分布式语言观和生态生物共存观，将生命系统的各个组成部分的活动和生态责任联系起来，探索具有可行性和可操作性的实践路径。

斯特芬森和菲尔（Steffensen et al., 2014）提出了生态语言学的四种概念化途径，即符号生态、自然生态、社会化生态和认知生态。斯蒂芬·考利在一个访谈中将豪根视为符号生态派的代表，将斯蒂比视为自然生态派的代表，将韩礼德视为社会文化生态派的代表。这种划分或许有些生硬，但对初学者可能很有帮助。

如果以豪根发表的文章（1970，1972，2001）作为标志，国外的生态语言学已经有接近 50 年的发展历史，主要可以分为五大学术研究群体（李美霞 等 2017），他们是以阿尔温·菲尔为代表的"格拉茨团队"、以乔尔格·多尔和乔尔格·克里斯蒂安·邦为代表的"欧登塞团队"、以彼得·缪尔豪斯勒和约书亚·纳什为代表的"阿德莱德团队"、以路易莎·马菲为代表的"地球语言组织"和以希尔登·荷奴里奥·库托为代表的"巴西利亚小组"。

除以上先驱人物和骨干人物外，其他代表人物有澳大利亚的彼得·缪尔豪斯勒、英国的马克·加纳、奥地利的理查德·亚历山大、香港岭南大学的安德鲁·格特力等人。

总的来说，国外生态语言学研究经历了理论探讨和实践发展的阶段，呈现出多样化的研究路径，建立了生态语言学网站，成立了正式的学术组织，发表了大量的论文并出版了一些专著。但由于目前生态语言学研究还尚未完全确立完整的学科体系、研究内容和方法，未来的发展空间仍然很大。

1.3 国内生态语言学研究

中国的生态语言学研究是在引介西方"生态语言学"理论的基础上发展起来的，经历了引入和本土化发展两个阶段。郑通涛（1985）早在《语言的相关性原则——〈语言生态学初探〉之一》一文中开始使用"语言生态学"的概念，随后李国正在《生态语言系统说略》（1987）和《生态汉语学》（1991）中则使用"生态语言学"的概念。到 21 世纪初，多位学者相继在重要期刊发文介绍了生态语言学，黄知常、舒解生（2004）使用"生态语言学"的表述，指出生态语言学是在生态语言观的基础上衍生出的新兴边缘学科。生态语言学作为一个广义的概念，包括了豪根模式的研究和韩礼德模式的研究。根据范俊军（2005）的说法，"生态"首先是一个隐喻的概念：语言生态就是语言与其所处的生态环境的关系，包括族群、社会、地理、历史等因素，属于生态语言学的研究范畴；同时，"生态"也是一个非隐喻概念，生态系统语言就是有利于生态系统健康、和谐发展的语言，属于生态语言学的研究内容。一般情况下，"生态的"是一个传递正面信息的词汇，其含义是"健康的、和谐的、平衡的、绿色的"。就语言生态学和生态语言学来说，"生态"是一个概括性的中性词汇，其基本点和核心是整体性和系统性，强调的是各成分在生态系统中的地位、作用和相互关系，以及它们对生态环境做出的反应。语言生态学既包括语言的生态因素，也包括语言的非生态系统（不利于生态健康发展的因素）。也就是说，当"生态"作为学科层面的含义时，表达的是整体性和系统性的含义，而当"生态"用于修饰语类型时，它指的是合乎生态的、推动人与自然和谐共生的话语。另一种解释是从"语言生态学"和"生态语言学"的语法结构入手："语言生态学"是"生态学"中的一个研究分支，而"生态语言学"则是语言学的一个研究分支。由于他们属于不同的学科，所以研究目标、研究范式、研究方法就可能是不同的或有明显差异的。但是从根本上讲，"语言生态学"和"生态语言学"都研究语言与生态相关的各种各样的问题。当然，不同的术语产生于不同的背景，有着不同的含义和意义，然而从目前国内外情况看，"ecolinguistics"（生态语言学）用得比较普遍，是能够囊括这个学科属性的术语。

范俊军（2005）指出生态语言学是生态学与语言学相结合而形成的新兴语言学分支，其任务是通过分析语言的生态因素，揭示语言与环境的相互作用。生态语言学有两大领域，一是运用生态学原理，调查和研究影响语言功能的各种因素，考察语言生存与发展的生态环境，对各种语言的活力和生存状况做出评估；二是对话语或语篇做微观研究，分析语言系统和语言使用的非生态特征。生态语言学将语言、语言使用、语言研究当作当代生态问题的组成部分加以考察，具有应用学科的特性。这与黄国文（2023）在《什么是系统功能语言学》一文中谈到的语言学的分类不谋而合。黄国文指出语言学分普通语言学（也称理论语言学）和应用语言学，前者主要关注语言系统和语言系统中的各个要素；后者主要关注语言理论的应用和以语言学为主体的交叉学科研究，而生态语言学则属于典型的交叉语言学研究的范畴。

生态语言学的发展状况可以追溯到 20 世纪 70 年代末和 80 年代初。在这个时期，学者们开始关注语言与环境之间的联系，并开始研究语言在环境问题解决中的作用。生态语言学的研究内容包括语言对环境的描述、环境问题的语言表达以及语言对环境意识的塑造等。生态语言学的研究方法多样，包括语料库研究、实地调查、问卷调查和实验等。学者们通过收集和分析语言数据，探索语言在环境问题上的表达方式和影响力。他们还通过实地调查和问卷调查等方法，了解人们对环境问题的态度和意识，并研究语言对环境意识的塑造作用。生态语言学的研究成果对环境保护和可持续发展具有重要意义。通过研究语言与环境之间的关系，人们可以更好地理解语言对环境问题的反映和影响，从而提出更有效的环境保护策略和措施。此外，生态语言学的研究还可以促进不同语言和文化之间的交流和理解，为全球环境合作提供支持。生态语言学的发展状况、研究内容和研究方法等方面的概述可以引起人们对这个领域的关注。通过深入研究语言与环境之间的关系，人们可以更好地理解和解决环境问题，为可持续发展做出贡献。王晋军（2006）提出绿色语法的概念，它以反对语言系统中的"人类中心主义"为出发点，对语法中的非生态因素进行批评，同时寻找与生态相和谐的语法，以图达到人类与生态环境的和谐共存。张彩华、黄国文（2019）从生态语言学的视角对语言结构的生态性加以分析，力求揭示语言结构所隐含的生态意义。周文娟（2019）提出"和谐生态语言学"理论，是对国内生态语言学研究的进一步发展。

生态语言学的兴起与发展，是回应时代的需求。近年来，在综合考虑中国的发展环境和话语环境的基础上，多位学者（黄国文、何伟、周文娟、赵奎英、赵蕊华、陈旸、苗兴伟、冯广艺等）在积极推动生态语言学发展，如图 1-1 所示。学者们从不同的研究视角探讨语言与环境的关系并产生了不同研究路径：从豪根模式（隐喻模式，1972）与韩礼德模式（非隐喻模式，1990）到斯特芬森和菲尔提出的四分法及后来简化而成的三分法，再到黄国文、陈旸（2016）归纳的生态语言学研究的三个切入点（自然环境、心理环境及社会环境），反映了生态语言学的发展趋势，同时也表明语言的环境可以进行多维度的解读。黄国文等（2019）指出对语言和言语环境之间关系的研究可以上升到对语言、人类、非人类有机体和自然环境之间关系的研究。黄国文在批评话语分析、积极话语分析、多模态话语分析、生态话语分析的基础上提出了"和谐话语分析理论"，力

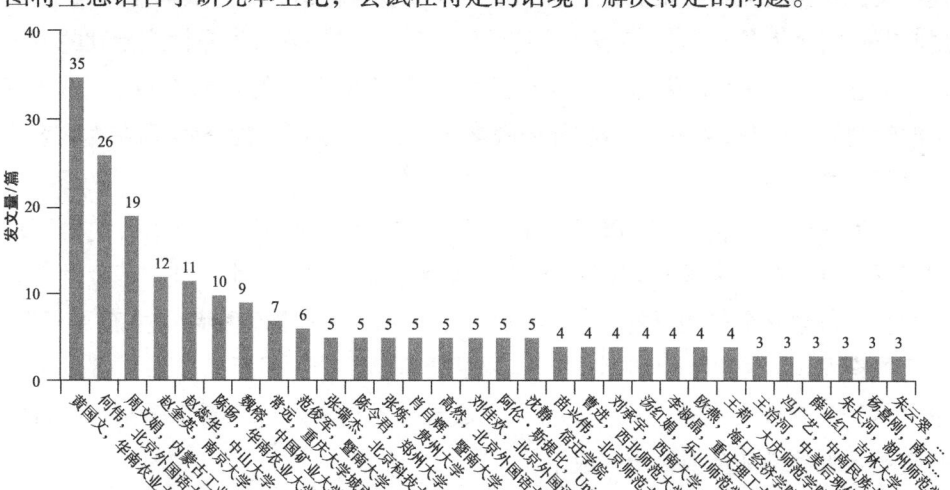

图将生态语言学研究本土化，尝试在特定的语境下解决特定的问题。

图 1-1　中国知网"生态语言学"学术论文作者分布

图 1-2 显示，截止到 2023 年 8 月 4 日，在中国知网以"生态语言学"为主题进行检索发现，2004 年发文数量为 4 篇，2016 年发文数量达到 65 篇，之后持续增长，于 2020 年达到高峰，发文 176 篇，2021—2022 年略有下降，发文量维持在 150 篇左右，自 2004 年以来累计发文 1 238 篇，说明了生态语言学在国内实现了快速发展，这在一定程度上也反映了越来越多的学者在关注和研究生态语言学。

图 1-2　中国知网"生态语言学"学术论文发表年度趋势

生态语言学是一门具有良好发展前景的学科，同时学科的发展离不开期刊的支持。近年来，国内多家学术期刊发表了多篇生态语言学论文，如《中国外语》《北京科技大学学报（社会科学版）》《外语教学》《外语研究》《外语与外语教学》《现代语文》《中国社会科学报》《山东外语教学》《西安外国语大学学报》《鄱阳湖学刊》《校园英语》《海外英语》《英语广场》等，多家学术期刊通过专栏或专刊的方式推广生态语言学研究成果，如《中国外语》《北京科技大学学报（社会科学版）》《鄱阳湖学刊》《外国语文》《外语与外语教学》等。越来越多的学术期刊在为生态语言学研究搭建平台。

任何一个学科的发展都离不开社科基金的支持，近年来生态语言学研究得到了国家社会科学基金、国家自然科学基金、教育部人文社会科学基金及各省哲学社会科学基金等项目的支持，如图 1–3 所示。在中国知网以"生态语言学"进行检索发现，93 篇学术论文属于国家社会科学基金项目研究成果，18 篇学术论文属于教育部人文社会科学基金研究成果，其他文章分别属于国家自然科学基金或省级社科基金项目研究成果。

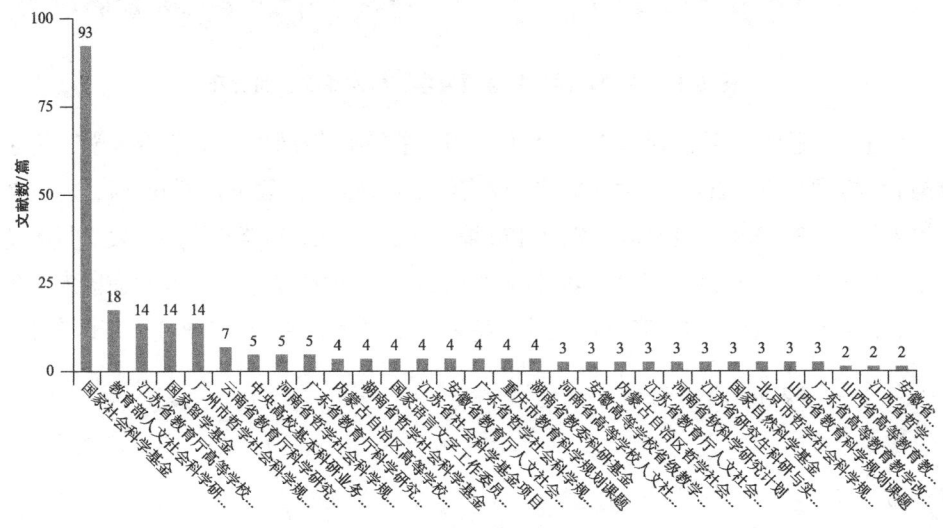

图 1–3 中国知网"生态语言学"学术论文发表基金分布

除了学术研究的推进和学术成果的积累，中国生态语言学的发展还体现在专题学术会议的召开、专题研修班的举办上。中国学者和专家组织召开的"国际生态语言学研讨会"在 2016—2022 年已经召开了六届，如表 1–1 所示。第一届国际生态语言学研讨会于 2016 年在华南农业大学召开，国际生态语言学学会主席、英国格鲁斯特大学生态语言学教授阿伦·斯蒂比，在贺信中表示：Discourse analysts can critique contemporary destructive discourses like consumerism and neoliberalism and analyse Chinese sources for positive alternatives, using the framework of Harmonious Discourse Analysis proposed by Professor Huang Guowen.（话语分析者可以批评当代的生态破坏性话语，如消费主义话语和新自由主义话语，进而分析源自汉语的具有积极意义的话语。[对于这一类话语分析者来说，建议]采用黄国文教授提出的和谐话语分析作为理论框架。）国际生态语言学学科主要奠基人、奥地利格拉茨大学阿尔温·菲尔教授在贺信中表示：China ... a country which has all the resources for doing marvelous work in ecolinguistics and which has already contributed its own ideology to ecolinguistics: harmony is a great word which

表1-1 历届国际生态语言学研讨会

时间	会议名称	会议主题	地点	会议规模
2016年11月25—27日	首届国际生态语言学研讨会	中文语境下的生态语言学	华南农业大学	来自中国、丹麦、美国、俄罗斯、新加坡等10多个国家和地区的近300名专家、学者参会
2017年8月26—27日	第二届国际生态语言学研讨会暨第十九届功能语言学与语篇分析论坛	国际语境下的生态语言学研究	北京外国语大学	200名专家、学者参会
2018年10月27—28日	第三届国际生态语言学研讨会	生态文明建设与生态语言学研究	贵州师范大学	来自国内外高校的170余名专家、学者参会
2019年8月12—15日	第四届国际生态语言学研讨会	言语行为与生态文明：走向与生命科学的融会贯通	南丹麦大学	来自24个国家的80多名代表参会
2021年4月12—14日	第五届国际生态语言学研讨会 The Fifth International Conference on Ecolinguistics	Ecolinguistics in action: Tackling Real-World Issues	University of Liverpool	Online (Platform TBC)
2022年9月21—24日	第六届国际生态语言学研讨会 The Sixth International Conference on Ecolinguistics	Language, Time and Sustainability: Ecolinguistics for, with, after and against the Future	University of Graz	Online

资料来源：笔者整理

characterizes the Chinese attitude to ecolinguistics and harmony is something we urgently need in all parts of the world.... China is an ideal country for emerging and widening the ideas of equal linguistics. China has a great number of important linguistics who cannot further dimensions to equal linguistics but China is also a country in which equal linguistics is particularly important — I am thinking for instance of its great diversity of languages and cultures but also of the diversity of its plants, animals and landscapes.

中国生态语言学战略发展研讨会（截止到 2023 年 11 月）已召开了八届，如表 1–2 所示。北京外国语大学中国外语与教育研究中心与其他机构合作，于 2017 年 3 月在 U 讲堂（外语教师发展智慧平台，Unipus）举办了"生态语言学"课程，并开设了多期生态语言学研修班（2018 年 9 月，2019 年 7 月，2021 年 8 月，2023 年 7 月），研修学员从最初的一期 30 多人增加到 2023 年的一期 300 多人。研修班通过理论讲解、方法阐释、案例分析等方式探讨生态语言学的理论发展与生态话语分析的中国实践，帮助参班教师领悟生态语言学发展前沿，提升生态话语分析能力，推动生态语言学学科研究实现新发展。

除了在本土辛勤耕耘，中国生态语言学研究者也非常注重与国际同行的合作，积极参加国际生态语言学学会的活动。学会的中国地区代表是黄国文教授，系统功能语言学主题代表是何伟教授，中国还有两个国际生态语言学协会的合作伙伴，分别是华南农业大学的生态语言学研究所和厦门大学的生态文学小组。为推动新兴学科"生态语言学"的建设和发展，促进与国际学界的沟通和交流，服务我国及全球生态文明建设，2017 年 4 月在国际生态语言学学会的支持下，中国生态语言学研究会成立，会长是北京外国语大学的何伟教授，三位副会长是北京师范大学苗兴伟教授、广州大学王晋军教授和华南农业大学陈旸教授，名誉会长是华南农业大学黄国文教授和北京外国语大学王文斌教授。"中国生态语言学研究会"的成立是生态语言学发展史上的一个里程碑，它代表着中国以集体组织的方式加入了"国际生态语言学学会"（The International Ecolinguistics Association），也意味着中国学者将以团体的方式共同承担生态语言学研究与语言研究者的社会责任。研究会自成立后，已开展了多次国际及全国范围的学术活动，包括国际生态语言学研讨会、全国生态语言学研讨会、中国生态语言学战略发展研讨会、生态语言学研修班等，已取得数量可观的重要学术成果，大力促进了生态语言学学科的发展，使该学科成为语言学领域的一个新的增长点，在国内及国际学界产生了积极的影响。

表 1–2　历届中国生态语言学战略发展研讨会

时间	会议名称	会议主题	地点	会议规模
2017年4月28日	第一届中国生态语言学战略发展研讨会	"生态语言学"学术会议和"中国生态语言学研究会"成立会议	北京外国语大学	80余人
2018年10月13日	第二届中国生态语言学战略发展研讨会	/	北京外国语大学	100余人
2019年4月19—21日	第三届中国生态语言学战略发展研讨会	新时代生态文明建设背景下中国生态语言学的发展，所面临的机遇、问题与挑战	北京外国语大学	100余人
2019年10月10—13日	第四届中国生态语言学战略发展研讨会	新时代中国特色社会主义时代下的生态语言学研究	昆明理工大学	150余人
2020年8月22—23日	第五届中国生态语言学战略发展研讨会	生态文明与生态语言学	山东师范大学（线上）	会议为线上形式，采用腾讯会议、B站等网络直播形式，430多位专家、学者参加，听会人员达1.7万人次
2021年10月9—10日	第六届中国生态语言学战略发展研讨会	生态语言学研究与生态文明建设	北京外国语大学（线上）	会议采用腾讯会议和B站直播的方式进行，300多位专家、学者、硕博研究生参加，听会人数达1.3万人次
2022年6月18日	第七届中国生态语言学战略发展研讨会	新时代生态语言学研究与生态文明建设	贵州师范大学（线上）	会议采用腾讯会议直播形式，170余位专家、学者、硕博研究生参与了此次会议。
2023年9月23—24日	第八届中国生态语言学战略发展研讨会	中国式现代化背景下的生态语言学研究	广州大学	会议形式：线上

资料来源：笔者整理

越来越多的中国学者开始关注生态语言学,生态语言学的研究路径、研究模式和研究方法在朝着多样化的方向发展。如何实现求同存异,即如何在保持不同研究方向的同时实现整合,如何在基于中国语境的同时走向世界,与世界同行一起进行生态语言学研究,是未来中国生态语言学研究需要解决的问题(黄国文,2019)。

国际生态语言学研究的同行,也很关注中国生态语言学的发展状况和中国学者的观点。国际生态语言学研究界对中国学者采用"和谐"这个关键词和研究视角具有浓厚兴趣,菲尔和彭茨(Fill el al., 2018)在谈到中国生态哲学观与生态语言学研究时说,在今后的几十年里这方面还有很多工作可以做。生态语言学是研究语言与自然及社会环境相互影响的一门学科,涵盖语言的生态研究以及语言的生态性研究,既具有应用语言学学科属性,又具有超学科属性。国内的生态语言学研究时间虽然相对较短,但在语言与社会关系、语言与环境关系等方面已经取得了一定的成果。生态语言学作为一门新兴学科,它的建立与发展,需要一批有理想、有思想、有抱负的学者的不懈努力。随着中国学者的不断努力和国际交流的加强,中国生态语言学研究取得了长足的进步,但与国外生态语言学研究相比,目前国内生态语言学研究还存在着一些问题:生态语言学的理论体系还尚未确立,研究成果还较为单一,低水平的重复性研究依然存在,研究方法和手段还不够丰富。如何因地制宜地开展中国语境下的生态语言学研究,实现我国生态语言学研究的本土化发展是摆在我们面前的一个巨大挑战。

著名语言学家、翻译学家奈达曾满怀深情地声称:中国是社会语言学研究的天堂。黄国文教授也曾在多种场合表示作为当代语言学学者,我们应该 Think and act ecolinguistically(思,以生态语言学为本;行,以生态语言学为道)。相信在当前国家"建设生态文明,打造美丽中国"的时代背景下,经过坚持不懈的努力,中国的生态语言学研究者定能形成自己的理论体系,中国的生态语言学研究定会大有作为。

1.4 生态语言学研究的本土化

本土化既是一种学科世界观,也是研究方法论和实践论。生态语言学研究的本土化既是生态语言学发展的自身需要,也是对中国生态文明建设的一种服务。生态语言学研究发端于国外，但国内生态语言学在学说拓展、实践应用、队伍成长和学科建设方面呈现出后来居上的态势。生态语言学研究的本土化体现在国外研究成果的引介和本土研究体系的建构两个方面。国外研究成果的引介是后者的基础和出发点，而本土研究体系的建构则是对前者的拓展，也是研究的归宿点。这两个方向的研究轨迹是动态变化的，有时前呼后应，有时交替进行（黄国文 等，2019）。

国外研究成果的引介涉及四个要素：引介主体、引介内容、引介途径和引介理据（周文娟，2018）。引介主体可以是学者个人或研究机构，他们选择国外的研究理论、模式或主张作为引介内容。引介途径包括翻译、译述、修正或拓展等策略。引介理据则是引介主体根据国外生态语言学的发展历程选择引介内容和途径的深层动因，涉及引介者的生态取向和生态哲学观。引介成果作为联系国内外生态语言学研究的重要桥梁和纽带，对生态语言学的本土理论建构具有奠基作用。通过引介国外研究成果，国内学者可以借鉴和吸收国外的经验和理论，丰富和拓展本土的研究内容和方法。

本土研究体系的建构是对国外研究成果的拓展和发展，通过本土化的研究，可以更好地适应和解决国内的语言和环境问题。本土研究体系的建构可以分为四个步骤进行，即选择视角—建构理论—实践检验—建立模型（周文娟，2019）。在建构过程中，需要重点考察以下三个问题：建构的本土理论或术语属于生态学的哪个视角，宏观、中观还是微观？该理论或术语与建构者自身的生态哲学观在哪些方面是吻合的？该理论或术语与本国语境以及语言实际问题存在何种相关性？

黄国文基于中国儒家核心思想和生态哲学观，提出了和谐话语分析。和谐话语分析是生态语言学研究本土化的尝试，选取的视角属于微观生态语言学。黄国文从背景、哲学思考、理论支撑、研究方法与研究重点等方面阐述了和谐话语分析的框架。黄国文指出中国语境下的和谐话语分析要关注对"和谐话语"的理解。

黄国文、赵蕊华等中国学者选择了不同于国外批评话语分析、积极话语分析和生态话语分析的视角，并明确了和谐话语分析与中国语境的紧密联系。首先，他们提出了西方生态哲学观不适用于中国生态事业的重要观点；其次，他们厘清了和谐话语分析的哲学渊源、研究目标、研究原则、理论指导、研究方法和研究对象。根据这些步骤，可以推断和谐话语分析的建构已经完成了选择视角和建构理论两个步骤。

要实现生态语言学研究的本土化，可以从三方面着手，即研究思想本土化、研究模式本土化和研究话语本土化。研究思想本土化是指生态语言学研究应该与研究者所在的国家和语境结合。虽然生态语言学兴起于西方，但实际的语言生活状况因地域和文化差异而有所不同。因此，研究者需要甄别国外的研究理论或主张，结合自己的生态哲学观、学术背景和研究传统，逐渐形成本土化的研究思想，并用来服务本国语言学科发展和解决本国的实际问题。研究模式本土化是指将国外的研究模式或方法应用到本土的语言环境中。研究者可以根据本国的语言特点和环境问题，对国外的研究模式进行修正或拓展，以适应本土的研究需求。研究话语本土化是指将国外的研究成果转化为本土的研究话语。研究者可以通过翻译、译述或修正等方式，将国外的研究成果引入本土的学术讨论和研究领域，以促进本土生态语言学的发展。黄国文所描述的"请进来"（bring in）与"走出去"（go out）（黄国文 等，2018）契合研究思想本土化的基本理念。

中国的语言学在本土化发展方面，除了黄国文提出的和谐话语分析，还有一些学者（何伟 等，2017；张瑞杰，2018）尝试建立功能生态语法。这些学者在系统功能语言学的基础上，构建了生态及物系统、生态语气系统、生态形态系统、生态评价系统的生态子系统和生态信息系统。然而，这些研究还不够系统和完善，实践中的可操作性也不够强。这是因为这些语法子系统只是在原系统功能子系统的基础上增加了生态维度，缺乏子系统之间的关系链接和有机融合。

要建立一个全面的、可操作的生态语法是一项创新的任务，需要时间的积累和研究团队的共同努力。为了实现这一目标，需要在更多了解生态学和生态语言学的基础上，借鉴系统功能语言学等理论的思想和理念，最终建立具有生态特色的、属于生态语言学的生态语法。这是一个较高的要求，需要一代又一代人的坚持努力。

总的来说，生态语言学研究在本土化方面呈现出引介国外研究成果和建构本土研究体系两个方向的特点。这两个方向相互依存，相互促进，共同推动了生态语言学在国内的长足发展和学科建设。

1.5 生态语言学的发展趋势

任何学科的发展都不可能闭门造车。斯特芬森在访谈录《生态语言学：整体化与多样化的发展趋势》中提到，在全球化背景下，生态语言学的发展实现了东西方的交融。西方的生态语言学思想和理论传播到中国，而中国的传统哲学思想和本土化研究也对西方的生态语言学研究有所启示。他强调不同国家的研究者需要进行更多的对话、交流、学习和合作，共同促进生态语言学的发展，确保其处于整体化和多样化的发展态势之中（何伟 等，2017）。我们赞同斯特芬森的观点，认为生态语言学的发展需要考虑不同地区的文化、传统、哲学思想、政治经济背景和社会发展阶段等因素。在此基础上，结合本地化语境发展生态语言学。生态语言学的多样化发展涉及不同地区在不同背景下的研究路径、方法、指导思想、框架、生态哲学观、生态伦理和生态价值观等方面。然而，生态语言学的多样化发展离不开整体化。整体化涉及生态语言学研究的终极目的和研究愿景。我们希望通过深化生态语言学研究、拓展研究思路和丰富研究成果，为生态系统和语言发展提供理论支持，提高人们的生态素养，为保护自然生态和语言多样化做出贡献。生态语言学的整体化和多样化发展与生态保护的整体化和多样化发展有着相似之处。不同国家和地区会采取不同的途径来保护生态系统，但最终目的都是使地球更绿，保持生态系统的健康。

在中国，生态语言学研究与"构建人类命运共同体"和"坚持人与自然和谐共生"的理念是一脉相承的。因此，生态语言学的研究前景是光明的。在中国，生态语言学的发展主要与生态语言学的韩礼德模式有关。对于豪根模式，即语言及其言语社区的研究，早在20世纪八九十年代就已经开始（郑通涛，1985；李国正，1987，1991），而生态语言学的韩礼德模式则是在21世纪初引入中国的，范俊军（2005）是该模式的代表人物。生态语言学的发展经历了引进阶段和学习摸索阶段，但是随着中国系统功能语言学的积极参与和大力提倡，生态语言学的韩礼德模式在中国逐渐拥有了一批践行者，并取得了一些成果。

在中国的具体语境下提出的和谐话语分析是一种设想、突破和创新。然而，该设想还需要进一步研究和完善，并且需要实证研究的支撑和检验。此外，如赵蕊华、黄国文（2017）所说，和谐话语分析模式也适用于其他地区和国家背景下的生态话语分析。当前国内一些学者对于借助系统功能语言学框架进行生态语言学研究存在一些误解。他们认为这种研究只是利用系统功能语言学的概念和方法对生态类文本进行话语分析，而不是真正的生态语言学。这种情况存在的原因主要有两个。首先，生态语言学在中国发展的时间还不长，很多人对于生态语言学的概念、核心思想、研究方法以及与其他学科的关系还没有全面和清晰的了解。其次，生态语言学的非隐喻模式的创始人韩礼德也是系统功能语言学的创始人。因此，一些系统功能语言学和批评话语分析的研究者会以系统功能语言学的概念和方法作为研究的切入点。然而，我们需要超越这个阶段，在分析中关注生态化的语言特点，各个成分的生态位和生态身份，以及分析者和说话者的生态哲学观、生态道德和生态价值观的实现。我们需要实现系统功能语言学与生态语言学的有机结合，而不是简单地生搬硬套。

除了系统功能语言学，我们还需要其他学派和其他学科的研究者加入生态语言学的研究。目前，中国的认知语言学学者已经意识到生态语言学与认知语言学之间存在可借鉴之处，并尝试将这两种学科联系起来，拓宽研究范围，丰富研究成果。我们期待更多学科的研究者加入生态语言学的研究，不仅限于语言学学科，还包括文学、美学、生态学等其他学科。这将为生态语言学的发展带来新的思路和活力。如果能够实现生态的发展，生态语言学在学科发展、学术研究、人才培养、课程建设以及解决实际生态问题方面将拥有广阔的发展前景。

黄知常、舒解生（2004）在《生态语言学：语言学研究的新视角》一文中阐述了生态语言学的发展前瞻，认为系统功能语言学是一种相对复杂的理论体系，需要熟悉和掌握相关知识才能进行教材分析。在进行分析和总结时，需要结合具体的教材和研究目的，避免过于笼统或太过具体，以确保研究的有效性和准确性。

生态语言学的基础理论研究和应用理论研究相辅相成，取得了长足的进展。它已经发展成为一门独立的学科，不再只是分散在人种语言学、人类语言学和社会语言学等领域中对语言和环境之间相互作用的研究。生态语言学的学科体系已经具备基本完整性，包括基础理论和应用理论两大体系，并可细分为生态语音学、生态文字学、生态词法学、生态语法学、生态语篇学、生态修辞学、生态语用学、生态规范语言学等子学科。生态语言学的研究任务包括描写语言、分析普遍性规律以及确定学科的界限和定义。通过全方位、深入的探讨，生态语言学应该在科学确定学科定义和研究范围的基础上形成严密科学的理论体系，全面阐明语言的生态性质、语用生态伦理和语言发展的生态规律，使这门新兴边缘学科的学科体系日臻完善。生态语言学的发展为普通语言学和语用学的研究提供了新的视角和方法，为语言学的创新发展提供了新的领域。因此，生态语言学势必成为语言学创新发展的新领域。

第二章

数字化时代外语生态的特征

随着数字化时代的发展,网络虚拟世界与现实世界逐渐交融,线下生活日益向线上转移,作为人类语言生态重要组成部分的外语生态,其内涵和外延在不断发生着变化,呈现出丰富多彩、纷繁复杂的特征。

本章着重研究数字化时代对外语生态带来的变化、外语的社会应用及多语种语言服务。

2.1 数字化时代为外语生态带来的变化

一个城市的活力、吸引力与影响力是和城市的语言环境与语言文明程度密不可分的。数字化时代为外语生态带来了许多变化,并对外语能力提出了新的要求。李宇明(2012)将语言生活及其管理分为宏观、中观和微观三个层次。国际语言生活和国家层面的语言生活是宏观语言生活。区域和领域的语言生活是中观语言生活。区域包括省域、县域和一些特别区域(如粤港澳大湾区、京津冀经济圈、长江三角洲城市群等),一般称之为"块块";领域包括行政、军事、外交、教育、新闻出版、广播电视、医疗卫生、文化娱乐、交通通信、旅游、餐饮等,一般称之为"条条"。家庭、乡村、学校、医院、军营、工厂、矿山、公司等是社会的基层,其语言生活是微观语言生活。本研究主要从国家、社会和个人三个层面探讨数字化时代为外语生态带来的变化。

2.1.1 国家层面

从国家层面来看，国家需要加强外语教育的数字化建设，培养具备跨文化交流能力和多语言沟通能力的人才，以适应社会和经济全球化的发展要求。

首先，数字化时代使得全球化交流更加便捷和频繁，国家之间的联系更加紧密，国家需要更多具备跨文化交际能力和多语言沟通能力的人才。其次，数字化技术在教育领域的广泛应用，使得外语教育更加灵活和个性化。国家需要加强数字化教育的建设投入，提供更多在线学习资源和工具，以满足广大学习者的需求。再次，数字化时代产生了大量的多语种信息，国家需要培养更多具备理解和处理多语种信息能力的人才。这不仅包括对多语种文本的阅读、理解和翻译能力，而且包括对多语种语音和视频的处理能力。然后，数字化时代增加了跨文化交流的机会，国家需要培养具备跨文化交际能力的人才。包括对不同文化背景和价值观的理解和尊重，以及在跨文化环境中进行有效沟通和合作的能力。数字化时代的技术翻译和语言工具的发展，使得翻译工作更加高效和准确。国家需要培养使用和应用这些技术、工具的人才，以提高翻译效率和质量。最后，全球化的发展趋势使得多语言人才的需求不断增加。国家需要加强对多语言人才的培养和引进，以更好地满足国际交流和合作的需要。

2.1.2 社会层面

从社会层面来看，人们需要具备跨文化交际能力、多语言沟通能力和多语种信息处理能力，参与跨文化交流、国际合作、跨境教育和文化交流等活动。外语能力是人们在数字化时代应对全球化的重要技能之一。首先，数字化技术促成了全球范围内的跨文化交流，人们可以通过社交媒体、在线论坛和视频会议等工具与来自不同国家和地区的人进行实时交流。其次，数字化时代产生了大量的多语种信息，人们需要具备理解和处理多语种信息的能力。这包括对多语种文本的阅读、理解和翻译能力，以及对多语种语音和视频的处理能力。再次，数字化时代促进了跨国企业和国际合作的增加，人们需要具备跨文化交际和多语言沟通的能力，以适应全球化的商业环境和国际合作的需求。然后，人们可以通过在线学习和远程教育获得来自其他国家的教育资源，也可以通过数字化技术与其他国家的学生和教师进行交流。最后，数字化时代使得跨国旅游和文化交流更加普遍和便捷。人们可以通过在线旅游平台和社交媒体了解其他国家的文化和风俗习惯，也可以通过数字化技术与当地人进行交流。这使得外语能力成为更好地体验和理解其他文化的关键。

2.1.3 个人层面

从个人层面来看，数字化时代为外语学习者提供了更多的学习资源和学习方式，促进了跨文化交流，增加了多语言学习的需求。这些变化为外语学习者提供了更多的机会和挑战，也为外语教育提供了更多的可能性。首先，学习方式发生了改变。数字化技术使得外语学习更加便捷和灵活，学习者可以通过在线课程、语言学习软件和虚拟语言学习平台等途径进行学习，随时随地获取学习资源。同时，数字化技术提供了更多的学习工具和互动方式，如在线语音识别、语音合成和实时翻译等，使学习者能够更好地练习听、说、读、写等技能。其次，数字化时代使得外语学习资源更加丰富多样。学习者可以通过互联网获取大量的外语学习材料，如电子书、在线词典、语料库和学习视频等。这些资源不仅提供了更多的学习内容，还可以根据学习者的需求进行个性化定制，提高学习效果。再次，通过社交媒体、在线论坛和视频会议等工具，人们可以与来自不同国家和地区的人进行实时交流，进一步拓宽跨文化交流的渠道。然后，数字化时代的机器翻译技术不断发展，使得翻译工作更加高效和准确。虽然机器翻译还无法完全替代人工翻译，但它在处理大量文本和实时翻译方面具有优势，这对外语学习者来说，意味着他们可以更轻松地获取和理解其他语言的信息。最后，全球化趋势使得多语言学习的需求在不断增加，人们意识到掌握多种语言可以更好地适应全球化的社会和职场。

每个省域，都有自己独特的语言和方言状况，且因历史文化传统的不同、经济发展状况的不同、所处地理位置的不同、社会文化需求的不同产生不同的语言生活、语言矛盾，故而会有各具特色的语言生活管理，各自不同的语言文字工作。各地语委不仅要完成国家语委下达的任务，还应当有自己区域特殊的工作，从而形成各地的特色，做出各地特殊的贡献。江苏是中国经济实力最强的省份之一，也是中国语言文字工作的重要区域，在推进"一带一路"中发挥着重要作用，同时也在积极进行城市国际化探索。江苏的发展需要具有什么样的语言能力，是江苏语言规划首先需要考虑的问题。江苏需要保护方言以延续自身的文化特色；需要继续推广普通话以显示国家认同，吸引全国资源并为国家发展贡献力量；需要拥有多种外语能力以与世界沟通。处理好保护方言与推广普通话的关系，处理好保护本土语言与发展外语的关系，获取"多语"红利，以及处理由此而引发的语言矛盾，需要政府在深入调查江苏语言生活现状的基础上做好语言规划，需要社会和民众的广泛支持与理解，同时也更需要学者的持续研究和学术的支撑。

2.2 数字化时代外语的社会应用

当前，以互联网、大数据、云计算为代表的数字技术创新和迭代速度明显加快，数字化转型已成为世界各国发展的必然趋势（吴岩，2023）。党的十八大以来，党中央高度重视发展数字经济、数字社会，将其上升为国家战略。习近平总书记在多个场合强调，数字经济是新的生产力，是推动经济发展的重要引擎。要加强数字文化建设，推动数字技术与文化产业融合发展，提高文化软实力和传播力。党的二十大报告首次把教育、科技、人才进行"三位一体"统筹安排、一体部署，并提出"推进教育数字化，建设全民终身学习的学习型社会、学习型大国"。这是教育数字化第一次写入党的代表大会报告，是以习近平同志为核心的党中央做出的重大战略部署，赋予了教育在全面建设社会主义现代化国家中新的使命任务，明确了教育数字化未来发展的行动纲领，对外语教育的数字化发展具有重大意义。

教育数字化是高质量发展的必然要求。当前，高等教育的主要矛盾表现为社会发展和人民群众日益增长的对优质高等教育的迫切需要与高等教育发展不平衡不充分之间的矛盾。通过数字化全面赋能教育，可以提供更高质量、更加公平、更多选择、更加便捷、更加开放、更加灵活的教育服务，满足人民群众的高品质、个性化学习需求，助力学习型社会和学习型大国的构建。为了实现教育数字化的目标，我们需要抓住数字化时代的机遇，聚焦数字资源的共建共享，开展教育数字化的协同创新。这意味着要加强数字基础设施建设，提高网络带宽和覆盖范围，推动数字技术在教育教学中的广泛应用。同时，还需要加强师资队伍建设，培养具备数字化教育能力的教师，推动教育教学模式的创新。

高等外语教育作为高等教育的重要组成部分，具有覆盖全、规模大、责任重的特点。外语教育的"覆盖全"意味着几乎所有高校都开设外语教学，而且开设外语类本科专业的高校占全国本科高校数量的 82.4%。这表明外语教育已经成为高等教育的基本要求，无论是综合性大学还是专业性高校，都需要提供外语教学。外语教育的"规模大"体现在两个方面。一方面，外国语言文学类专业下设了 100 个本科专业，占本科专业总数的近 16%，涵盖了几乎所有与中国建交的国家的官方语言。另一方面，外国语言文学类专业设有 3 000 多个专业点，提供了丰富的学习选择。这说明外语教育已经形成了庞大的规模，为学生提供了广泛的学习机会。外语教育的"责任重"体现在多个方面。首先，高等外语教育是国家对外开放的"桥梁"和"纽带"，关系到中国同世界各国的交流互鉴。其次，外语教育关系到高等教育人才的培养质量，关系到培养具备国际视野和跨文化交际能力的人才。最后，外语教育还关系到中国参与全球治理体系的改革建设，关系到中国在国际舞台上的话语权和影响力。因此，高等外语教育不仅仅是大众化的事，而且是普及化的事。它的发展和提高关系到国家的发展和对外交往的质量，对于培养具备国际竞争力的人才具有重要意义。

习近平主席在 2018 年 11 月亚太经合组织工商领导人峰会上强调，"新科技革命和产业变革的时代浪潮奔腾而至，如果我们不应变、不求变，将错失发展机遇，甚至错过整个时代"。因此，只有积极地应变、求变，才能实现文科教育深刻而全方位的变革。外语教学不是没有危机，不管是中小学外语还是外语专业或大学外语，外语教育都面临着很大的危机，如果不识变、不应变、不求变，我们就很有可能落在后面。高等外语教育要深化专业教学改革，创新人才培养模式，强化一流专业，建设一流课程，培养一流人才（吴岩，2019）。2022 年 10 月，党的二十大报告指出加快构建新发展格局，着力推动高质量发展，必须完整、准确、全面贯彻新发展理念，坚持社会主义市场经济改革方向，坚持高水平对外开放，加快构建以国内大循环为主体、国内国际双循环相互促进的新发展格局。外语专业站在新的历史起点，肩负着"新使命、大格局、新文科、大外语"的责任，要大力培养具有全球视野、通晓国际规则、熟练运用外语、精通中外谈判和沟通的高素质国际化人才。

探讨外语的社会应用有助于更好地认识外语，更好地培养适应新时代要求的应用型、复合型人才。外语的社会应用主要包括五个方面的内容：外语学习与教学（对内、对外、对机器），外语翻译（口译、笔译、机器翻译），外语标牌（路牌、标识、菜谱），外语沟通（会话、书信）和外语生活产品与供给等。

2.2.1 外语学习与教学

外语学习与教学,也可以称之为外语教育（对内、对外、对机器）。吴岩（2019）指出要让中华文化走出去，外语教育在其中发挥着重要作用。2018年10月，教育部等部门决定实施"六卓越一拔尖"计划2.0，在基础学科拔尖学生培养中，首次增加了心理学、哲学、中国语言文学、历史学等人文学科，"新文科"概念浮出水面。2019年4月，"六卓越一拔尖"计划2.0正式启动。2020年11月，全国新文科建设工作会议的召开标志着新文科建设进入了全面启动的新阶段，建设之路前景广阔而又任重道远。2020年11月，新文科建设工作会议提出积势、蓄势、谋势、识变、应变、求变，全面推进新文科建设。吴岩（2021）提出"新文科"就是文科教育的创新发展。培养知中国、爱中国、堪当民族复兴大任的新时代文科人才，培育新时代社会科学家，构建哲学社会科学中国学派，创造光耀时代、光耀世界的中华文化。打造文科"金专"，构筑新文科"四梁八柱"，建设文科"金课"，夯实文科育人主渠道、主阵地，全面推进课程思政建设，培养适应新时代要求的应用型、复合型文科人才，培养新时代哲学社会科学家。怎样建设新文科，关键在于"育人育才"。夯实基础学科，发展新兴学科，推进学科交叉融合。

樊丽明（2020）提出新文科体现在新理论、新专业（新方向）、新课程和新模式上。孙有中（2020）认为新文科体现在"学科＋学术＋专业"上。《外国语言文学类教学质量国家标准》提出"外语专业人才＋国际化复合型人才"的培养模式。坚持专业本色、守正创新，鼓励分类卓越、特色发展，强调学科交叉、复合融通，倡导理念创新、方法多元的"多元人才观"。提升传统模式，培养高水平通识型外语人才；创新"双学位"模式，培育学科交叉的复合型人才；面向社会新需求，培养具有职业综合能力的应用型人才；开设创新实验班，培养具有全球胜任力的国际化创新型人才。

学科专业细分，强化了研究领域、课程教学、人才培养的条块分割。与此同时，多学科交叉不断催生重大创新。计算机技术与各学科深度结合，数据集合、跨库检索、文本聚类等手段让知识打破原有界限，人机之间的互渗、互动与互补成为常态。随着知识数量、形态与结构的变化，尤其是从线性书本形态到网状知识库形态的演变，人文学者观察、思考问题的路径与方法也发生了变化。他们立足于不同专业、学科和文化的交叉点，将各种知识联系起来，生成大量不同凡响的创新想法。而一般性知识、日常知识被纳入研究视域，亦将带来对人文经典的全新理解甚至再经典化。随着数字人文的纵深拓展，模式识别、文本发掘、算法分析等手段的运用，从研究对象、研究手段到问题意识、价值意义，文科都将在传统研究的基础上别开生面。

樊丽明（2020）提出打破学科壁垒，以更加广泛灵活的人文学科融合、人文社科融合及文理、文工、文医、文农交叉融合，着力培养复合型创新性人才。打破学校壁垒，以更加密切的校际合作服务学生成长成才。打破地域壁垒，以更加广泛的科教融合、产教融合和国际合作助力新型人才培养。

每个人对各自学科的思考都天然自带立场、角度，有特定的认知模式与思考框架，如何自觉地与新问题对接校准，是每个教育科研工作者面对的首要课题。我们习惯的文献批判，一般只是得出孤立的事实，而许多问题的解决越来越诉诸系统性方法。新文科背后是一场知识革命与思维革新，是人对自我局限的一次突破和人类面临世界巨变时的一次调整。新文科是对文科内涵、边界、结构的一次重构，并将重新定义教育、科研乃至带动理、工、医等学科体系的变化。它将创造新的世界本体和运行规则，让科学研究更具人文关怀，在人、机结合的后人类时代牢牢把握住以人为本的教育理念。随着学科知识重构、思维方式重置，每个人的世界也将为之一变。

2.2.2 外语翻译

翻译是跨语言（cross-linguistic）、跨文化（cross-cultural）、跨社会（cross-social）的交际活动。翻译的过程不仅是语言转换的过程，而且是反映不同社会特征的文化转化过程。陈宏薇指出：翻译是科学（science），因为它有科学规律可循；翻译是艺术（art），因为它是译者对原文再创造的过程；翻译是技能（craft），因为译文的信息需要用译语（target language）以恰当的方式再现。传统上的翻译主要指口译和笔译，相对应的翻译能力主要包括口译能力和笔译能力。口译能力主要指通过口头表达形式，调用语言知识和策略将一次性的源语听力文本转化为目的语文本的跨文化语际中介能力。笔译是以源语文本为输入对象，以目标语文本为输出产品的跨文化语际中介。笔译能力是指语言学习者和使用者在交际参与过程中表现出来的语言应用能力。翻译不单是语言的转换，更确切地说是文化的转化。

以汉英翻译为例，两种语言在谱系、文字系统、语音、词汇、语法、篇章、语用诸多方面均有较大差异。汉语是中国人的母语，受汉文化的影响，中国人的思维方式具有重具象、重直觉、重整体的特点。因此，在翻译过程中，需要思维方式的转换。冯友兰先生曾说过：由于思维方式的差异，学习者如果不能用原文阅读，要想完全理解原著，的确会有很大困难。因为译者是在按照自己的理解来阐述它的含义。译文通常只能表达一种含义，而原文却可能还有其他层面的含义。原文通常还具有提示的性质，而译文则很难做到这一点。于是原文中的丰富含义，在翻译的过程中大部分丢失了。正因为如此，至今为止还未出现一套人人都能接受和满意的翻译理论。也正是因为翻译的这一特征，它才如此有魅力，吸引着一代又一代致力于跨文化交际的学者立足不同的学科，从不同的角度对其进行研究，使其成为一门博大精深的学问。

而随着新一轮科技革命和产业变革的到来，大数据、物联网、区块链等新兴技术迭代，机器翻译在外语翻译和语言服务中扮演着越来越重要的角色。机器翻译，也叫自动翻译，是利用计算机将一种自然语言（源语言）转换为另一种自然语言（目标语言）的过程。目前，计算机辅助翻译（CAT）和机器自动翻译技术（MT）在翻译领域有着广泛的应用。机器翻译具有重要的实用价值。2013年以后，伴随着深度学习的发展，出现了神经机器翻译技术。神经机器翻译是在理解源语言的基础上，再生成译文，使译文的质量得到了"跃进式"的提升，具体表现为译文更加流畅和易于理解，更加符合语法规范。2018年11月，科大讯飞机器翻译系统参加全国翻译专业资格（水平）考试（CATTI）科研测试，首次达到专业译员水平。在此背景下，越来越多的译者借助机器翻译进行译后编辑（MTPE），极大地提高了翻译的效率。

机器翻译有着极为广泛的应用空间，在现代语言服务中具有重要的作用。目前，谷歌、百度、阿里巴巴、科大讯飞等国内外高科技公司一同构成了机器翻译的竞争格局。机器翻译不仅可以实现普通场景下带方言口音的汉语、英语等语种的即时、离线翻译，还能够涵盖医疗、金融、计算机等多个领域，成为行业内的翻译行家。以科大讯飞为例，基于讯飞自主研发的机器翻译引擎，支持70多个语言与中文互译，适用于翻译机、同声传译等场景，可提供公有云接口及私有化部署方案。2019年9月，科大讯飞成为北京2022年冬奥会和冬残奥会官方自动语音转换与翻译独家供应商，致力于打造首个信息沟通无障碍的奥运会。2019

年10月，在教育部、国家语委的指导下，科大讯飞负责承建国家语委全球中文学习平台。蒋洪新（2020）指出，面对机器翻译取代一般翻译的不争事实，外语教育只有在扎实开展语言教育的基础上，回归人文教育的价值取向，方能实现全人教育的初心。

2.2.3　外语标牌

外语标牌主要指路牌、标识、菜谱等。其中外语标牌是语言景观的重要组成部分。近年来，随着国际化进程的不断加速，重大多边国际性活动不断增多，江苏的外语标牌日益增多。截止到2023年5月，江苏先后多次制定或修订地方标准。2008年，江苏省为了迎接上海世博会，省政府办公厅发布了《关于开展公共场所中外文双语标志规范工作的通知》（苏政办发〔2008〕99号）。2009年8月24日，江苏省发布了地方标准《公共场所标志英文译写规范（DB32/T 1446.1—2009）》。南京市以迎接2014年青年奥林匹克运动会为契机，于2010年9月9日，印发了《关于规范全市公共场所标志英文译写使用管理工作的通知》（宁政办发〔2010〕130号）。2023年2月1日，南京市为规范公共服务领域的英文译写和使用，提升南京城市国际化水平，优化城市语言环境，制定了《南京市公共场所外文标识译写语库》。标准的发布对规范和提升双语标识起到了重要的作用，江苏的双语标识尤其是城区的双语标识有了很大的改观和完善。但由于制作方的文化、文字、语言表达水平等方面的差异，江苏地区的外语标识仍存在着语言使用层面和文化层面的问题（具体调查内容见第三章第一节）。这些问题不仅影响着外语标识语的意思表达，同时还影响到江苏城市国际化水平的提升及城市语言环境的优化。提升市民外语能力，管理外语使用中的不规范现象逐步成为江苏语言文字工作的重要任务。调查和整治译写不规范的双语或多语路牌和标识，对提升城市的形象具有重要意义。数字化时代，多模态语言标识呈现出新的特点。既包括商店标牌、广告牌、海报等典型的语言标牌，也包括T恤衫上的标识、电子显示牌等多模态标牌。菜谱的翻译对于传播和发扬淮扬菜具有重要意义。淮扬菜，是中国传统四大菜系（也是八大菜系）之一，发源于扬州、淮安，素有"东南第一佳味，天下之至美"之美誉。淮扬菜选料严谨、因材施艺；制作精细、风格雅丽；追求本味、清鲜平和。如何做好淮扬菜的翻译工作、传播中国的饮食文化，在中西文化交流中具有重要的作用。目前，大多数菜品选择写实性翻译以及音译的方式，在译写时存在烹饪方法翻译不到位、搭配错误、原料用词错误和漏译以及拼写错误等问题。

2.2.4 外语沟通

沟通包括口头和书面沟通。语言是人类文明世代相传的载体，是相互沟通理解的钥匙，是文明交流互鉴的纽带，对文化传承和发展举足轻重。发展外语教育一直是全球共识。例如，美国提出要提高国家外语能力及文化理解能力，欧盟提出要开展全球化的多元外语学习。中国的外语教育也一直伴随着国家的发展而发展变化着。文秋芳等（2021）在总结中国共产党百年外语教育时指出：中国共产党成立百年，前80余年学习外语的主要目的是学习西方先进科学技术，赶超西方，努力把我国建成现代化国家。后20年，尤其是2010年我国成为世界第二大经济体以来，学习外语的目的不仅限于学习外国的先进理念和技术，还要向世界介绍中国。前一阶段的建设具有"本土型"的特点，后一阶段的建设具有"国际型"的特点。前一阶段主要为了实现"洋为中用"，后一阶段主要为了实现"文明交流互鉴"。外语教育具有工具性、人文性和国际性的特点。习近平指出，要加强对中华优秀传统文化的挖掘和阐发，使中华民族最基本的文化基因与当代文化相适应、与现代社会相协调，把跨越时空、超越国界、富有永恒魅力、具有当代价值的文化精神弘扬起来。要推动中华文明创造性转化、创新性发展，激活其生命力，让中华文明同各国人民创造的多彩文明一道，为人类提供正确精神指引。吴岩（2021）提出新时代的外语教育改革发展要立足全球坐标、服务国家战略，培养高质量外语人才。根据这一精神，我国目前各学段的外语教学大纲都把用外语讲述中国文化作为明确的教学要求，凸显沟通（包括口头和书面沟通）在外语教育中的作用。

2.2.5 外语生活产品与供给

随着数字化社会的到来，知识的生产、流通、消费的循环正在变得越来越多层次化、共享化、全球化。信息技术的介入在很大程度上促进了"外语生活产品"的开发与供给。作为外语生活产品主要形式的数字教材，获得了长足的发展。日本学者山内祐平曾将数字教材的发展概括为三个阶段：第一阶段是基于行为主义开发的数字教材，即计算机辅助教学阶段（1975—1985）；第二阶段是基于认知主义开发的数字教材，即多媒体教材（1985—1995）；第三阶段是基于社会建构主义开发的数字教材，即计算机协同学习（1995—2010）。在这一阶段中，网络的介入使思维与对话的过程变得简单易行，学习者之间的沟通超越了时空的限制，协同学习变成现实。协同学习具有两大优点：一方面，可以运用电脑开展对话和共同学习，有利于促进学习者个体思考的外化。另一方面，网络是学习共同体得以形成和建立的基础。学习者可以把自身的想法和思考发布在网上，与同伴分享，也可以获得来自同伴或他者的见解。通过这种对话，学习者可以实现自省，达到沟通协调、相互促进、构建新知的目的。从"纸质教材"到"数字教材"的发展离不开信息技术的进步，这种技术的发展是知识观与学习理论的进展使然。例如，计算机辅助教学的思想背景是行为主义，是源于斯金纳"教学机器"思考的一种延伸。行为主义学习观认为学习是基于刺激与反应的结合而形成的可观察的行为变化，通过对刺激做出的反应进行适当的反馈，就可以支援学习。认知主义学习观认为，学习是学习者通过能动的探究而形成的知识结构体，通过适当地提供借助探究而获得的知识结构体的部件可以支援其学习。皮亚杰的认知发展研究对人类的认知产生了极大的影响。然后，社会建构主义认为学习是借助沟通行为得以建构知识的。数字教材的开发与发展正是受到以上三种学习理论和思潮的影响。

吴岩（2021）将"新基建"的概念引入人才培养和教育教学中，强调要狠抓教材质量。教材是人才培养的主要剧本，无论是纸质教材，还是各种形式的教学资源，都必须不断适应新时代发展，注重更新迭代；抓技术水平，现代信息技术是学习革命的关键突破。教材作为传播知识的主要载体，是学校教育教学的根本依据，是教师教学、学生学习的重要工具，教材体现着一个国家、一个民族的价值观体系，教材直接关系到党的教育方针的贯彻落实。外语教材处于意识形态和中外交流的前沿阵地，直接关系到教育目标的实现。教材作为出版物的重要组成部分，具有一般社会产品的物质形态，又有一般物质产品不具备的意识形态，是物化了的思维，凝固了的意识，可以起到传播知识、介绍经验、阐述思想和宣传主张的作用。从"纸质教材"到"数字教材"的发展具有划时代的意义。印刷术的发明产生了"书籍"，使原本为少数人所垄断的知识得以解放；信息技术的发展产生了"网络"，网络使大量信息得以快速传播，为人们了解时事、学习知识、交流沟通、休闲娱乐等提供了便捷的条件，使协同学习得以发生。

数字化时代，文字的书写形式也发生了巨大的变化，从笔墨书写逐渐过渡到以键盘录入、手写输入和语音转换录入为主。书写方式改变的同时，人们的书写习惯也在逐渐发生变化。能够动口（语音录入）一般不动手（键盘录入），人们更加追求文字输出和录入的简单便捷。但是，书写方式和书写习惯的变化也带来了很多问题。例如，人们的书写能力下降，提笔忘字现象越来越严重；对汉字的形体结构把握程度下降，笔画、偏旁经常出现书写错误；书面表达（尤其是网络书面表达）错别字越来越常见。最近几年的全国两会，每年都有一些人大代表和政协委员呼吁设立"汉字节"，希望国家层面能重视汉字书写和汉字文化。中央电视台更是推出了一档《汉字书写大赛》节目，目的也是让民众重视汉字书写和汉字文化。在词语方面，字母和字母词的使用越来越多，如"PK""hold住"。2020年突如其来的新冠疫情，将大量的疫情词汇推入人们的视线。历史上每次疾病的大暴发都在语言中留下了印迹。如14世纪蔓延欧亚大陆的Black Death（黑死病或鼠疫）和pestilence（瘟疫），1918—1919年曾造成全球约10亿人感染的Spanish flu（西班牙大流感），2002—2003流行的SARS（severe acute respiratory syndrome，严重急性呼吸综合征），等等。2020年3月以来，各大权威词典和新闻媒体多次公布了疫情相关的新增词汇。新冠疫情给世界上的很多语言带来了新的词汇，这在一定程度上丰富了各国民众的语言生活。由于欧洲大部分国家的语言都属于印欧语系，在发音和拼写上均具有很大的相似性。像novel coronavirus和COVID-19等新词语在欧洲语言中都有体现，在词形上几乎一致，如法语中的coronavirus、德语中的das Coronavirus和COVID-19、西班牙语中的el coronavirus等。自2020庚子年以来，英语新冠新词已多达成百上千个，既有来自专业领域的医学术语，亦有源于各国抗疫政策和措施，还有体现民众抗疫生活的词语。医学类术语如epi curve（流行曲线）、post-exposure prophylaxis（缩写为PEP，暴露后预防）。抗疫政策类词语如中国健康码（health code）的成功推行得到了世界许多国家的积极响应，他们推出了类似的health passport（健康护照）或immunity passport（免疫通行证）。抗疫期间的隔离生活在很大程度上影响了民众的出行，出现了很多抗疫日常生活类词语，如digital party（线上派对）、virtual wedding（网络婚礼）、isolation art（隔离艺术）等。

从"纸质教材"到"数字教材"的发展是一场深刻的革命性变革，是行为主义学习观的式微与社会建构主义学习观的兴盛，是时代发展的必然。但这不意味着"纸质教材"的离场或消亡，也不意味着未来的教材应当"全盘数字化"。

出版部门是外语生活产品的主要供给者。数字化时代出版方在充分利用传统纸质媒介的基础上，全面利用数字化教学手段和资源，进一步丰富"课堂教学＋多媒体/网络"的学习模式，突出信息时代多介质、多模态下的自主性、移动性、随时性的学习特点。外语生活产品要聚焦网络原居民，深刻分析"00后"学生的思维特点、学习方式和行为规律，发挥数字化时代外语产品的多模态特点，产生教与学的互动，提升学生的参与感。

除此之外，各种新闻媒体、学习软件、社交平台及各类慕课学习平台等均为外语生活提供了海量的多模态资源。2020年新冠疫情期间，我国高校全面实施在线教学，据统计，共有108.45万名教师开出1 719.68万门在线课程，35.37亿人次学生参与在线学习。2020年上半年，推出学堂在线国际版和爱课程英文版两大国际平台，提供700余门课程，覆盖100多个国家，海外100多万名留学生使用，面向世界上亿大学生免费开放，让学习变得随时随地都可以发生。

随着我国国际地位的不断提升，国家对人才外语能力的要求越来越高，作为我国通识教育重要组成部分的外语教育肩负的使命也更加重大。外语生活产品要严格把好质量关。一方面，要培根铸魂。推动习近平新时代中国特色社会主义思想进教材、进课堂、进学生头脑，将中华优秀传统文化、社会主义核心价值观等融入外语教材，培养学生用外语讲好中国故事的能力，提升其传播中国声音的意识。另一方面，要启智增慧。将时代发展的最新要求、外语学科及外语教育发展的最新成果融入外语产品。外语教学改革对教材品种数量、级别层次等提出新要求；教育信息技术的运用越来越普遍，教材编写和数字化高度融合。

2.3 数字化时代的多语种语言服务

"语言服务"的概念经历了由狭义到广义的发展。早期的"语言服务"多指语言标识、翻译等以信息转换为基本任务的狭义范畴（张伟 等，2004）。而后"语言翻译服务、语言教育服务、语言支持服务、特殊行业领域的语言服务"等被纳入研究范围（屈哨兵，2010）。陈鹏（2016）认为语言服务包含"语言教学、笔译、口译、语言技术工具、字幕翻译和配音、软件本地化和网站全球化、会议组织及咨询等"。新冠疫情暴发以来，应急语言服务也被纳入语言服务的研究范畴并得到了普遍关注（王辉，2020）。于根元（2003）较早提出"规范也是服务"这一理念，将语言服务观引入语言规范化工作。只有把中国的语言工作、教学、研究真正植根于中国的语言生活，才能做到为语言生活的和谐、健康发展服务。不过，语言生活是交融的，中国的语言生活一定要跟外国的语言生活发生交融；语言生活是分层次的，从大的方面来说，语言工作、教学、研究也是语言生活；语言生活又是十分丰富的、动态变化的（于根元，2011）。屈哨兵（2011）认为所谓规范和标准的制定与推行，实际上也是一种利用语言手段为社会提供的一种服务。这种服务对于国家现代化、信息化的建设尤其重要，这也是我们为什么试图专门厘定语言服务这个概念的一个重要原因。这个时代需要我们建立一个比较全面的语言服务体系，也需要我们建立一个与之相适应的语言服务研究框架。前者重应用，后者重理论，两者发展不可偏废，观察重点则可以有所不同。我国的《公共服务领域英文译写规范》的发布和实施正是语言服务的体现。

我们探讨的语言服务属于广义的范畴，既包括语言标识、翻译等以信息转换为基本任务的狭义语言服务，也包含语言教育（语言学习）服务、语言支持服务、应急语言服务，以及普通话推广、地方语言保护、外语生活等政府语言规划项目。相比过去的语言服务，数字化时代的语言服务呈现出多学科交叉的特点，借助人工智能、计算机语言技术、语料库、信息通信等多种新的技术手段，为语言服务项目提供数字化解决方案，如表 2-1 所示。以信息转化为例，过去主要依靠翻译人员或志愿者来提供服务，现在可以借助口译 APP（应用）和翻译机器人来实现；景区导览，过去主要依靠多语导游，现在则可以通过扫描多语导览二维码来实现；普通话推广，过去主要依靠学校推广、语言培训，现在则可以通过计算机辅助教学、普通话 APP 来实现；外语学习，过去主要通过参加语言类培训、收听和观看外语类节目、阅读报刊书籍、课堂学习的方式实现，现在还可以通过外语学习 APP、英语短视频、在线网络课程等方式来实现。数字化时代为语言服务提供了多元的解决方案。语言数字化成为将来语言规划的主要特征。例如，方言保护在由语言建档向方言数据数字化转变，地方志正由保护历史文献、博物馆向历史文献数字化转变，语言成为一种数据。

表 2–1 数字化时代的语言服务

语言服务类型	服务项目	传统解决方案	数字化解决方案
信息转化	多语语言景观	双语（多语）语言标志	拍照翻译
	翻译服务	翻译人员或志愿者提供服务	口译 APP、翻译机器人
	景区导览	多语导游	多语导览二维码
语言规划	普通话推广	学校推广、语言培训	计算机辅助教学、普通话 APP
	方言保护	语言建档	方言数据数字化
	地方志	保护历史文献、博物馆	历史文献数字化
语言学习	母语学习	家庭教育、课堂学习	在线网络课程、手机 APP
	外语学习	参加语言类培训、收听和观看外语类节目、阅读报刊书籍、课堂学习	外语学习 APP、英语短视频、在线网络课程

（沈红伟 等，2021）

有学者认为，语言数据是数据这一生产要素的组成部分，也与其他一些生产要素发生各种各样的关系（李宇明，2020）。在数字化时代，数据为语言学家提供了新的研究范式，研究者应该重视语言作为数据如何从理论到实践层面参与人们的语言生活。

以《中国语言生活状况报告》近几年涉及的相关项目而言，它包括广告语言服务、说明书语言服务、医疗语言服务、网络语言服务、旅游语言服务、民航语言服务等，还有会展语言服务（如上海世博会）与赛事语言服务（如北京奥运会与广州亚运会）。此外，电信交通领域、法律灾异领域，还有社区领域，都存在着大量的语言服务的问题。

李宇明（2020）指出："我国突发事件语言应急能力建设仍是语言文字事业的突出短板，亟待提升。"新冠疫情暴发以来，语言服务在疫情防控工作中扮演着不可或缺的桥梁角色，而这一重大突发公共危机事件让"应急语言服务"这一概念应运而生。应急语言服务指在重大自然灾害或公共危机事件的预防监测、快速处置和恢复重建过程中，提供快速救援语言产品、语言技术或参与语言救援的行动（王立非 等，2020b）。全球新冠疫情引发有关应急语言服务能力的讨论。疫情中对口译、笔译、手语翻译和本地化等语言服务的大量需求远远超出了翻译教育界的预期，翻译教学更加没有涉及。如果说北京奥运会和地震灾害让语言服务开始在经济舞台上崭露头角的话，那么新冠疫情的暴发则让语言服务（多语种服务）在全球经济和社会发展中越来越重要，扮演着不可或缺的重要角色，同时也让人们意识到语言服务任重道远。

应急语言服务人才应具备语言服务的素质、知识、能力，特别是应急管理和救援的相关技能。新冠疫情给应急语言服务教育提出了挑战，全球知名的麦肯锡咨询公司（McKinsey）在《新冠疫情对全球经济影响的报告》中，特别强调了应急翻译服务，包括疫情预防、灾难响应、多渠道通信、B2B 客户沟通、疫情风险沟通、疫情报告和情况交流等。这次新冠肺炎疫情的暴发进一步加深了我们对语言服务和翻译教育的认识。

语言服务的有效供给是以对语言消费需求的充分把握为基础的，因此，要充分考虑重大突发公共卫生事件中不同受众（如不同年龄、地域、文化以及使用不同语言的受众等）的需求，制定尽可能详尽的应急语言服务预案。在政府主管部门的指导下，建立应急语言服务产、学合作机制，设计、研发应急语言产品。例如，在 2020 年抗击新冠疫情中，北京、武汉等地高校与科大讯飞、传神等企业联合研制了"湖北方言通"在线服务系统和即时翻译软件等，有效拓宽了语言产品的供给。在社会重大突发事件的应急处理中，智能语音技术能起到弥补人力资源不足、紧急处理海量信息、有效应对风险、降低损失的作用（汪高武 等，2020）。

21 世纪是经济全球化的时代，世界正面临百年未有之大变局，中国在迎来时代发展战略机遇期的同时，也面临着诸多压力与挑战。一方面，自诩为世界霸主的美国把中国当作最大的假想敌，以美国为首的西方势力对中国围追堵截，实行科技封锁，企图遏制中国崛起。另一方面，中国的发展模式和道路令很多国家羡慕，特别是 2020 年中国在新冠疫情阻击战中表现出的强大动员力、组织力和战斗力，令世界惊叹。中国的发展离不开世界，世界的发展也需要中国，中国正在走向世界舞台的中央，中国与世界同步交织、相互激荡。我国作为语言服务大国，应做好语言服务规划，尽快建立语言服务学科，服务"一带一路"倡议，培养一大批"一精多会"（精通一门外语，会多门外语）、"一专多能"（懂专业，能用多语种沟通协作）的高素质国际化复合型人才，为深入推进"一带一路"建设、为国际组织人才培养提供支撑。

第三章

江苏外语生态状况的数字化审视

我国社会发展不平衡，城乡之间、东西部之间在经济社会发展中存在各种发展梯度，由此决定了各地语言生活的差异性，也决定了各地外语生态的差异性。调查研究江苏各领域的外语生态发展现状，对树立外语生态意识，做好语言规划，促进语言信息处理，构建健康网络世界的语言生态具有重要的意义。

本章着重从公共服务领域双语标识使用现状、在苏高校大学生外语能力状况、企业语言使用状况、社科类科研基金语言学课题立项情况、语言文字学术团体与科研机构建设情况、在苏高校外国语言文学类专业设置与建设情况以及高校英文网站建设情况等七个方面开展调查，对江苏外语生态演变及发展状况进行数据统计与分析，为促进我国外语生态从语言管理向语言服务转变，加强各领域外语语言生态研究，做好语言规划提供数据支持和改进建议。

3.1 江苏公共服务领域双语标识使用现状调查

近年来，江苏地区尤其是城区的双语标识有了很大的改观和完善，但由于制作方的文化、文字、语言表达水平等方面的差异，江苏地区的双语标识存在着语言使用层面、文化层面的问题。这些问题不仅影响着双语标识语的意思表达，同时也影响到江苏城市国际化水平的提升及城市语言环境的优化。为了对不规范和错误的双语标识进行修改和规范，本研究组织开展了江苏公共服务领域双语标识使用现状调查，对公共服务领域双语标识存在的问题进行分析并提供改进建议。

3.1.1 分类

首先调查了江苏公共服务领域双语标识译写标准制定实施情况，截止到 2023 年 5 月，江苏先后多次制定或修订地方标准。2008 年，江苏省为了迎接上海世博会，省政府办公厅发布了《关于开展公共场所中外文双语标志规范工作的通知》（苏政办发〔2008〕99 号），实施范围包括：道路指示（警示）等服务设施，机场、火车站、公路客运、港口等服务设施，出租行业名称及服务设施，宾馆、饭店及旅游景点（区）服务设施，文化、体育场馆服务设施，医疗卫生行业服务设施，金融行业服务设施，邮政、电信行业服务设施，党政机关、社会团体服务设施，其他具有提示和引导作用的标志与设施。通知要求：公共场所涉及上述内容的标志和设施需要同时使用中外文的，应当使用统一的中外文双语译写规范标准。地名标志上的罗马字母应严格按照国家法律和国际标准采用汉语拼音字母拼写，不得采用外文拼写。2009 年 8 月 24 日，江苏省发布了地方标准《公共场所标志英文译写规范（DB32/T 1446.1—2009）》。

南京市以迎接 2014 年青年奥林匹克运动会为契机，于 2010 年 9 月 9 日，印发了《关于规范全市公共场所标志英文译写使用管理工作的通知》（宁政办发〔2010〕130 号）。通知要求南京市按照省《公共场所标志英文译写规范》标准，以公共场所标志英文译写使用的准确、规范和协调为目标，加强公共场所标志英文译写使用的监督管理，加快推进公共场所标志英文译写使用的规范化，努力营造国际化的社会用字环境，促进南京对外经济文化交流。以上标准条理清晰、内容翔实，为江苏地区公共服务领域的英文译写提供了可供参考的范例和规范，为我国公共标识英文译写做出了新的贡献。但随着社会的快速发展，尤其是数字化社会的来临，社会上的新事物、新名称不断涌现，原有的一些译写标准已不能满足社会发展的需要，并暴露出一些不容忽视的问题，需要在原有版本的基础上进行修订。一方面可参照国家标准（2017 年）修改一些不规范的译写条目，另一方面应结合地方实际增加和完善新的具体条目，供公众查阅参考。

第三章　江苏外语生态状况的数字化审视

2022年10月28日，为贯彻落实国务院关于维护法治统一、优化营商环境、打造法治政府等有关工作部署的要求，根据法律法规制（修）订及国家政策调整变化情况，江苏省政府对以省政府和省政府办公厅名义印发的行政规范性文件进行了全面清理。其中包括废止省政府办公厅《关于开展公共场所中外文双语标志规范工作的通知》（苏政办发〔2008〕99号）。

2023年2月1日，南京市为规范公共服务领域的英文译写和使用，提升南京城市国际化水平，优化城市语言环境，依据《中华人民共和国国家通用语言文字法》和《公共服务领域英文译写规范》系列国家标准（GB/T 30240），并参考江苏省和南京市有关部门颁发的相关规范，制定了"南京市公共场所外文标识译写语库"。不仅给出了译写要求和方法及各名称通名的英文译法示例，还详细地给出了南京市各具体名称的中英文公示语，极大地方便了市民查阅和参照。

其次调查了江苏双语标识使用现状，我们选取了南京、无锡、徐州3个城市展开调查，采集图片5 000余张，依据中华人民共和国国家标准《公共服务领域英文译写规范》（GB/T 30240，我国公共服务领域英文翻译和书写质量的首个国家标准，规定了交通、旅游、文化、娱乐、体育、教育、医疗卫生、邮政、电信、餐饮、住宿、商业、金融共13个服务领域的英文译写原则、方法和要求，为各领域的3 500余条常用公共服务信息提供了规范译文），并参照了江苏的地方标准，将采集的资料分为6类。

1）教育、体育。

此类标识主要包括学校、教育机构、学校服务信息、体育场馆名称、体育领域公共服务信息的英文译写。

如：数字科技馆 Digital Science and Technology Museum；数字图书馆 Digital Library；太空馆 Space Hall；体验中心 Experience Center；生态科技馆 Ecological Science and Technology Museum；逸夫教学楼 Yifu Teaching Building；孔子学堂 Confucius Institute；钱学森航天科技馆 Qian Xuesen Aerospace Science and Technology Museum；校园卡自助服务中心 Campus Card Self-Service Center；校区平面图 Campus Map；全民健身活动中心 Community Fitness Center；看台 Spectator Stand；山地自行车赛场 Mountain Bike Racing Track。

2）文化、旅游。

此类标识主要包括文化娱乐场所和机构名称、文化娱乐服务信息、旅游景区景点及相关场所和机构名称、旅游服务信息的英文译写。

如：玄武湖 Xuanwu Lake；中山陵景区 Dr. Sun Yat-sen's Mausoleum；莫愁湖 Mochou Lake；夫子庙 Nanjing Confucius Temple〔Fuzimiao〕；南京中山植物园 Nanjing Botanical Garden Mem. Sun Yat-sen；文学之都 City of Literature；南京明城墙 Nanjing Ming City Wall；南京鱼嘴湿地公园 Nanjing Yuzui Wetland Park；天然游泳场 Natural Swimming Pool；棋牌俱乐部 Board Games Club；拳击馆 Boxing Gym；3D 影剧院 3D Theater；多媒体导览 Multimedia Guide；电影海报 Movie Poster；场馆区示意图 Schematic Diagram；景区内禁止狩猎 No Hunting；请沿此路上山 This Way Up the Hill；同在蓝天下，人鸟共家园 Protect Birds。

3）道路、交通。

此类标识主要包括道路交通信息、公共交通信息（机场、火车站、列车、公交、出租车、停车场、加油站、公路、街道、桥梁、地铁等标识，相关双语标识除了交通站点、线路、设施等实体名称，还有大量的提示性、警示性标识语）的英文译写。

如：机场巴士 Airport Bus；地铁车站 Metro Station；公交站点 Bus Stop；公交枢纽站 Public Transport Hub；出租车停靠站 Taxi Stand；国际到达 International Arrivals；国内出发 Domestic Departures；停车场须知 Parking Notice；注意信号灯 Traffic Lights Ahead；请勿打扰司机 Do Not Distract the Driver；下车请勿忘物品 Please Do Not Leave Your Belongings Behind；老弱病残孕优先 Priority Seating 或 Courtesy Seating；严禁携带危险品 Dangerous Articles Prohibited。

4）政务服务。

此类标识主要包括各级政府、各相关部门及事业单位，根据法律法规，为社会团体、企事业单位和个人提供的许可、确认、裁决、奖励、处罚等行政服务所涉及的标识的英文译写。

如：24 小时智慧政务大厅 24-Hour Digitalized Service Hall；5G+VR "政务晓屋" 5G+VR "Digitalized Government Information Service Office"；网上登记受理 Online Registration；垃圾分类科 Garbage Classification Section；高层次人才绿色通道 Green Channel for High-End Specialists；海外人才引进绿色通道 Green Channel for Overseas Specialists；技术技能人才引进 Introduction of Technological Specialists；公共场所卫生许可业务 Public Hygiene Licensing Application；跨省通

办 Inter-Provincial Services；困难人员认定、失业待遇、退休人员生存认证等业务 Services: Vulnerable Personnel Identification, Unemployment Benefits, and Retiree Living Situation Verification；一网通变更 Government Online-Offline Alteration Services；"一件事"套餐 "One Stop" Package。

5）商业金融。

此类标识主要涉及商业和金融业经营机构及相关场所名称、金融类服务信息的英文译写。如公司、商场超市、宾馆酒店、饭店、邮局、银行、酒吧、咖啡馆、琴行、美容美发店、店铺、摊位等。

如：财产保险公司 Property Insurance Company；人身保险公司 Personal Insurance Company；汽车金融公司 Automobile Finance Company；快递公司 Courier Service Company；物流公司 Logistics Company；智能快件箱 Postal Express Lockers；金鹰国际购物中心 Golden Eagle International Shopping Center；苏宁环球购物中心 Suning Universal Shopping Center；万达广场 Wanda Plaza；景枫 Kingmo；夕阳红专柜 Seniors' Wear Counter〔Counter 可以省略〕；清真餐厅 Halal Dining Hall 或 Halal Canteen；便民利民志愿者服务站 Volunteer Service Station；请扫二维码进店 Please Scan the QR Code before Entering；光盘行动 Clean Plates. No Waste；适量取食，请勿浪费 Take Only What You Need/Do Not Waste Food；请依次取餐 Please Wait in Line；农村商业银行 Rural Commercial Bank；您已进入视频监控区 This Area Is Under Video Surveillance；快捷酒店 Budget Hotel；可使用无线网络 WiFi Available；24 小时自助服务 24-Hour Self-Service；青稞奶茶 Milk Tea with Highland Barley；酸梅汤 Sour Prune Drink；烧卖 Shaomai 或 Shumai；烧烤店 Grill House 或 Barbecue Restaurant〔Restaurant 可省略〕；面馆 Noodle Restaurant 或 Noodles〔用于 Restaurant 省略时〕。

6）医疗卫生。

此类标识主要涉及医疗卫生机构名称、医疗服务信息、医学专用名称的英文译写。

如：南京市红十字会 Red Cross Society of China Nanjing Branch；南京急救中心 Nanjing Emergency Medical Center；儿童医院 Children's Hospital；中医医院 Traditional Chinese Medicine Hospital 或 TCM Hospital；中医研究所 Institute of Traditional Chinese Medicine；针灸经络研究所 Acupuncture and Meridian Research

Institute；社区卫生服务中心医疗服务站 Community Healthcare Clinic；青春期门诊 Adolescent Clinic；抑郁症诊室 Depression Clinic；隔离门诊 Isolation Clinic；社区诊所 Community Clinic；主动音乐治疗室 Active Music Therapy Room〔Room 可省略〕；自助服务区 Self-Service；挂号交费自助区 Self-Service Registration and Payment；取预约号 Take an Appointment Number；一站式服务中心 One-Stop Services；自助报告打印区 Self-Service Report Printing；生活饮用水卫生监督 Drinking Water Hygiene Inspection；公共卫生突发事件 Public Health Emergency。

另外，在疫情期间还出现了关于疫情防控的双语标识，包括警示或提示双语（多语）标识，如：公共场所，请戴口罩 Wear Mask in Public；请测温登记 Check Temperature and Register；健康码 Health Code；72小时阴性 Negative COVID-19 test within 72 hours；保持距离，隔离就座 Maintain Safe Distance and Sit in Every Other Seat；防控疫情从我做起 Epidemic Prevention and Control Starts with Every One of Us；核酸检测 Nucleic Acid Testing〔NAT〕；健康通行登记 Health Code Registration；居家隔离 self-isolation 或 home quarantine；请出示苏康码 Show Your Jiangsu Health Code；请依次排队戴口罩测体温 Line Up, Wear a Mask and Check Temperature；方舱医院 temporary treatment centers; Fangcang shelter hospitals；居家办公 work from home；通信大数据行程卡 digital travel records；行走的传染源 mobile source of infection；咽拭子或鼻拭子 a throat or nasal swab；延迟开学 to postpone the reopening of schools；在线问诊 online medical inquiries；最美逆行者 heroes who put themselves in harm's way；请出示你的健康码/行程码 Show Your Health Code/Travel Code；人民至上，生命至上 Put the people's interests first. Nothing is more precious than people's lives；"苏康码"是以江苏省内所有来苏返苏人员以及在苏工作、学习、生活、旅游或临时停留人员申报的健康申报数据为基础，结合相关数据比对后动态生成的个人电子健康凭证。在疫情防控期间，"苏康码"可作为广大民众日常出行的重要凭证，同时作为防疫人员查验的主要依据。Jiangsu Health Code is used as an electronic certificate by those individuals who come/return to Jiangsu and those who work, study, live, travel or sojourn in Jiangsu. It is dynamically generated after the comparison of relevant data based on the personal health data proffered by the applicants as well as the current condition of the epidemic prevention. During the epidemic outbreak, the Jiangsu Health Code is used as an important certificate for the daily mobility of the general public, and epidemic prevention personnel take it as a main indicator of health. 无"苏康码"应用条件的儿童、老人，可以由具备申请"苏康码"条件的申报人以附属卡形式申报，并注明与主卡的关系，如父母、夫妻、子女和亲属，主卡负责其附属码数据的真实性。仍不具备上述条件的申请人，可填写纸质"个人健康状况申报卡"，由所在单位、社区或相关管理人进行健康风险等级判定并盖章，"个人健康状况申报卡"有效期14天，和"苏康码"具有同等效力。Senior citizens and children without access to smart phones may obtain the Code in the form of an auxiliary card affiliated to the main card of a qualified code user on the precondition that the relationship between the two card users is indicated〔e.g. parent, spouse, child or relative〕and the main card is held accountable for the authenticity of the data in the auxiliary card. Otherwise, the applicant may fill in a printed Personal Health Status Declaration Card, based on which the employer, the community or relevant competent personnel will assess and grade the health risk of the applicant before stamping on the Card. The Card, valid for 14 days, is deemed equally effective as the Jiangsu Health Code.

3.1.2　问题分析

通过调查研究发现，江苏地区双语标识中的译写错误主要表现为10个方面，以下是错误的具体类型及部分例子。

1）拼写错误。

拼写错误属于公共服务领域英文译写中经常出现且比较明显的文字错误，主要包括单词拼写错误、字母大小写不规范等。

教师休息室（见图3-1）

原译：teache's lounge

建议改译：Teacher's Lounge

说明：标识语中的英文单词 Teacher 被错误地拼成了 teache，漏掉了字母"r"。

图 3–1　教师休息室（拍摄地点：南京某学院）

军事类图书阅览区（见图 3–2）

原译：Military Books Reeding Area

建议改译：Military Books Reading Area

说明：标识语中的英文单词 Reading 被错误地拼成 Reeding。

图 3–2　军事类图书阅览区（拍摄地点：南京某学院）

2）缺少译文。

缺少译文主要指英文标识译写中只有汉语拼音，缺少必要的英文，这种情况多见于公共场所、公交站牌、街道和指示牌等。

汉中门大街（见图 3–3）

原译：HANZHONGMEN DAJIE

建议改译：HAN ZHONG MEN STR.

说明：该公交站牌标识语为汉字加拼音，目前南京市城市道路及公交站牌多采用双语标识，为了进一步提升城市语言景观，规范英文译写，依照国家标准和国际译写惯例，建议将标识语中的"大街""DAJIE"改为"STREET"或"STR."。

图3–3　汉中门大街（拍摄地点：南京建邺区）

智慧纪念馆（见图3–4）
原译：ONLINE MEMORIAL
建议改译：ONLINE MEMORIAL HALL
说明：原译文缺少必要的英文"Hall"。

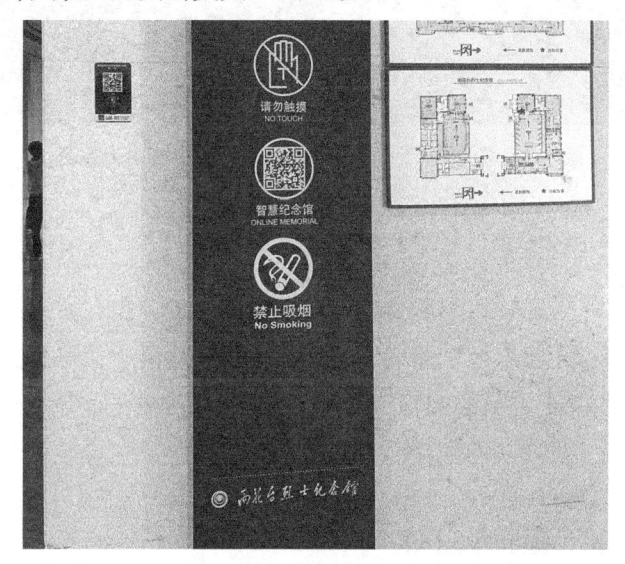

图3–4　智慧纪念馆（拍摄地点：南京某纪念馆）

3）语义残缺。

语义残缺主要指在译写过程中没有将原文意思完整传达出来。

景区出口（见图 3–5）

原译：Scenic Entrance and Exit

建议改译：Scenic Spot Exit

说明：原译文中一方面没有将"景区"准确地翻译出来，另一方面将"出口"二字错译成了"出口"和"入口"。

图 3–5　景区出口（拍摄地点：南京江宁方山风景区）

紧急出口

原译：EXIT

建议改译：Emergency Exit

说明：原译文中没有将"紧急"二字的意思表达出来，根据公共服务领域英文译写规范示例可知，"紧急出口"强调"紧急"，应将其译出。

无障碍电梯（见图 3–6）

原译：WHEELCHAIR ACCESSIBLE

建议改译：Accessible Elevator

说明：无障碍电梯属于无障碍设施，原译文未将"电梯"译出，根据公共服务领域译写规范，建议译为 Accessible Elevator。另外，中国文化中的"老弱病残孕"受到社会的尊重和照顾，但在西方文化中不少人觉得这样的说法是把他们看成有缺陷的人，"老弱病残孕专座"通常译成 Priority Seating 或 Courtesy Seats。

图 3-6 无障碍电梯（拍摄地点：徐州某酒店）

4）生造词语。

小心地滑（见图 3-7）

原译：Caution! Wet Floor!

建议改译：CAUTION/Slippery

说明：如果因为地面建筑材质本身较光滑，建议将"小心地滑"译为：CAUTION/Slippery；如果因为地面有水，提醒公众注意建议译为：CAUTION/Wet Floor。

图 3-7 小心地滑（拍摄地点：徐州某纪念馆）

当心落水（见图 3-8）

原译：Warning falling into water

建议改译：CAUTION/Be careful of Falling

图 3-8　当心落水（拍摄地点：雨花台风景区）

5）惯用语错误。

惯用语错误或称习语错误，即某些词有固定的说法，不宜按照字面硬译。

教学研讨室（见图 3-9）

原译：Teaching Workshop

建议改译：Teaching Seminar Room

图 3-9　教学研讨室（拍摄地点：南京某学院）

开水间（见图 3-10）

原译：Very Hot Water; Use With Care

建议改译：Hot Water Room

说明：根据公共服务领域英文译写规范性原则，译写应准确表达原文的含义。"开水间"或"热水间"实际上都是指提供热水的地方，有其固定的说法，根据所示应将开水间译为"Hot Water Room"或"Hot Water"。

图 3–10　开水间（拍摄地点：南京某学院）

6）词语误用。

词语误用指译写时误把此词当彼词。

（请）随手关门（见图 3–11）

原译：KEEP DOOR CLOSED

建议改译：Close the Door Behind You

说明："KEEP DOOR CLOSED"指关着门，表示门的状态是关着的，原译文未能区分 close（表动作）和 closed（表状态）的差别，因此，建议译为 Close the Door Behind You。

图 3–11　随手关门（拍摄地点：南京某学院）

7）宜简不宜繁。

简洁性是公共服务领域标识的典型特征，在译写时应尽量确保译文精练，避免冗长、累赘。

总服务台；前台；接待处（见图3-12）

原译：Reception Desk

建议改译：Reception

图3-12　总服务台（拍摄地点：南京某学院）

靠右站立、左侧疾行

原译：Stand on right. Pass on left.

建议改译：Keep right

说明：汉语讲究成双成对，而英语则注重"形单影只"。对于汉语中的成对词，如"前后""左右""上下"等，英语中往往只说出一半。例如，"先下后上"，英语中作"Let people get off first"。同理，上例中只需说出"右"，而无须说出"左"。

8）按字硬译。

按字硬译是公共服务领域英文译写中出现问题较多的方面，由于缺乏对规范用法的了解，译者往往根据汉语逐字翻译或直接使用在线翻译工具进行翻译，其结果与惯用表达大相径庭。

特藏专区（见图3-13）

原译：Special Tibet area

建议改译：Special Collection Area

行政办公区（见图3-14）

原译：Executive office district

建议改译：Administrative Office Area

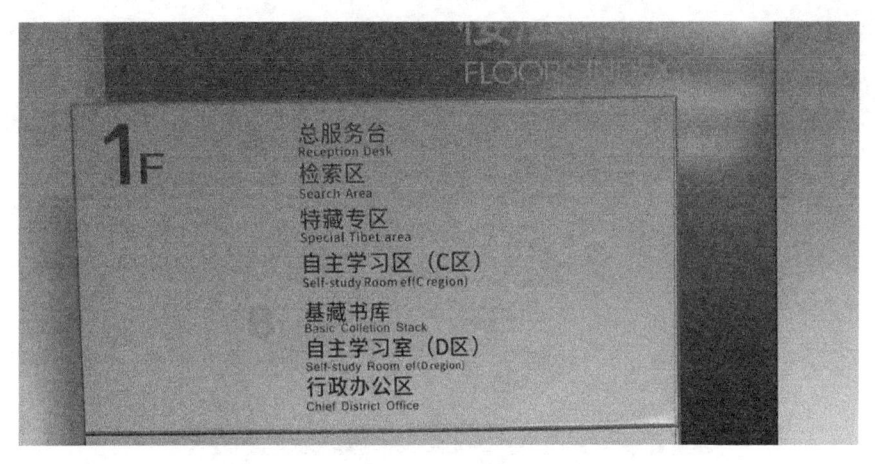

第三章　江苏外语生态状况的数字化审视

图 3-13　特藏专区（拍摄地点：南京某学院）

张仲樵民间音乐资料特藏室（见图 3-14）

原译：Zhang Zhongqiao's Folk Music Housing

建议改译：Special Collection of Zhang Zhongqiao's Folk Music

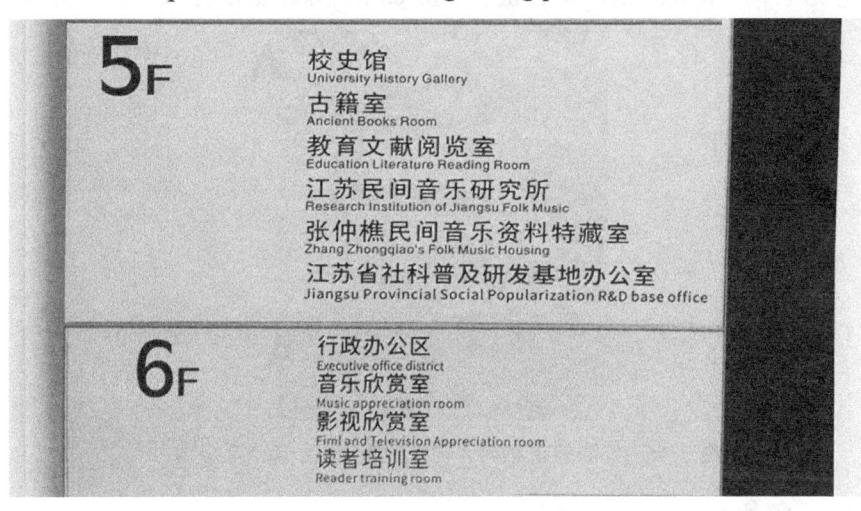

图 3-14　行政办公区、张仲樵民间音乐资料特藏室（拍摄地点：南京某学院）

水景石牌坊（见图 3-15）

原译：Crystal Stone Archway

建议改译：Waterscape Stone Archway

图 3-15　水景石碑坊（拍摄地点：南京江宁方山风景区）

文明赏花 请勿入内（见图 3-16）

原译：Civilization flower do not enter

建议改译：Appreciate flowers in a civilized way and do not enter.

图 3-16　文明赏花 请勿入内（拍摄地点：南京某公园）

9）一名多译。

同一名称没有形成统一的规范，译写较为随意，出现了多种译法。

建陵史展览馆（见图 3-17、3-18）

原译：Yuhuatai Revolutionary Martyrs Museum 和 Exhibition Hall of the History of the Yuhuatai Martyrs Memorial Park

建议改译：Yuhuatai Revolutionary Martyrs Museum

说明：此处的"建陵史展览馆"给出了两种不同的翻译。根据公共标识英文译法标准的译写说明：公共标识中尽量不使用冠词和介词，如中山公园 Zhongshan Park，但已经约定俗成的说法和固定用法除外，如西藏文化博物馆 Museum of Xizang Culture。因此前面的译写符合译写规范，建议统一译为 Yuhuatai Revolutionary Martyrs Museum。

图 3–17　建陵史展览馆（拍摄地点：南京某纪念馆）

图 3–18　建陵史展览馆（拍摄地点：南京某纪念馆）

10）文体差异。

中国和以英语为母语的国家的公共标识语在译写文体方面存在较大差异，主要表现在修辞方面，我国的部分标识语倾向于使用正式的、刺激人们情绪的词汇，英语国家的用词则更显中性和平和。

应急避难所（见图 3–19）

中国标识语：EMERGENCY SHELTER

英国标识语：ASSEMBLY POINT（集结点）

说明："应急避难所"在中文里比较常见，翻译为"emergency shelter"虽然忠实于原文，无可非议，但是"emergency"加上中文"应急避难"会给人造成一种紧张的感觉，突显灾难的氛围。而在英语国家，这类标识语通常被翻译为"Assembly Point"，译文趋于中性、平静。

图 3–19　应急避难场所（拍摄地点：徐州某公园）

同时，为了了解我国此类标识的现状，我们对标识设计制作公司的最新设计和译写情况进行了调查，通过图 3–20 和图 3–21 可以看到我国在标识语译写方面发生的变化。

图 3–20 在"应急避难场所"上加上了具体数字编号，英文在选词上采用了 Evacuation assembly point，同时箭头的指向更加明确，更加有利于公众识别方向和确定地点。

图 3–20　应急避难场所（来自上海某标识设计制作公司）

图 3–21 根据不同的应用场景，中文采用了"紧急疏散集合点"，英文译写为"Emergency Evacuation Assembly Point"，用 assembly point 代替了 shelter，这无疑使译写文本更加符合受众的阅读习惯，更加有利于外国友人准确理解标识内容及做出正确的反应。

图 3–21　紧急疏散集合点（来自上海某标识设计制作公司）

3.1.3　问题建议

公共服务领域双语标识调查鲜有涉及语言使用者意图的调查，因而对双语标识使用情况的分析主要停留在调查者的主观判断和逻辑推理上。鉴于此，我们对多家店铺的负责人进行了口头问卷调查，并对三家相关广告公司进行了咨询。

在问及店铺负责人为何要使用双语标识制作门头时，他们的回答可以归纳为以下四种情况：第一，满足外国友人的需要，店铺负责人发现近年来附近的外国人越来越多，使用双语标识易于外国人找寻；第二，具有新鲜感，与众不同，彰显店铺的特征；第三，以前在其他城市学习或工作时，发现很多店铺都在使用双语标识；第四，是由门头和标牌制作方决定的。

关于英文店名或标识的译写问题，在咨询完相关店主和制作方后发现，翻译一般都是通过两种途径完成的：一是店铺负责人自主翻译好后交由公司制作，二是制作方代为翻译并制作。考虑到制作成本等因素，很多店铺负责人自行选择在线翻译，或交给制作方使用翻译工具进行直接译写，从而导致标牌译文生硬，错误率上升。

综合以上调查结果，对今后公共服务领域译写提出以下建议：

第一，相关职能部门应提高语言规范意识，加大对公共服务领域语言文字（含双语或多语标识）使用的监管力度，依照国家标准尽快制定和出台相关地市的外文译写规范（已有地方标准的城市要定期进行修订），以进一步提升江苏城市语言景观。

第二，各地市可通过新闻媒体、网站、微信公众号、小程序等多种渠道，开展外语标识纠错征集活动，充分调动广大市民参与城市语言景观建设。

第三，针对不同公共场所语言文字使用策略的差异性，进行差异化管理。公共交通、商场、学校、医院及旅游景点等应推广外语翻译标准；对于饮食店、美食街、步行街商铺等，在对店主加强引导的同时，应加强对标牌制作方和广告公司的监管。由于外语译写对店主和广告从业人员的外语水平有较高的要求，可以印发当地的公共服务领域中英文名称译写规范手册等以供查询，同时通过新闻媒体、网站、微信公众号、小程序等多渠道发布译写规范并提供相应指导。

第四，鼓励语言文字管理部门、外事部门、高等院校、非政府组织及个人通过科研、媒体、课程、艺术、文化产品、数字媒体技术和志愿者活动等多种方式加强公共服务领域外文译写规范建设，促进译写规范有效实施落地。公共服务领域的译写标准和规范不是一成不变的，而是与时俱进、动态发展的。

为优化南京语言生态，2022年南京市外办（外事办公室）牵头成立南京市外语志愿服务联盟，并在各区和驻宁高校组建了志愿分队。联盟成立以来，先后组织了20多场（截止到2023年7月）丰富多彩的外语志愿服务活动，特别是在南京市部分景区、展馆、政务大厅等重要涉外场所，开展公示语译写纠错"啄木鸟行动"，对双语标牌进行仔细检查、甄别，对翻译不规范或有异议的英文标识进行登记并提出修改建议，为推动国际交往中心城市建设、提升国际营商环境打牢基础。南京晓庄学院外国语学院的"啄木鸟"们作为南京市外语志愿服务联盟的重要成员，秉持着精益求精的态度，多次深入各大景区，以"捉虫"纠错为使命，持续不断地为外语标识牌提供精准修正，为南京国际语言环境建设贡献着晓庄学子的青春力量。2023年暑假，他们分为南京与返家乡两支"啄木鸟"小队，在当地地标性景点"捉虫"纠错。他们通过仔细阅读、检查景区里的每一块外语标识牌，查看是否存在语法、拼写、标点符号等错误，为优化江苏语言生态，贡献晓庄"啄木鸟"力量（见图3-22）。

图 3–22　精"啄"标识、细觅双语，净化语言生态

3.2 在苏高校大学生外语能力状况调查

进入新时代，江苏高校的数字化建设速度日益提高，大学生的外语能力状况发生了巨大的变化，网络的社会化和社会的网络化不断交叠互动，语言生活逐步务实，语言不断走向活泼。本研究以在苏高校为研究对象，采用问卷调查法、访谈法和实地观察法，对江苏高校大学生课内外学习环境及社会环境等不同场域中外语（主要指英语）生态环境进行调查。

3.2.1 调查设计

本次调查采用问卷调查法、访谈法和实地观察法。调查问卷主要以客观题的形式呈现，以封闭式问题为主。调查以在苏高校大学生的语言使用情况、语言接触情况和语言使用感受为切入点，根据其存在的困难，进一步深入分析在苏高校大学生在语言服务等方面存在的需求，为改善语言环境，提高语言服务提供策略。

3.2.2 调查过程

本次调查的受访者来自南京、无锡、徐州、常州四市的高校，高校涵盖世界一流大学建设高校、世界一流学科建设高校、省属重点高校、省部共建高校、省市共建高校、民办高校以及独立学院，学生层次包括在读本科生和研究生等，学习专业包含非外语专业和外语专业（其中以英语专业为主）。本次调查在问卷星上进行，共有 589 人参与调查，有效问卷 589 份。

3.2.3 调查结果分析

1）基本情况分析。

在参与调查的学生中，非外语专业学生达 359 人，占比 60.95%；外语专业学生合计 230 人，占比 39.05%，其中英语专业人数占 33.45%，如图 3–23 和图 3–24 所示。但在专业分布上呈现出新的特点，除了常见的日语、德语、俄语、韩语、法语等外国语种，还有西班牙语、意大利语、泰语等语种。江苏高校在开设的外国语言语种上呈现出多语种的特点。正所谓"一带一路"，语言铺路，江苏处于"一带一路"的交汇点上，要主动参与"一带一路"建设，拓展对内对外开放新空间，需要更多精通多种外语的复合型人才。

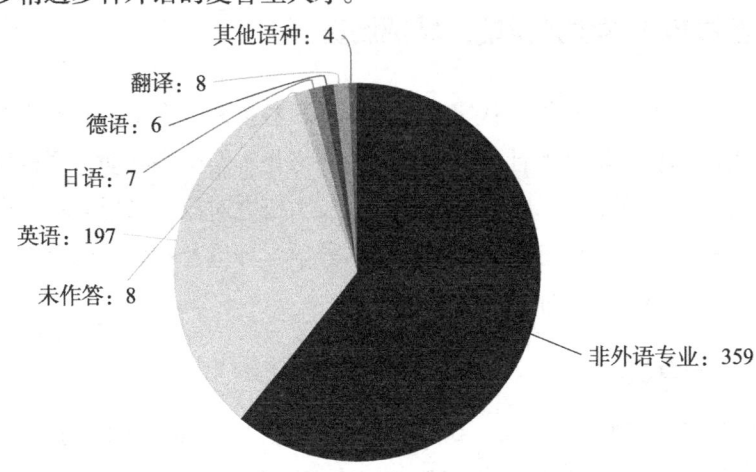

图 3–23 专业人数分布

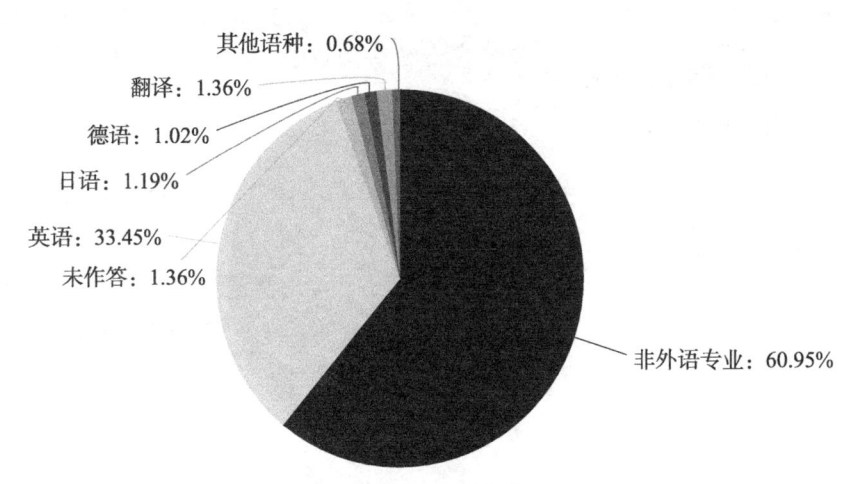

第三章　江苏外语生态状况的数字化审视

其他语种：0.68%
翻译：1.36%
德语：1.02%
日语：1.19%
英语：33.45%
未作答：1.36%
非外语专业：60.95%

图 3-24　专业人数占比

在性别方面，男生 302 人，占 51.27%，女生 282 人，占 47.88%。参与调查的男生人数高出女生 3.39% 个百分点，另外有 5 位参与调查的学生不愿明示自身的性别（这同时也告诉研究者在今后的研究中，在涉及性别时，可以增加"不愿明示"或"其他"选项），如图 3-25 所示。

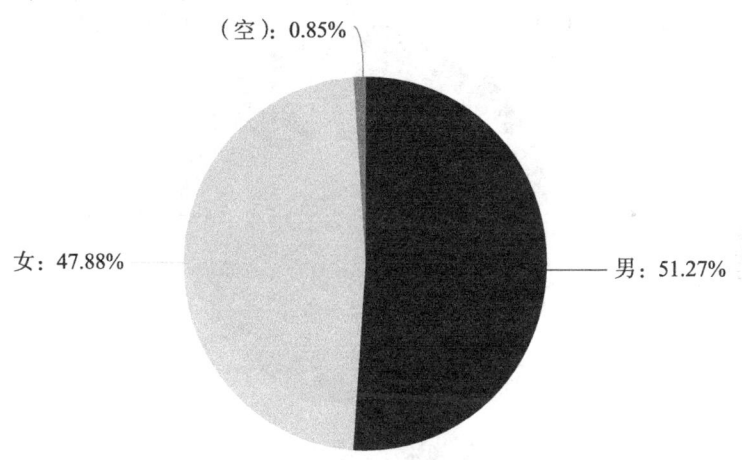

（空）：0.85%
女：47.88%
男：51.27%

图 3-25　男女占比

在所在的年级方面，99.50% 的受调查学生为本科生，其中本科一年级学生 338 人，占比 57.39%，本科二年级学生 222 人，占比 37.69%；0.5% 的受访者为研究生，如图 3-26 所示。

图 3-26 所在年级

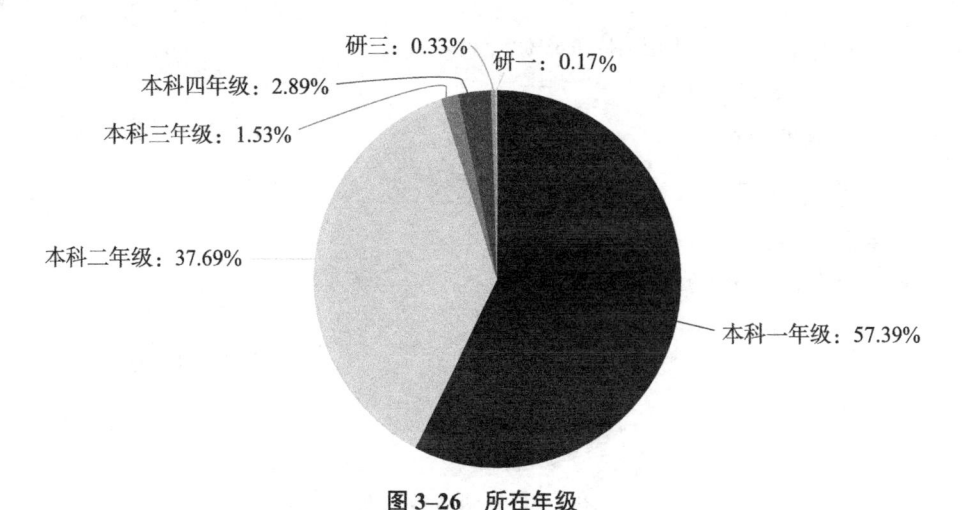

在就读高校层次方面，83.70% 的受调查学生来自普通公办高校，8.83% 的学生来自 211 高校，民办高校和独立学院学生占比为 6.28%。总体上来看，受调查者以公办高校为主体，其他高校为辅，如图 3-27 所示。

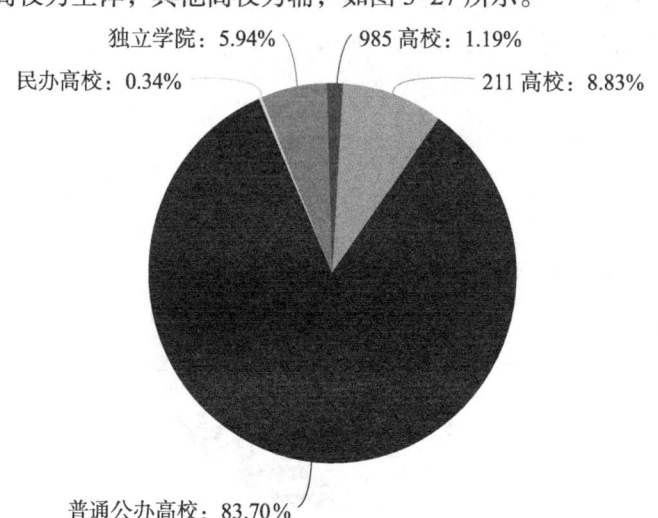

图 3-27 就读高校

2）学生对自身外语（英语）水平的认识。

这一部分共设置两个题目，均为单选题，主要调查学生选择外语专业或努力学好外语的动机，如表 3-1 所示。

表 3-1　学生对自身外语（英语）水平的认识

序号	问题	选项	人数 / 人	比例 /%
1	你选择外语专业的动机主要是什么？（外语专业的同学请作答，非外语专业的同学跳过此题）	出于对该语种的喜爱，愿意继续学习	137	23.26
		学习外语专业，毕业后好找工作	73	12.39
		服务国家语言发展战略的需要	71	12.05
		出于对该语种影视及文学作品的喜爱	15	2.55
		其他原因	293	49.75
2	你努力学好外语的动机主要是什么？（非外语专业的同学请作答，外语专业的同学跳过此题）	为了通过四、六级考试	201	34.13
		为了考研	34	5.77
		为了专业学习、职业发展或国际交往的需要	191	32.43
		为了用外语（主要指英语）讲好中国故事	11	1.87
		为了出国旅游的需要	3	0.51
		出于对该语种影视或文学作品的喜爱	26	4.41
		其他原因	123	20.88

调查数据表明，新时代大学生的学习动机呈现出多样化的特征。在选择外语专业的学生中，23.26%的学生是出于对该语种的喜爱，这部分学生学习外语的内在动机占主导因素；认为"学习外语专业，毕业后好找工作"的学生占12.39%，这部分学生在选择专业时外在动机占主导因素，所占比例明显下降，这与当下外语专业（主要指英语专业）学生就业难的现状有着密切的关系；认为学习外语是出于"服务国家语言发展战略的需要"的学生占12.05%，这表明一部分学生在选择专业时的利他动机占据了主导因素，学生的家国情怀意识有了显著提升；"出于对该语种影视及文学作品的喜爱"的占2.55%，这部分学生的跨文化动机明显，这表明语言所承载的文化娱乐功能得到显现。

非外语专业学生学习外语（主要指英语）的动机也呈现出多样化的特征。为了"通过四、六级考试和考研"的学生合计为39.90%，占比超出三分之一，这一部分学生的工具性动机（外在动机）明显；32.43%的学生学习外语主要为了"专业学习、职业发展或国际交往的需要"，内在动机较为明显；选择"为了用外语（主要指英语）讲好中国故事、为了出国旅游的需要、出于对该语种影视或文学作品的喜爱"的共计6.79%，尽管此部分学生所占的比例不高，但其学习动机呈现出明显的综合性，具有利他动机、跨文化动机和内在动机的特征。另外，有20.88%的学生选择了"其他原因"，占比达五分之一左右，这一部分学生学习外语的动机较为复杂，其中不乏一部分学生自身并不喜欢外语，只是出于完成学业的需要而被迫学习语言，这一点在与学生的访谈中也得到印证。这同时也说明，我国的外语教育（主要指英语教育）虽经历了上百年的发展变化，取得了十分突出的成就，但由于缺乏本族语的交际环境，外语教育的改革之路仍然任重而道远。如何将西方的教育理念、教育理论和教学方法与我国的实际情况相结合，并根据国家和新时代需求规划新的目标，激发学生的学习热情，以培养具有中国情怀、国际视野的高层次复合型人才，这一点需要不断探讨。

3) 学生外语学习环境。

学习环境调查分为课堂学习情况和课余学习情况两部分，课堂学习情况如表3-2所示。

表 3-2 学生课堂学习情况

序号	问题	选项	人数/人	比例/%
1	外语课上的内容能听得懂吗？	都能轻松听懂	107	18.17
		大部分可以听懂	402	68.25
		可以听懂一半	51	8.66
		基本听不懂	28	4.75
		其他	1	0.17
2	你觉得在外语课堂上有与老师互动并说外语的机会吗？	每节课都有	187	31.75
		经常有	230	39.05
		偶尔有	160	27.16
		从未有	12	2.04
3	通过课堂学习你哪个方面的语言技能进步较大？（多选题）	听力水平	382	64.86
		口语水平	353	59.93
		阅读水平	398	67.57
		写作水平	229	38.88
		翻译水平	243	41.26
		其他	48	8.15
4	你认为哪个方面的语言技能最需要提高？	听力水平	201	34.13
		口语水平	213	36.16
		阅读水平	39	6.62
		写作水平	74	12.56
		翻译水平	49	8.32
		其他	13	2.21

在苏高校大学生的外语课堂学习情况总体良好，68.25%的学生认为外语课上的内容大部分可以听懂，能够轻松听懂课上内容的学生占18.17%，课上内容只能听懂一半的学生为8.66%，还有约4.75%的学生基本听不懂。70.80%的学生能够每节课或经常在外语课堂上与老师进行互动，约三分之一的学生偶尔或从未在课上与外语老师进行过互动。就通过课堂学习进步较大和最需要提高的语言技能而言，听力和口语成为学生提高速度最快，同时也是最需要提高的技能。表示写作和翻译水平进步较大的学生占38.88%和41.26%，表示写作和翻译最需要提高的学生占20.88%。如果学习者对外语及教师持积极态度，外语教师经常说外语、课堂上说外语的时间比较多，在同伴中的地位相对更高、外语水平更高，那么他们就会感受到更多的外语愉悦（徐锦芬 等，2021）。换句话说，拥有较高水平的外语同伴或外语教师，学生更容易感受到学习外语所带来的愉悦感。

由于我国的外语教育缺乏本族语的交际环境，良好的课余外语语言环境是大学生外语生活状态的重要考量因素。课余与老师、同学、朋友或语伴用外语进行有效的沟通和交流，参加外语社团活动或语言竞赛，使用智能手机等移动设备进行外语泛在学习，可以为大学生外语综合能力的提升提供重要的保障。

如表3-3所示，课余时间能经常与老师交流外语学习（包含在线交流）的学生仅占4.92%，37.55%的学生从未在课余时间和老师进行过学习情况交流；每天在课堂之外能够坚持学习外语（主要指英语）在1个小时以上的学生约占21.90%；仅有11.71%的学生能够轻松地使用语言为英语的网站查找资料或特定信息，约占26.49%的学生很少或几乎从不登录外语类网站；有28.18%的学生参加过全国大学生英语竞赛，27.33%的学生参加过外研社"国才杯"英语比赛（含演讲、阅读、写作），29.37%的学生参加过校级英语类比赛，还有36.84%的学生未参加过任何比赛；约76.91%的学生没有参加过外语类培训课程（含线上课程）；66.72%的学生从未参加过外语社团活动，14.26%的学生表示想参加，但学校很少组织类似的活动；约71.99%的学生表示没有语伴，21.05%的学生表示想找语伴，但不知道具体途径，需要教师提供指导和帮助；几乎所有的学生的手机里都安装了外语类学习软件，其中安装3个以上的学生占45.68%，44.48%的大学生表示最喜欢使用手机学习的内容是查单词、记单词，使用手机获取新闻资讯的仅有5.43%，学习与课程相关的内容的占4.08%。

表 3–3 学生课余学习情况

序号	问题	选项	人数/人	比例/%
1	在课余时间,是否找老师单独交流过外语学习(包含在线交流)?	经常与老师交流	29	4.92
		有时会	339	57.56
		从未有过	221	37.55
2	一般来说,你每天课堂以外学习外语的时间有多长?	几乎不学	104	17.66
		半小时以内	196	33.28
		半小时~1个小时	160	27.16
		1~2个小时	75	12.73
		2个小时以上	54	9.17
3	你使用语言为英语(外语)的网站查找资料或查询信息是否存在障碍?	没有,能很轻松地查到想要的信息或资料	69	11.71
		有时候有语言障碍,但可以找到解决的办法	291	49.41
		经常有语言障碍,正在努力提高自己的外语水平并取得了一定的成效	73	12.39
		很少登录语言为英语(外语)的网站	96	16.30
		几乎从来不登录语言为英语(外语)的网站	60	10.19
4	你参加过的外语类比赛有哪些?(多选题)	全国大学生英语竞赛	166	28.18
		外研社"国才杯"英语比赛(含演讲、阅读、写作)	161	27.33
		"外教社杯"英语类比赛	81	13.75
		高教社"用外语讲中国故事类大赛"(含短视频类)	30	5.09
		省级以上翻译类大赛	74	12.56
		校级英语类比赛	173	29.37
		其他比赛	11	1.97
		未参加过任何比赛	217	36.84
5	最近一年内有没有参加过外语类培训课程(含线上培训或线上实训)?	没有参加	453	76.91
		参加过1次	93	15.79
		参加过2次	18	3.06
		参加过3次及以上	25	4.25

续表

序号	问题	选项	人数/人	比例/%
6	你经常多久参加一次外语社团类活动？	每周 1~2 次	36	6.11
		每月 1~2 次	76	12.90
		几乎从不参加	393	66.72
		想参加，但学校很少组织此类活动	84	14.26
7	你有固定的外语语伴吗？	有	41	6.96
		没有	424	71.99
		想找语伴，但不知道途径	124	21.05
8	与语伴一起练习外语的频率？	每天练习半个小时以上	32	5.43
		每周练习 3~4 次，每次 30 分钟以上	17	2.89
		每周练习 1~2 次，每次 30 分钟以上	21	3.57
		每个月练习 1~3 次，每次 30 分钟以上	21	3.57
		没有语伴，自己练习	498	84.55
9	你的手机里安装了多少个外语类学习软件？	1~2 个	320	54.33
		3~4 个	203	34.47
		5 个及以上	66	11.21
10	你最喜欢使用手机学习的内容有？	查单词、记单词	262	44.48
		翻译句子等	65	11.04
		看/听英语（外语）类新闻	32	5.43
		听英文（外语）歌曲或看英文（外语）电影/电视剧	194	32.94
		看英文书籍	12	2.04
		学习与课程相关的内容	24	4.08

课余外语学习对语言能力的提升具有重要的意义，是第二语言学习中最为重要的影响因素之一。从总体上来看，在苏高校大学生仍然缺乏使用外语进行沟通和交流的环境，高校需要进一步丰富第二课堂活动，为学生交到语伴搭建平台，为学生使用外语创造更多的机会。例如，南京晓庄学院组织学生利用周末和暑期开展"外语述金陵——向世界讲述南京故事"社会实践活动。实践团成员聚焦南京历史古迹、传统文化、红色故事等主题，用生动的镜头、流利的外语解说挖掘南京红色基因，将最富有南京味道的故事呈现给世界。社会实践团的学子们在实

践中学以致用，以专业的外语学科素养，围绕金陵历史传播中华文化，让南京这座钟灵毓秀的城市走向更辉煌的舞台。与此同时，青年学子们也在不断探索中学习革命精神，传承红色基因，荟萃青春魅力，通过讲述南京故事，传播中国声音。

4）学生课余生活语言环境。

本部分调查大学生日常生活中的外语语言环境状况，如表3-4所示：

表3-4 学生课余生活语言环境

序号	问题	选项	人数/人	比例/%
1	你外出时能否听懂公共交通的双语报站？	可以听懂	329	55.86
		听不太懂英语报站，但可以听懂汉语报站	147	24.96
		只关注汉语报站，没有仔细听过英语报站	113	19.19
2	你会留意校园或城市的双语或多语景观（标识）吗？	会	369	62.65
		不会	100	16.98
		以后会	120	20.37
3	城市或景点的双语或多语标识是否可以看懂？	以前只看汉语标识，没有留意过其他语言标识	80	13.58
		可以看懂	188	31.92
		可以看懂一部分	300	50.93
		除汉语标识外，其他语言标识基本看不懂	21	3.57
4	当有外国人向你请求帮助时，你能用英语提供帮助吗？	可以轻松提供帮助	65	11.04
		日常生活类可以，其他话题有困难	254	43.12
		有时用英语表达不清时，会做手势辅助	140	23.77
		没有遇到过	130	22.07

调查结果表明，55.86%的大学生可以听懂公共交通的双语报站，24.96%的大学生听不太懂双语类报站，还有19.19%的大学生只关注汉语报站，未关注过英语报站；62.65%的大学生会留意校园或城市的双语或多语景观（标识），这说明大学生的外语生活意识有了显著提升；约37.35%的大学生未曾留意校园或城市的双语或多语景观（标识）；31.92%的大学生可以看懂城市或景点的双语或多语标识，50.93%的大学生可以看懂一部分城市或景点的双语或多语标识；仅有11.04%的大学生表示可以轻松向外国友人提供帮助，43.12%的大学生仅能就日常生活类话题提供帮助，23.77%的大学生向外国友人提供帮助时需要借助手势。

第三章 江苏外语生态状况的数字化审视

总体上来看，在苏高校约三分之二的大学生具有外语生活的意识，但外语生活的能力还有很大的提升空间；校园或城市语言景观的意识有了显著提升，但语言服务意识和能力尚有不足。这一方面与参与调查的人群多为大一或大二的学生有关，另一方面也为外语教与学提出了挑战，新时代大学生仍需努力提升自身外语水平。

最后一个问题为开放性问题，问题为"请谈一下你心目中理想的外语生活"。对江苏高校学生词频进行统计分析（如图 3–28 和图 3–29 所示）后，不难发现"交流"成为出现频率最高的词，其次为"外语""轻松""无障碍"等，即轻松使用外语进行有效的沟通和交流，这主要体现了语言的工具性特征。语言是人类所特有的一种交流和沟通的工具，具有文化传承与传播的功能。语言交流的最本质特征是交互，从交互中我们表达含义，交流思想，构建观念和关系。钱德拉·罗伊－亨里克森指出学习一门语言，同时也是在学习一种文化，这反映出语言的人文性特征。语言是一个工具，它能够保存文化的多样性和意识上的多样性。作为教师，尤其是外语教师，需要在今后的外语教学中引导学生关注语言的文化特征。首先，教师自身要关注语言的文化特征，语言最基本的功能就是交流，外语教师要与学生进行充分的交流，充分利用信息化、互联网等时代优势和便利，用语言架构起学生学习的桥梁，协同利用听、说、读、写、译等途径和方式实现语言的交际和文化功能。其次，需要进行良好的教学设计和意识培养，从自我做起，为学生成长成才服务。充分利用语言资源，从输入到输出、内化、加工、整理，有计划、有步骤、有规律、有实践、有探索地逐步构建和谐的外语生活。

图 3–28 学生心目中理想的外语生活词频分析词云图

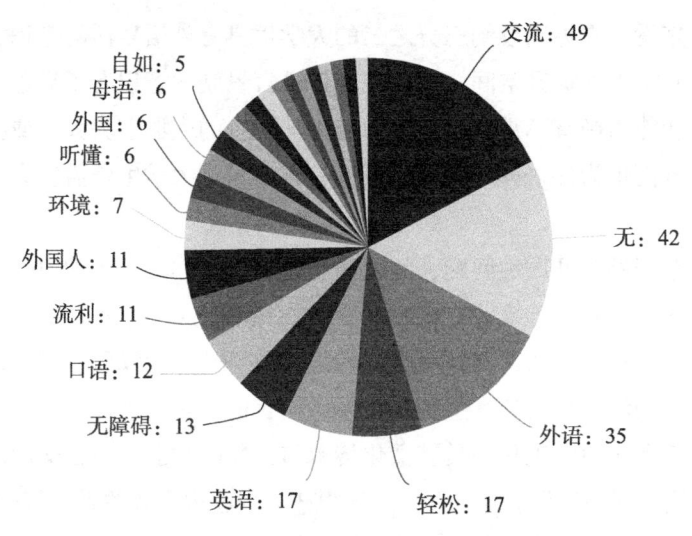

图 3–29　学生心目中理想的外语生活词频分析饼状图

（饼图数据：交流：49；无：42；外语：35；轻松：17；英语：17；无障碍：13；口语：12；流利：11；外国人：11；环境：7；听懂：6；外国：6；母语：6；自如：5）

3.2.4　小结

在本次调查过程中，研究发现在苏高校大学生群体可分为外语类专业的大学生及非外语类专业的大学生，既包含双一流高校学生也包括一般高校大学生，因此在调查结果上存在明显的分层现象，即使是在同一层次的高校内部，由于专业类别的差异等因素也存在明显的分层现象。以上两点决定了在苏高校大学生在外语学习层面上的学习态度、学习动机存在差异，所需的语言学习目标和语言服务类型也不尽相同。

近年来，江苏在深度融入"一带一路"国际合作朋友圈，在更大范围、更广领域、更高水平上推进对外开放。在全球化语境下，新时代大学生的语言服务需求呈现出全方位、深层次的倾向。大学生的外语交际需求已从日常生活沟通层面上升到深层次的专业学习、职业发展或国际交往的层面，从满足个人需求向满足国家战略需求方面过渡。而这种深层次的需求不仅要求大学生具备更高的语言水平，同时也需要在苏高校为大学生搭建好语言学习与交流的平台，持续改善外语学习环境，提高大学生的外语生活意识，帮助他们树立终身学习的外语生活观。江苏的外语教育必将在中国努力建设教育强国、实现教育现代化的道路上，以前所未有的开放姿态，不断创新发展，为构建人类命运共同体以及建设"经济强、百姓富、环境美、社会文明程度高"的新江苏发挥重要的沟通桥梁作用，为中华民族伟大复兴提供智力支持。

3.3 江苏企业语言使用状况调查

语言是影响企业发展的重要因素，关系到企业能否发展壮大，乃至拓展海外市场，参与国际竞争。企业人员的语言使用状况及语言生态状况是我国工作领域语言使用状况的一种投射，企业人员的语言能力（尤其是外语运用能力）是我国劳动力整体语言能力的一种反映。本研究通过调查江苏地区企业人员的语言能力、工作中使用的语言、对语言在工作中所起作用的态度及语言提升情况等，了解江苏地区企业语言使用的整体情况及企业人员的外语生态状况，为企业和政府制定语言规划，加强企业人员语言能力管理，营造企业外语生态氛围，提升语言服务供给能力和供给水平提供依据和参考。

3.3.1 基本情况

本次调研采用问卷调查和个别访谈的方法，问卷在编制过程中参考借鉴了王海兰（2018）针对广州企业语言使用情况调查的部分做法，结合江苏的实际情况和语言生态发展研究状况，增加了语言提升（语言生态）部分的问题，问卷在正式发放之前进行了前测，根据前测反馈，对调查问卷中的个别问题进行了修改，最终确立正式问卷。问卷主要通过微信好友及企业微信群进行有针对性的发放，101位企业人员参与了调查，有效问卷101份。

调查对象主要来自南京、无锡、徐州、常州、苏州、连云港、淮安等七个地市，其中南京参与调查的人数最多，为33人，占32.67%，无锡次之，32人，占31.68%，徐州10人，占9.9%，常州12人，占11.88%，苏州6人，占5.94%，连云港和淮安各4人，分别占3.96%。

表3–5显示，调查对象中男性占比55.45%，女性占比44.55%，男性人数略高于女性。年龄结构以21~50岁为主，占比为92.05%，其中31~40岁占比最高，为47.52%，21~30岁占比为25.72%，41~50岁占比为18.81%。在公司类别中，私营企业占比最高，占比为47.52%，江苏企业时值"一带一路"历史机遇和大众创业、万众创新的发展机遇，努力建设"强富美高"新江苏，私营企业得到快速发展。土生土长的江苏人占比达60.40%，在江苏生活10年以上的企业人员占比为17.82%，6~10年的企业人员占比为9.90%，1~5年的企业人员占比为8.91%。文化程度以接受过高等教育的人群为主，占比93.06%，其中本科生比例

最高，占比为48.51%，硕士研究生次之，占比29.70%，其次为专科，占比9.90%，博士研究生占比4.95%。主要从事的职业为企业负责人、销售人员、教育培训人员、行政办公人员、工程技术人员、金融业务人员、房地产经纪人，这七类占90.09%；中层管理人员的比例为42.57%，高层管理人员的比例为21.78%；月工资收入在5 000~10 000元的占49.50%，月收入在10 000元以上的占27.72%，这与广州月工资收入相比（据王海兰2018年调查数据，广州企业人员月工资收入在10 000元以上的为42.10%）还存在一定差距。

从总体上来看，此次调查的样本是一个以私营企业为主、文化程度整体较高、在江苏连续居住时间长、在企业担任中高层管理工作且收入水平相对较高的群体。

表 3–5 调查样本基本情况

样本类别		人数/人	百分比/%	样本类别		人数/人	百分比/%
性别	男	56	55.45	职业	企业负责人	20	19.80
	女	45	44.55		工程技术人员	14	13.86
年龄	16~20 岁	1	0.99		金融业务人员	5	4.95
	21~30 岁	26	25.72		教育培训人员	16	15.84
	31~40 岁	48	47.52		行政办公人员	14	13.86
	41~50 岁	19	18.81		酒店餐饮人员	1	0.99
	51~60 岁	7	6.93		销售人员	18	17.82
在江苏连续居住的时间	土生土长	61	60.40		财务人员	2	1.98
	10 年以上	18	17.82		房地产经纪人	4	3.96
	6~10 年	10	9.90		其他职业	7	6.93
	1~5 年	9	8.91	职位	高层管理人员	22	21.78
	不满 1 年	3	2.97		中层管理人员	43	42.57
公司类别	合资	8	7.92		一般职员	36	35.64
	独资	5	4.95	月收入	3 000 元以下	0	0
	国有	17	16.83		3 000~5 000 元	23	22.77
	私营	48	47.52		5 000~8 000 元	32	31.68
	全民所有制	0	0		8 000~10 000 元	18	17.82
	集体所有制	2	1.98		10 000~20 000 元	11	10.89
	股份制	9	8.91		20 000~30 000 元	5	4.95
	有限责任制	12	11.88		30 000 元以上	12	11.88

续表

样本类别		人数/人	百分比/%	样本类别		人数/人	百分比/%
受教育程度	初中及以下	0	0	员工规模	10人以下	14	13.86
	高中/中专	7	6.93		11~30人	15	14.85
	专科	10	9.90		31~100人	18	17.82
	本科	49	48.51		101~300人	22	21.78
	硕士	30	29.70		300人以上	32	31.68
	博士	5	4.95				

3.3.2 语言能力

在调查中，我们通过了解江苏企业人员能够使用的语言种数及对普通话、方言和英语的掌握和使用情况，考察江苏企业人员的整体语言运用能力和多语言的掌握情况。

在针对"您工作中使用的语言有哪些"的问题调查中（该问题为多选题），96.04%的调查对象在工作中使用普通话，60.40%的调查对象在工作中使用方言，能够使用外语的调查对象占比合计为69.30%，如图3–30所示。

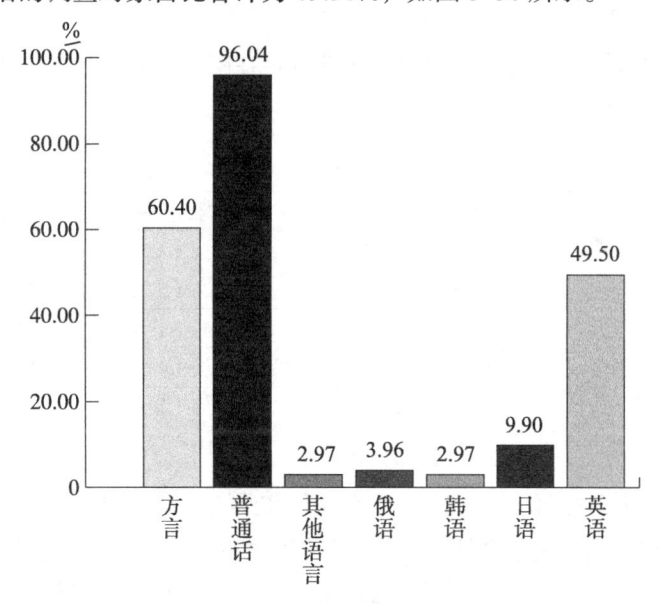

图3–30 调查对象语言使用情况

在针对"您工作中能使用的语言"的问题调查中，几乎所有的受访者都能使用普通话，只能使用普通话的单语者占4.95%；能够同时使用两种语言的人数为

29人，占比28.71%；能够使用三种语言的多语者为44人，占比为43.56%；能够使用四种及以上的多语者为23人，占比为22.77%，如表3-6显示。

表3-6 调查对象能使用的语言分布情况

能使用的语言	一种	两种	三种	四种及以上				
	普	普+方	普+方+英	普+方+英+其他外语	普+方+日+其他外语	普+方+韩+其他外语	普+方+英+两种以上其他外语	其他组合
人数	5	29	44	13	5	0	5	0
百分比/%	4.95	28.71	43.56	12.87	4.95	0	4.95	0
总和/%	4.95	28.71	43.56	22.77				

如表3-7所示，在针对企业人员的语言水平的调查中，96.04%的调查对象的普通话水平达到了"说得还行"及以上的程度；94.06%的调查对象的方言水平达到了"说得还行"及以上的程度；在针对外语水平的调查中只有11.88%的调查对象表示"说得很好"，36.63%的调查对象表示"说得还行"，24.75%的调查对象表示"听得懂，能说一点"，13.86%的调查对象表示"能听懂一部分，不会说"。而调查对象中83.15%的人为本科及以上学历，表明他们一般通过了大学英语四、六级考试，这从侧面反映出我国的外语教育存在问题，即学生的外语语言交际能力，尤其是说的能力较弱。

表3-7 调查对象的普通话、方言和外语水平

选项	普通话水平	方言水平	外语水平
说得很好	51.49%（52人）	37.62%（38人）	11.88%（12人）
说得还行	44.55%（45人）	56.44%（57人）	36.63%（37人）
听得懂，能说一点	2.97%（3人）	0.99%（1人）	24.75%（25人）
能听懂一部分，不会说	0.99%（1人）	3.96%（4人）	13.86%（14人）
听不懂也不会说	0（0人）	0.99%（1人）	12.87%（13人）
本题有效填写人次	101人	101人	101人

调查对象认为在公司内部交流的最佳语言中，普通话排在第一位，占比91.09%，排在第二的是家乡话（方言），其次才是外语，如图3-31所示。

工作领域的语言使用和语言选择除了满足交际需要，还要考虑利润因素。一些实证研究表明，企业人员在与客户交流时为了拉近和客户之间的距离，会倾向于选择使用客户的语言。我们在本次问卷调查中也对这一因素进行了考察，如图3-32所示，26.73%的调查对象每次都会根据客户需求选择语言，48.51%的调查

对象"经常会"根据客户需求选择语言,有11.88%的调查对象选择"很少会"或"从来不"根据客户选择语言。企业与客户交流时是否根据客户需求选择客户语言,是企业语言服务意识的表现,尤其是对于服务行业而言,选择客户的语言进行交流能够增加客户的亲切感,提高服务质量,在一定程度上有助于促进交易的达成(王海兰,2018)。基于本次调查结果,可以发现江苏企业人员的语言服务意识整体较高,这在很大程度上与调查对象大多数都接受过高等教育有着密切的关系。

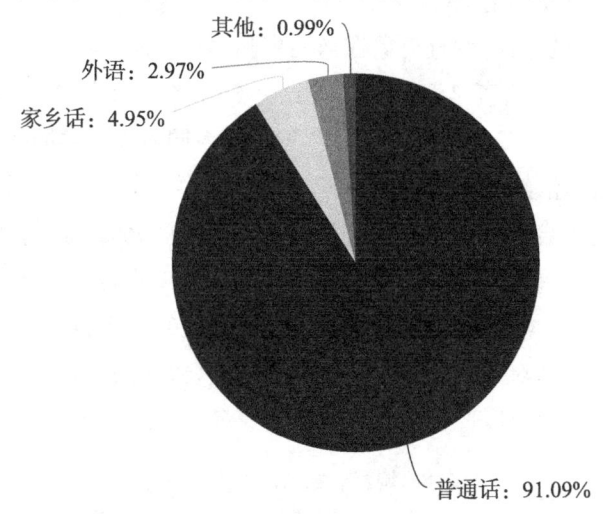

其他：0.99%
外语：2.97%
家乡话：4.95%
普通话：91.09%

图3–31　调查对象认为在公司内部交流的最佳语言

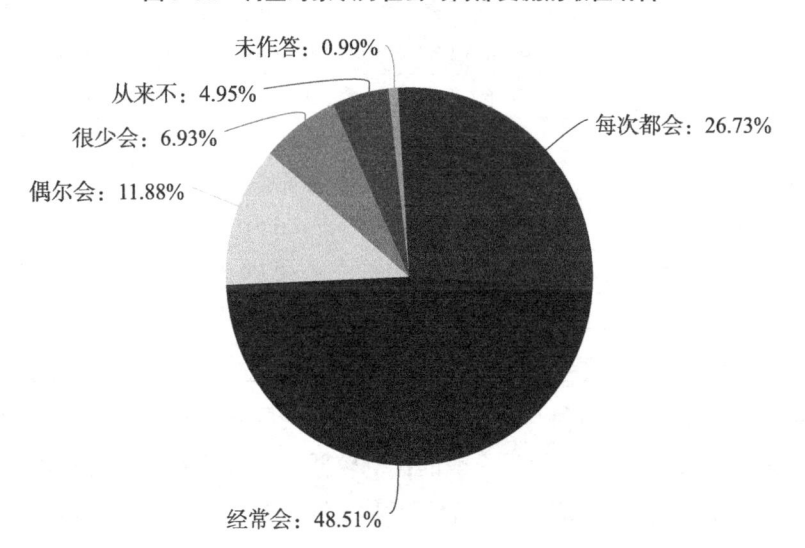

未作答：0.99%
从来不：4.95%
很少会：6.93%
偶尔会：11.88%
每次都会：26.73%
经常会：48.51%

图3–32　调查对象是否会根据客户需求选择语言

3.3.3 语言使用

在调查中,我们主要考察了江苏企业人员在企业内部和企业外部交流时的语言使用情况。为了更加深入地了解调查对象面对客户时是否会根据客户需求选择使用的语言,我们将被调查的江苏企业人员的语言使用情况分为三类:一是与一般同事交流时的语言使用情况,二是与老乡同事交流时的语言使用情况,三是与客户交流时的语言使用情况。

从表 3–8 可以发现,调查对象在与同事和客户交流时主要会选择普通话。在与同事交流时,第一语言是普通话,占比为 86.14%;在与老乡同事交流时方言(家乡话)的占比为 80.20%。这表明,尽管与老乡同事有着共同的方言可以交流,但在工作时普通话依然是首选。在与客户交流时,第一语言是普通话,其次为"普通话+外语"的组合,使用方言的比例很低,仅占 3.96%,这与江苏企业的语言服务意识的调查结果是一致的,表明企业会根据客户的需要选择客户语言,同时也反映出江苏企业中涉及对外贸易或跨境电商的业务在增加。

总体而言,调查对象在工作时使用的语言主要是普通话,其次是方言和外语(主要指英语),呈现出以普通话为主的双语或多语交流的特征。

表 3–8　调查对象工作时使用的语言

选项	与同事交流时使用的语言	与老乡同事交流时使用的语言	与客户交流时使用的语言
普通话	86.14%(87人)	9.90%(10人)	42.57%(43人)
方言	3.96%(4人)	80.20%(81人)	3.96%(4人)
外语	0.99%(1人)	0(0人)	2.97%(3人)
普通话+方言	3.96%(4人)	9.90%(10人)	12.87%(13人)
普通话+外语	1.98%(2人)	0(0人)	28.71%(29人)
普通话+方言+外语	2.97%(3人)	0(0人)	4.95%(5人)
其他组合	0(0人)	0(0人)	3.96%(4人)
本题有效填写人次	101	101	101

表 3–9 显示,调查对象与同事或客户的语言交际效果总体上都达到了满意及以上(很满意);认为交际效果一般的比例较低,通过后来的访谈得知,导致这一现象的原因主要是交流双方信息的不对称,同时与受访者的发音和吐字也有一定的关系。

表 3-9　调查对象工作时的语言交际效果

选项	很满意	满意	一般	不满意	很不满意
与同事的语言交际效果	20.79%（21人）	59.41%（60人）	16.83%（17人）	1.98%（2人）	0.99%（1人）
与客户的语言交际效果	20.79%（21人）	49.50%（50人）	23.76%（24人）	1.98%（2人）	3.96%（4人）

3.3.4　语言态度

在本部分调查中，我们主要考察调查对象对普通话、方言和外语（主要指英语）三类语言在工作中所起作用的态度和看法。在问卷设计时，我们选取了"对企业内部交流很重要""对完成工作很重要""对融入企业很重要""对客户沟通很重要""能让我在企业受到重视""有助于我职位升迁"六个项目来考察受众对三类语言对工作所起作用的观点。根据调查对象对每个项目的认同程度进行赋分，分为"完全同意""同意""无所谓""不同意""完全不同意"五个级别，分别计为5分、4分、3分、2分和1分，得分越高，表明对该语言的认可程度越高，同时也表明该语言在企业中所起的作用越加重要。

通过对调查对象对普通话、方言和外语对工作重要性的认同度进行统计分析，结果如表3-10所示。调查对象对普通话、方言和外语的实用性认同度平均分分别为4.10分、3.19分、3.79分，这表明从总体上来说，调查对象对"普通话对工作很重要"这一观点持认同态度，对"方言对工作很重要"的观点持无所谓的态度，对"外语对工作很重要"的观点持基本认同的态度。调查对象对普通话和外语的认同程度要显著高于方言的重要性，同时普通话略高于外语。

表 3-10　各个项目得分的 3 组比对结果

项目	普通话	方言	外语（主要指英语）
对企业内部交流很重要	4.24	3.22	3.56
对完成工作很重要	4.30	3.27	3.81
对融入企业很重要	4.19	3.29	3.57
对客户沟通很重要	4.21	3.31	3.88
能让我在企业受到重视	3.86	3.06	4.00
有助于我职位升迁	3.78	3.01	3.93
平均分	4.10	3.19	3.79

就六个项目而言，关于普通话、方言和外语（主要指英语）三类语言"对企

业内部交流很重要"的认同,普通话为4.24分,方言为3.22分,外语为3.56分。这表明,调查对象对"普通话对企业内部交流很重要"的观点持认同态度,对"方言对企业内部交流很重要"的观点倾向于无所谓的态度,对"外语对企业内部交流很重要"的观点倾向于无所谓的态度。

关于"对完成工作很重要"的认同,普通话为4.30分,方言为3.27分,外语为3.81分。这表明,调查对象对"普通话对完成工作很重要"的观点持认同态度,对"方言对完成工作很重要"的观点持无所谓的态度,对"外语对完成工作很重要"的观点基本上持认同态度。

关于"对融入企业很重要"的认同,普通话为4.19分,方言为3.29分,外语为3.57分。这表明,调查对象对"普通话对融入企业很重要"的观点持认同态度,对"方言对融入企业很重要"的观点持无所谓的态度,对"外语对融入企业很重要"的观点更加倾向于基本认同。

关于"对客户沟通很重要"的认同,普通话为4.21分,方言为3.31分,外语为3.88分。这表明,调查对象对"普通话对客户沟通很重要"的观点持认同态度,对"方言对客户沟通很重要"的观点持无所谓的态度,对"外语对客户沟通很重要"的观点持认同态度。

关于"能让我在企业受到重视"的认同,普通话为3.86分,方言为3.06分,外语为4.00分。这表明,调查对象对"普通话能让我在企业受到重视"的观点持认同态度,对"方言能让我在企业受到重视"的观点持无所谓的态度,对"外语能让我在企业受到重视"的观点持认同态度。

关于"有助于我职位升迁"的认同,普通话为3.78分,方言为3.01分,外语为3.93分。这表明,调查对象对"普通话有助于我职位升迁"的观点更加倾向于基本认同,对"方言有助于我职位升迁"的观点持无所谓的态度,对"外语有助于我职位升迁"的观点持认同态度。

调查对象在对"能让我在企业受到重视"和"有助于我职位升迁"两个问题的观点上,对外语的认同度要高于对普通话的认同度。

3.3.5 语言提升

本部分主要侧重调研企业人员的外语水平和应用能力,通过了解企业人员提升自身外语水平的意愿,以及在参加工作以后在外语提升方面投入的时间和学习外语的方式，一方面可以了解不同类型企业对外语的要求，另一方面可以了解企业人员的外语生态状况。

企业人员的语言能力是我国劳动力整体语言能力的一种反映。企业人员的语言水平及语言学习能力是制约企业发展的重要因素，关系到企业能否做强做大。随着我国"一带一路"倡议的推进，语言互通成为推进"一带一路"倡议的重要前提和根本保障，良好的外语能力及外语学习能力成为企业走出国门、迈向世界的助推器。图 3–33 显示，在针对"您会根据企业发展的需要，不断提升自身的外语水平吗"的调查中，92.08% 的企业人员具有提升自身外语水平的意愿，其中 50.50% 的企业人员已经在行动，这表明大多数江苏企业人员已具有终身学习外语的意识。

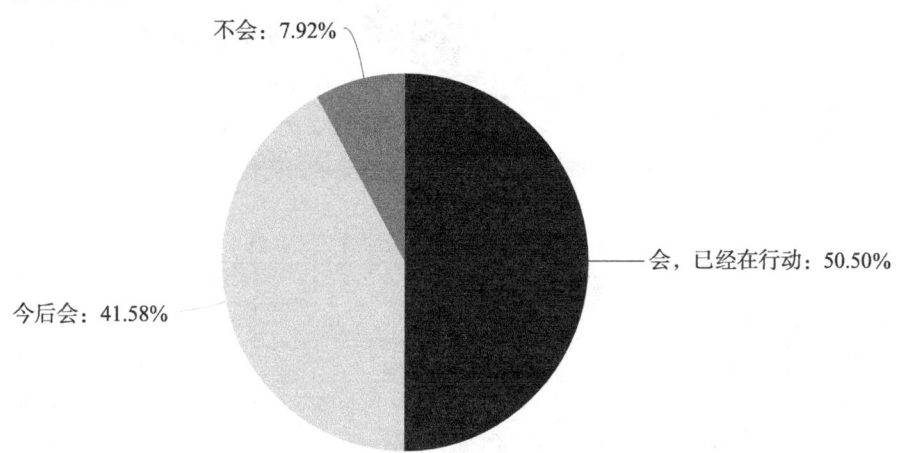

图 3–33　调查对象是否会根据企业发展需要提升自身外语水平

由图 3–34 可以看出，在调查对象中 37.62% 的人员能够坚持每天学习外语，9.90% 的人员能够做到每周学习外语，还有 33.66% 的人员很少或几乎不学习外语。

数字化时代，教育信息技术的发展和移动智能终端的普及，让外语学习变得简单易行且随时随地可以发生，人们可以多渠道、多途径地获取外语学习的资源，学习外语的方式呈现出多样化的特征。表 3–11 显示，调查对象除了通过收听和观看外语类节目、阅读外语类新闻资讯或书籍、参加语言类培训课程，有 47.52% 的人员通过英语学习 APP、短视频平台、社交平台或出国交流或旅游等方式提升外语。数字化时代，人们每敲击一下键盘，每浏览一个网页，每发出一条信息都将成为互联网海量数据的一部分，人们由传统的信息接收者，变成信息的生产者和发布者。学习外语的方式也由单向的输入转向输入与输出相结合，语言的交互使用成为数字化时代人们学习外语的新特征。

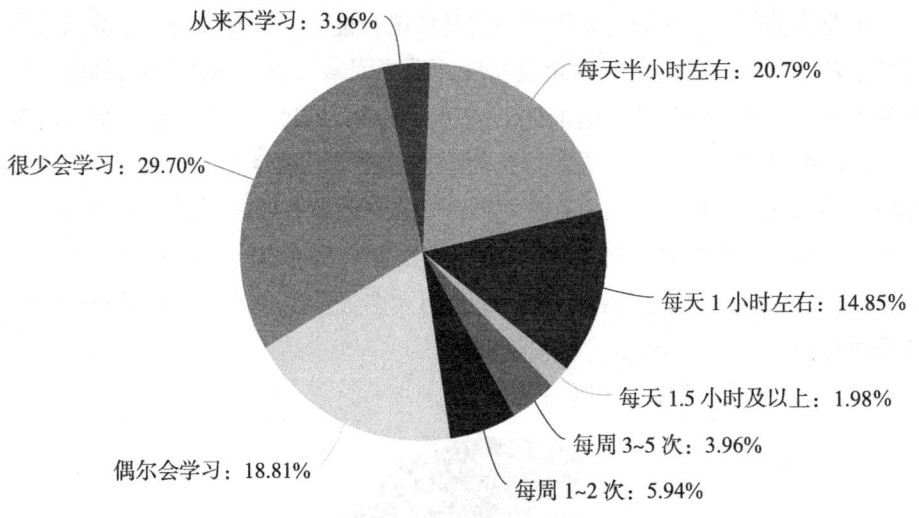

图 3-34 调查对象工作后学习外语的时间情况

饼图数据：
- 从来不学习：3.96%
- 每天半小时左右：20.79%
- 每天1小时左右：14.85%
- 每天1.5小时及以上：1.98%
- 每周3~5次：3.96%
- 每周1~2次：5.94%
- 偶尔会学习：18.81%
- 很少会学习：29.70%

表 3-11 调查对象提升外语的方式（多选）

选项	人数/人	比例/%
收听和观看外语类节目	47	46.53
参加语言类培训课程	23	22.77
阅读外语类新闻资讯或书籍等	34	33.66
参加外语类考试（如托福、雅思、托业、国才考试等）	9	8.91
出国交流或旅游	26	25.74
其他方式（如英语学习APP、短视频平台、社交平台等）	22	21.78
无（从来不学习）	9	8.91
本题有效填写人次	101	

3.3.6 访谈情况

本次调研在访谈时主要采用线下的形式进行，在征得访谈对象同意后，对访谈过程进行了录音。访谈内容主要围绕企业语言使用现状、企业语言使用中存在的问题及企业语言规划等。访谈结束后，对访谈内容进行了转写，为了保护访谈对象的隐私，对访谈对象做了匿名处理。

针对企业语言使用中存在的问题及企业语言规划等，我们采访了江苏省某行业协会陈秘书长。陈秘书长首先表示对企业语言调研有着浓厚的兴趣。陈秘书长谈到语言有着巨大的经济效用，主要体现在人们如何利用语言来取得预期的经济效益。如在进行商务沟通时能做到以言悦人、以言感人，及时有效地达到沟通目的时，语言的经济效用就高。同时语言又是复杂的，不同语言背景的人在商务沟通中如何传情达意以及维持社会关系，以保证商务活动顺利进行是语言沟通的关键所在。众所周知，商务活动的根本目的是追求经济效益，使用恰当的语言达成意见一致或基本一致，对实现这一目标具有重要的作用。语言使用是反映商务行为的重要指标，语言使用中的问题也反映了企业的语言能力。恰当的语言管理使语言使用更加清晰、明确。中国员工在和外商老板沟通时往往需要用英语，有时中国员工虽然掌握了英语技能，但在表达上无法将真正的意思恰当地表达出来，于是会出现重复的沟通，这在一定程度上会增加语言成本。在企业语言使用中，常见的问题包括：缺乏一致性，企业内部的不同部门和员工可能会因为在语言表达方面存在问题，导致信息传递错误和混乱。不同行业和领域拥有不同的术语和专业术语，企业内部如果没有明确的术语使用规定，容易导致沟通困难和误解。

　　有些员工可能缺乏有效的表达能力，导致信息传递不准确、模糊或含糊不清。一些企业内部的文档、合同等文件内容过于冗长，使得阅读和理解困难，浪费时间和精力。为解决上述问题，企业可以制定企业语言规划：首先，企业可以为员工提供语言技巧培训，帮助他们提高表达能力和文字写作能力，从而减少信息传达中的误解和错误。其次，企业可以制定文档写作规范，要求员工在撰写文档时简洁明确、重点突出，避免冗长琐碎的表达。最后，企业可以建立内部通信平台，如企业内部论坛或内部邮件系统，以提供一个统一的交流平台，减少信息传递中出现的问题。由于企业内部环境和需求的变化，企业的语言规划也需要不断审查和更新，以适应企业的发展和变化。通过以上措施，企业可以提高语言沟通的效率和准确性，增强内部合作和协调，提升整体业务运营效果。

　　针对汉语的信息传递和交互方面的特点，我们专门采访了一位做语言测试与评价研究的张博士。张博士表示对这方面的知识没有进行过专门系统的研究，但从个人感觉来看，张博士认为汉语在信息传递和交互方面的一些特点如下：汉语词汇的多义性较为普遍，一个字或词语可以具有多种不同的意思。这可能导致理解上的歧义，需要根据上下文进行判断。汉语采用表意文字，汉字的书写需要掌握正确的笔画和字形。正确书写和辨认汉字是汉语交互和信息传递的基本要求。

汉语拥有丰富的成语和俗语，这些短语包含丰富的文化内涵，经常被用于交际，增强信息的表达和共鸣。汉语是一种拥有悠久历史和丰富文化的语言，语言中融入了许多与文化相关的习惯、礼仪和价值观。理解和运用汉语需要对中国文化有一定的了解和认识。与英语相比，汉语在以下方面存在区别：首先，英语的语序是一种主谓宾的语序，句子的结构相对固定。而汉语的语序比较灵活，可以根据需要调整顺序，使得表达更具变化和灵活性。其次，英语的语法规则相对较为严格，而汉语的语法规则相对灵活。英语常借助词缀来表达时态、语态等，而汉语则通过后置修饰成分来表达。另外，英语词汇的构成较为简单，基本上是由字母组成的。而汉语的词汇构成复杂，由字、词和词组组成，一般以单个字和汉字的组合为基本单位。最后，英语的发音相对比较规范，拥有26个字母对应的发音。而汉语的发音则需掌握声调和复杂的音节，每个字都有固定的发音规则。这些特点和区别使得汉语和英语在信息传递和交互方面存在一些差异，需要不断地学习和掌握。

随后，针对此问题我们还采访了从事汉语研究的张教授，张教授表示汉字的传递功能和交互能力是很强的。汉字作为一种文字系统，可以通过组合和排列不同的字形和字义来表达各种不同的意义和概念。通过使用汉字，人们可以沟通、交流和传递信息，使得人与人之间能够理解彼此的意思和想法。汉字的交互能力是指汉字在交流和交互过程中能够适应不同的语境和需求，完成不同的交流目标。汉字具有多义性和多样性，同一个字形可以表示多个不同的意义，同一个字义也可以用多个不同的字形来表达。这使得汉字能够在不同的语境和场合中发挥灵活的作用，在交流中满足不同的需求。人们可以通过选用适当的汉字来表达自己的观点和感受，同时也可以通过理解他人使用的汉字来获得信息和意义。总之，汉字的传递功能和交互能力使得它成为一种非常重要的交流工具，能够有效地传递信息、表达意义，并在交流中起到桥梁的作用。

后来，我们针对"在与老乡同事进行交流时，你会使用普通话还是方言"这一问题向一家民营企业的陈经理进行了采访。陈经理表示在与老乡同事进行交流时，他会根据具体情况选择使用普通话或方言。首先，如果老乡同事能够流利地使用普通话，那么他会选择使用普通话进行交流。因为普通话是全国通用的标准语言，使用普通话可以确保信息的准确传达和沟通的顺畅。其次，如果老乡同事对方言的理解和使用并不熟练，或者会造成他们的困惑或不适，那么他会选择使用普通话进行交流，以避免语言障碍和沟通上的不便。然而，如果老乡同事对方言非常熟悉，喜欢或习惯使用方言进行交流，陈经理表示也会尊重他们的选择，并且使用方言进行交流。这样可以更好地建立亲密和互信的关系，并且让他们感到轻松和舒适。总而言之，选择使用普通话还是方言需要根据具体情况和对方的需求来决定，以确保有效的沟通和良好的工作关系。

针对"信息不对称"的问题，我们采访了一家设计公司的王经理。我们向王经理提出的问题是"请谈一下你在企业语言使用中有没有遇到过信息不对称的情况，你又是如何解决的"。王经理表示在企业语言使用中，确实曾遇到过信息不对称的情况。一个典型的例子是在一次团队会议上，某个同事对一个项目的进展汇报得过于乐观，没有提到其中的风险和挑战，导致其他团队成员对项目的真实状况有所误解。为了解决这个问题，王经理首先在会后与该同事进行了私下交流，表达了自己对他在报告中遗漏某些关键信息的担忧。王经理提醒他在以后的报告中要更加全面客观地呈现事实，包括项目中可能面临的问题和风险。此外，王经理还建议在团队会议上建立一个开放的讨论氛围，鼓励团队成员分享项目中的挑战和问题，并提供他们的意见和建议。让每个人都参与讨论，可以更好地了解项目的真实状况，并避免信息不对称的情况发生。解决信息不对称的关键在于建立透明和开放的沟通环境，鼓励团队成员分享全面的信息，并及时进行反馈和提醒，以确保团队成员共享同样的信息和理解。

信息不对称是指决策所依赖的信息在其相对应的组织、个体之间，呈现不对称、不均匀的分布状态，即一方占有信息的数量和质量优于另一方。信息不对称的基本内涵指出：当事人双方中没有一方获得了对方的完全的信息，或者当事人双方中存在着一方占有的信息多于另一方的现象。目前企业在生产、经营、管理过程中常常存在信息资源非对称性流动、信息传递方向不对称、信息共享不充分等现象。

3.3.7 启示与建议

本次调查对象基本上都具有良好的普通话水平和较好的方言听说能力，语言能力总体上为"普通话+X"的双言双语者或双言多语者。在企业内部的交流和对外交流中，呈现以"普通话为主，方言为辅的双言多语"的使用状态，普通话居于绝对优势地位，方言在工作中的使用机会低于普通话，高于外语。在外语中使用频率最高的语言为英语。通过调查和访谈发现，江苏地区企业人员的英语水平不容乐观，尽管绝大多数调查对象接受过高等教育，具有本科及以上学历，但是英语的听说能力，特别是说的能力仍比较薄弱。除独资、合资企业及部分外贸公司外，员工在日常工作中缺少使用外语进行交流的机会。从调查结果来看，南京作为省会，在企业人员语言使用状况，包括外语使用状况方面，总体优于江苏其他地市。语言是影响企业发展的重要因素，关系到企业能否做强做大，乃至走出国门，迈向世界。企业人员的语言使用状况及语言生活状况是我国工作领域语言使用状况的一种投射，企业人员的语言能力（包括外语运用能力）是我国劳动力整体语言能力的一种反映。

江苏地处中国东部沿海地区中部，长江、淮河下游，东濒黄海，北接山东，西连安徽，东南与上海、浙江接壤，是长江三角洲地区的重要组成部分。同时，作为全国重要的科研教育基地和综合交通枢纽，江苏教育规模不断扩大，教育形式多元，龙头带动作用日益增强。江苏以占全国1%的陆域面积、6%的人口，创造了10%以上的经济总量，在我国改革开放和社会主义现代化建设全局中具有重要地位，在推进"一带一路"倡议中扮演着重要的角色。

随着经济全球化和数字化时代的来临，语言生活和语言管理已成为影响企业发展的重要因素。企业语言生态和谐健康，可以降低企业生产成本和交易成本，促进企业发展壮大；反之，如果企业语言生态不和谐，不能满足企业发展的需要，则会增加企业成本，阻碍企业发展。

在对普通话、方言和外语在江苏企业工作中的重要性的调查中发现，大家对普通话的重要性的认同要显著高于对方言和外语重要性的认同，普通话在对"内部交流""完成工作""融入企业"等方面的重要性最高，但在提升企业职员在公司中的地位和助力职员晋升中，外语能力则更为重要。

企业是最为重要的社会经济组织，是市场经济最为重要的参与主体，是人们从事生产性劳动的主要场所。企业人员的语言生态状况不仅关乎企业的发展，而且关乎社会的发展与和谐。

此次调研由于受到时间、精力和经费等方面的限制，调查样本偏小，调查结果不能说完全反映了江苏地区企业语言使用的总体情况，但还是发现了具有江苏地域特色的语言使用状况。根据江苏的经济发展定位，提出以下建议：

第一，加强普通话推广工作。普通话已成为江苏企业内部和外部交流的主要语言，普通话能力是劳动者进入城市企业工作的一项基本能力，普通话能力的缺失将会限制劳动务工人员进入企业。因此，对于个体而言，特别是对于农民工而言，应积极学习普通话，提升普通话水平，以便更快适应江苏乃至全国劳动力市场需求，更好地融入企业。同时，企业应树立语言生活意识，加强对企业人员的语言能力管理，除在企业招聘时将应聘者的普通话能力纳入考察范围外，还要尽可能地对在职人员进行语言能力培养，提升企业员工的语言交际能力。

第二，加强企业外语人才管理，营造企业外语生态氛围。"人类命运共同体"的提出和"一带一路"倡议的实施将会推动我国更多企业"走出去"，拓展海外市场，参与国际竞争。调查发现，江苏企业人员外语使用概率较低，外语能力总体较弱，特别是说的能力。这表明我国劳动者在外语能力上还未做好充足准备。随着我国经济实力和综合国力的增强，汉语的国际地位有所提升，但无可否认的是，英语仍是当今世界最重要的通用语言之一，企业员工的语言能力尤其是英语能力的强弱最终将影响到企业的国际化进程。提升江苏企业人员的英语水平对江苏城市群建设，特别是推进城市国际化进程具有重要意义。除此之外，苏州、无锡和连云港等沿海城市，还可以通过加大日语、韩语、俄语、德语等通用语种的人才管理，满足企业对外语人才的多样化需求，进而带动和辐射江苏其他地区的城市企业语言发展，把江苏工业园区建成具有国际影响力的科技创新中心。

第三，加强统筹产教融合发展规划，发挥高校的语言服务功能。2018 年 6 月 25 日，江苏印发《省政府办公厅关于深化产教融合的实施意见》，在新形势下进一步深化江苏省产教融合发展，促进教育链、人才链与产业链、创新链有机衔接，全面提升教育质量和人力资源质量，不断增强教育服务产业高质量发展能力。将产教融合作为促进经济社会协调发展的重要举措，融入经济转型升级各环节，贯穿人才开发全过程。结合全面实施创新驱动发展、《中国制造 2025 江苏行动纲要》、"一中心、一基地"建设、"一带一路"交汇点建设、苏南国家自主创新示范区建设、扬子江城市群建设等战略部署，突出江苏制造业基础和创新优势，统筹优化产业和教育结构，将产教融合发展纳入全省经济社会发展规划修编以及区域发展、产业发展、城乡建设和重大生产力布局等专项规划，同步推进产教融合发展政策制定、要素支持和重大项目建设，为高校结对大院大所，开展协作攻关；结对产业园区，深化产学研合作；结对重点行业协会或链主企业，共建科教产融合联盟搭建了平台，提供了政策上的支持。对推动形成教研产融合发展体系，服务科教强省建设具有重要意义。高校结对行业企业，联合当地政府和语委部门，为企业开展语言服务。尤其是汉语言文学和外语类专业院系可以以此为契机，发挥专业优势，对接企业和当地语委部门，为企业提供语言服务，如定期开展语言能力培训等，帮助企业解决在发展中存在的沟通不畅、信息不对称等语言痛点问题。

第四，处理好普通话与方言在不同工作领域的社会职能分工。江苏地跨长江、淮河，各地市之间在地域文化和方言文化方面存在明显差别，并没有所谓的"江苏话"。江苏分为三个方言区，即江淮官话区、吴语区、中原官话区。各个方言区内部能够互通，例如吴语区内各城市之间方言互通，但吴语区城市和江淮官话区城市之间则完全不能互通。对于江苏而言，江淮官话区主要分布于南京（市区）、扬州、泰州（部分区县）、淮安、盐城、镇江（部分区县）、连云港（部分区县）、南通（部分区县）、宿迁（部分区县），又分洪巢片、泰如片；吴语区主要分布于苏州、无锡、常州全境，及南京（部分区）、镇江（部分区县）、南通（部分区县）、泰州（部分区县）；中原官话区主要分布于徐州、宿迁（部分区县）、连云港（部分区县），又分徐淮片、赣榆片。方言在江苏企业人员中的使用概率仅次于普通话，在工作场域中如何处理好普通话和方言的关系，区分普通话和方言在不同领域的社会职能分工，在做好普通话推广工作的同时，做好方言保护，使企业人员能够成为掌握"双言双语"或"双言多语"，并能够在多种文化中穿行的新时代企业人员。

3.4 江苏社科类科研基金语言学课题立项情况调查

通过观察一个学科课题立项情况可以了解其研究现状与发展趋势，也可以掌握特定地区该学科发展水平与科研实力。本研究主要统计分析2018—2022年江苏高校及科研机构在国家三大社科基金中的语言学课题立项情况，以便了解江苏地区语言学研究的现状与发展趋势，为江苏地区语言学学科发展和科研提升提供建议。

3.4.1 统计范围

本研究统计的国家社科基金是指国家哲学社会科学基金（以下简称国家社

科)、教育部人文社会科学研究(以下简称教育部社科)、国家语委科研规划项目。其中,国家社科属于国家级社科基金,教育部社科、国家语委科研规划项目属于省部级科研基金。

研究统计的范围是:国家社科重大、重点、一般、青年、后期资助项目中的语言学项目;教育部社科重大项目、规划基金、青年基金、自筹经费、后期资助项目中的语言学项目,语言学类教育部社科重点研究基地重大项目;国家语委科研规划的重大、基地、重点、一般、委托、标准、后期资助、自筹等相关项目,2020年国家语委规划项目呈现出新的变化,增设有语言教育专项、国家语委科研中心项目、中青班项目。语言学研究近年来呈现出明显的跨学科特征,但受限于研究条件,国家社科、教育部社科在其他学科(如教育学、社会学、新闻学与传播学等)中立项的与语言学研究相关的项目,未列入本次统计范围。数据来源于各科研基金主管部门项目数据库和关于立项情况的公示公告。数据统计时段为2018—2022年,共计五个年度。

3.4.2 立项情况

2018—2022年,江苏省高等院校及科研机构在国家三大社科基金中共立项语言学课题216项,其中国家社科121项,教育部社科83项,国家语委规划12项。从立项总数来看,国家社科立项数量最多,教育部社科立项数量次之,国家语委项目最少;从历年变化情况来看,2018年立项47项,2019年立项57项,2020年立项49项,2021年立项20项,2022年立项43项,2019年较2018年增长幅度明显,2020年有所回落,2021年出现大幅回落,2022年又出现快速增长,立项数量每年波动较大,总体呈波浪式发展态势。

1)国家社科立项情况。

国家社科的项目类别包括:重大项目、重点项目、一般项目、青年项目、西部项目、后期资助项目和中华学术外译项目。其中,江苏不涉及西部项目,未将其列入统计范围;中华学术外译项目主要侧重于翻译实务,翻译过程虽侧重翻译研究,但对语言生态也具有重要影响,故单独统计。

5年来,江苏语言学课题立项共计121项,占全国立项总数的7%。其中重点项目12项,一般项目69项,青年项目23项,后期资助项目17项,在重大项目上出现空缺,具体立项情况见表3–12。

表 3-12　2018—2022 年江苏国家社科语言学课题立项情况

项目类别	2018年 本省立项/项	2018年 全国立项/项	2018年 占比/%	2019年 本省立项/项	2019年 全国立项/项	2019年 占比/%	2020年 本省立项/项	2020年 全国立项/项	2020年 占比/%	2021年 本省立项/项	2021年 全国立项/项	2021年 占比/%	2022年 本省立项/项	2022年 全国立项/项	2022年 占比/%	合计 本省立项/项	合计 全国立项/项	合计 占比/%
重大	0	0	0	0	0	0	0	0	0	0	0	0	0	0	0	0	0	0
重点	4	27	7.4	2	21	9.5	5	31	16.1	0	24	0	1	23	4.3	12	126	9.5
一般	17	238	7.6	17	234	7.7	17	221	8.1	9	233	3.9	9	205	4.4	69	1 131	6.1
青年	3	46	6.6	5	53	9.4	7	54	13	3	48	6.3	5	57	8.8	23	258	8.9
后期	0	34	0	4	48	8.3	6	59	10.1	0	0	0	7	71	9.9	17	212	8
合计	24	345	7	28	356	7.9	35	365	9.6	12	305	3.9	22	356	6.2	121	1 727	7

注：数据来源于国家社科基金项目数据库 http://fz.people.com.cn/skygb/sk/index.php/Index/index

江苏年均立项 24.2 项，占全国立项总数的 7%，立项情况位于全国前列。如表 3-12 所示，2018 年到 2020 年 3 年间江苏立项数逐年攀升，2020 年达到高峰，立项 35 项，但 2021 年立项数急剧下降，与 2020 年相比减少了 2/3，2022 年立项情况开始回升，立项情况每年波动较大。事物发展均是波浪式前进的，语言学研究也不例外。过去 5 年，江苏学者在语言学研究上孜孜以求，积累了深厚的基础，呈现出波浪式前进的发展态势。语言现象极其复杂，人类对它的认识是十分有限的。江苏虽在语言学研究方面取得了不错的成绩，但与立项情况位于全国前列的北京、上海等地市相比仍存在一定差距，仍需众志成城，攻坚克难。

中华学术外译项目主要资助我国现当代哲学社会科学优秀成果、近现代以来的名家经典以及国家社科基金项目优秀成果的翻译出版。江苏地区高等院校和出版社积极参与选题推荐与项目申报。如表 3-13 所示，2018 年以来，江苏共获批中华学术外译项目 73 项，涵盖英语、德语、法文、俄语、韩语 5 个语种。5 年间，共有 20 所高校和 1 所出版机构立项中华学术外译项目。

如表 3-14 和图 3-35 所示，位列前五的高校分别是南京大学、东南大学、南京师范大学、江苏师范大学和苏州大学。南京大学出版社在 2018 年立项 4 项，但自 2019 年开始申请形式发生变化，学术著作类外译项目全部实行联合申报，分为出版责任单位和项目主持人两个责任主体，共同承担项目实施责任。持有版权和负责出版事务的中方出版社作为出版责任单位；项目申请人即项目主持人，主要面向高校和科研机构相关外语专业、翻译专业以及人文社会科学专业教师和科研人员。出版社之间也可联合作为出版责任单位，发挥各自优势，共同做好外译推广。出版社在中国图书外译项目中持续发挥着文明交流互鉴的作用，江苏人民出版社和南京大学出版社作为出版责任单位，2022年度分别有4本学术专著立项。

表3–13　2018—2022年江苏中华学术外译项目立项情况（1）

项目类别	2018年 本省立项/项	2018年 全国立项/项	2018年 占比/%	2019年 本省立项/项	2019年 全国立项/项	2019年 占比/%	2020年 本省立项/项	2020年 全国立项/项	2020年 占比/%	2021年 本省立项/项	2021年 全国立项/项	2021年 占比/%	2022年 本省立项/项	2022年 全国立项/项	2022年 占比/%	合计 本省立项/项	合计 全国立项/项	合计 占比/%
中华学术外译	8	185	4.3	8	154	5.2	13	154	8.4	27	237	11.4	17	234	6.8	73	964	7.6

表3–14　2018—2022年江苏中华学术外译项目立项情况（2）　　　　　单位：项

		2018年	2019年	2020年	2021年	2022年	
1	南京大学	1	1	4	8	5	19
2	东南大学	0	3	1	4	2	10
3	南京师范大学	1	1	3	1	1	7
4	江苏师范大学	2	1	2	1	1	7
5	苏州大学	0	1	1	2	3	7
6	江南大学	0	0	0	2	1	3
7	南京航空航天大学	0	0	0	2	0	2
8	南京农业大学	0	0	0	1	0	1
9	南京财经大学	0	0	0	1	1	2
10	江苏省社会科学院	0	0	0	1	0	1
11	南京理工大学	0	0	0	1	0	1
12	南京信息工程大学	0	0	0	1	0	1
13	江苏科技大学	0	0	0	1	0	1
14	苏州科技大学	0	0	0	1	0	1
15	南京工业大学	0	0	0	0	1	1
16	河海大学	0	0	0	0	1	1
17	盐城师范学院	0	0	1	0	0	1
18	南京晓庄学院	0	1	0	0	0	1
19	三江学院	0	0	1	0	0	1
20	淮阴师范学院	0	0	0	0	1	1
21	南京大学出版社	4	/	/	/	/	4
	合计	8	8	13	27	17	73

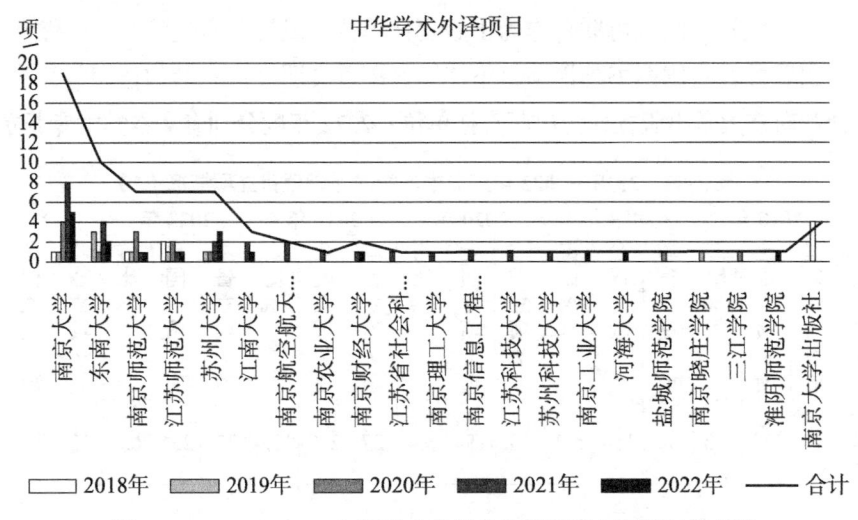

图 3-35　2018—2022 年江苏中华学术外译项目立项情况分布图

文明因多样而交流，因交流而互鉴，因互鉴而发展。为推动中国文化"走出去"，国家新闻出版署先后推出了"经典中国国际出版工程""中外图书互译计划""丝路书香出版工程"等多项资助工程。这些工程项目的侧重点各不相同，但都以翻译资助为主，为中国文化"走出去"提供了强有力的平台保障。隶属于国家社科基金的"中华学术外译项目"因其重点关注哲学社科学术著作，为出版机构和高等院校提供了一条学术出版"走出去"的路径。"中华学术外译项目"主要资助代表中国学术水准、体现中华文化精髓、反映中国学术前沿的学术精品，以外文形式在国外权威出版机构出版并进入国外主流发行传播渠道，旨在发挥国家社科基金的示范引导作用，深化中外学术交流和对话，进一步扩大中国学术的国际影响力，促进中外文明交流互鉴。

2）教育部社科语言学课题立项情况。

教育部社科的项目类别包括：重大项目、规划基金、青年基金、自筹经费、后期资助项目中的语言学项目。通过检索近 5 年教育部相关立项通知发现，江苏在重大项目中处于空缺状态，未列入统计范围。

近 5 年，江苏语言学课题立项共计 83 项，占全国立项总数的 8.8%。其中，规划基金项目 19 项，青年基金项目 63 项，自筹经费项目 0 项，后期资助项目 1 项，具体立项情况见表 3-15。

从总体上看，江苏的教育部社科语言学课题立项数量虽明显低于国家社科课题，但所占全国立项总数的比例比国家社科以及国家语委项目高，在三大基金中位列第一。

表 3-15　2018—2022 年江苏教育部社科语言学课题立项情况

项目类别	2018年 本省立项/项	2018年 全国立项/项	2018年 占比/%	2019年 本省立项/项	2019年 全国立项/项	2019年 占比/%	2020年 本省立项/项	2020年 全国立项/项	2020年 占比/%	2021年 本省立项/项	2021年 全国立项/项	2021年 占比/%	2022年 本省立项/项	2022年 全国立项/项	2022年 占比/%	合计 本省立项/项	合计 全国立项/项	合计 占比/%
规划基金	6	72	8.3	7	89	7.9	2	66	3	3	58	5.2	1	44	2.3	19	329	5.8
青年基金	16	156	10	18	127	14.2	9	109	8.3	4	85	4.7	16	112	14.3	63	589	10.7
自筹经费	0	1	0	0	0	0	0	0	0	0	1	0	0	0	0	0	2	0
后期资助	0	5	0	1	6	16.7	0	6	0	0	7	0	0	5	0	1	28	3.6
合计	22	234	9.4	26	222	11.7	11	181	6.3	7	151	4.6	17	161	10.6	83	948	8.8

注：数据来源于中华人民共和国教育部 http://www.moe.gov.cn/

3）国家语委科研规划课题立项情况。

国家语委科研规划重点支持语言生活中具有全局性、战略性和前瞻性的重大理论和现实问题研究，支持对语言文字事业具有重要影响的基础理论类问题研究，支持相关的新兴学科、交叉学科和跨学科综合研究。

国家语委科研规划的项目类别包括：重大、基地、重点、一般、委托、后期资助等相关项目，2020 年国家语委规划项目呈现新的变化，增设有语言教育专项、国家语委科研中心项目、中青班项目。

近 5 年来，江苏在国家语委科研规划中立项课题共 12 项，占全国立项总数的 4.68%。其中重点项目 3 项，一般项目 4 项，国家语委科研中心项目 1 项，中青班项目 2 项，具体立项情况见表 3-16。

表 3-16 2018—2022 年江苏国家语委科研规划课题立项情况

项目类别	2018年本省立项/项	2018年全国立项/项	2018年占比/%	2019年本省立项/项	2019年全国立项/项	2019年占比/%	2020年本省立项/项	2020年全国立项/项	2020年占比/%	2021年本省立项/项	2021年全国立项/项	2021年占比/%	2022年本省立项/项	2022年全国立项/项	2022年占比/%	合计本省立项/项	合计全国立项/项	合计占比/%
重大	0	2	0	0	4	0	0	5	0	0	3	0	0	3	0	0	17	0
重点	0	22	0	2	33	6	0	9	0	1	12	8	0	13	0	3	89	3
一般	1	35	3	1	32	3	1	4	25	0	7	0	1	9	11	4	87	5
委托	0	7	0	0	7	0	1	13	8	0	9	0	1	3	33	2	39	5
后期	/	/	/	/	/	/	/	/	/	/	/	/	/	/	/	/	/	/
国家语委科研中心项目	0	1	0	0	2	0	1	12	8	0	14	0	0	17	0	1	46	2
语言教育专项	/	/	/	/	/	/	0	3	0	/	/	/	/	/	/	0	3	0
中青班项目	/	/	/	0	3	0	0	16	0	/	/	/	2	39	5	2	58	3
全球中文学习联盟专项	/	/	/	/	/	/	0	11	0	0	9	0	0	18	0	0	38	0
合计	1	67	1.5	3	81	3.7	3	73	4.1	1	54	1.9	4	102	3.9	12	377	3.2

注：数据来源于国家语委项目数据库，表内标注"/"的表示当年无此类别立项，2020年国家语委科研规划项目新增语言教育专项、中青班项目及全球中文学习联盟专项

3.4.3 立项单位与学科分布

1）立项单位。

在 2018—2022 年，江苏共立项语言学课题 216 项，如表 3-17 所示。从重大和重点项目立项情况来看，立项情况不容乐观，国家社科重大项目 0 项，重点项目 12 项；国家语委科研规划重大项目为 0 项，重点项目为 3 项，同时后期资助项目也显得十分薄弱。南京大学、江苏师范大学和南京师范大学表现出很强的语言学研究实力，三大基金立项总数位居江苏前三。在国家社科项目中，南京师范大学获批 21 项，其中重点项目 6 项，一般项目 7 项，位居第一；南京大学获批 15 项，位居第二；江苏师范大学获批 13 项，位居第三；扬州大学近年来在语

言学研究方面表现出良好的发展势头,获批8项,位居第四;东南大学、苏州大学、南京审计大学均获批5项。在教育部社科中,南京师范大学和江苏师范大学表现最为突出,各立项7项,位居江苏省之最;苏州大学立项5项,紧随其后。在国家语委科研规划项目中,南京大学立项6项,占比50%,发展态势强劲。

江苏的40个立项单位全部为高校,39所本科高校,1所专科学校(镇江市高等专科学校),在立项单位类型方面较为单一。与其他位于全国前列的地市相比,江苏在立项单位类项方面存在一定差异。例如,上海市除作为立项主体的高校之外,还有上海市教育科学研究院、上海广播电视台,立项单位涵盖了科研机构和新闻媒体,这不仅在一定程度上丰富了单位的类型,便于与行业业务紧密联系,而且有益于后期研究成果的推广和实际应用。

表3-17 2018—2022年江苏省三大基金语言学课题立项单位及立项情况　　单位:项

序号	立项单位	国家社科 重大项目	国家社科 重点项目	国家社科 一般项目	国家社科 青年项目	国家社科 后期资助	教育部社科 规划基金	教育部社科 青年基金	教育部社科 自筹经费	教育部社科 后期资助	国家语委科研规划 重大项目	国家语委科研规划 重点项目	国家语委科研规划 一般项目	国家语委科研规划 委托项目	国家语委科研规划 后期资助	国家语委科研中心项目	中青班项目	合计
1	南京大学	1	7	4	3	2	1		1		1	4			1			25
2	东南大学			3	2														5
3	南京师范大学	6	7	7	1	2	5					1					1	30
4	江苏师范大学	1	9	1	2		7				1							21
5	扬州大学			7	1		2											10
6	苏州大学	1	1	1	2		5											10
7	江苏大学			3			4											7
8	江苏科技大学			2			1											3
9	中国矿业大学(徐州)			2	1		2											5
10	南京航空航天大学			2	1	1	2	4										10
11	南京邮电大学	1		3			1	2										7
12	南京理工大学			2			2	3										7

续表

序号	立项单位	国家社科 重大项目	国家社科 重点项目	国家社科 一般项目	国家社科 青年项目	国家社科 后期资助	教育部社科 规划基金	教育部社科 青年基金	教育部社科 自筹经费	教育部社科 后期资助	国家语委科研规划 重大项目	国家语委科研规划 重点项目	国家语委科研规划 一般项目	国家语委科研规划 委托项目	国家语委科研规划 后期资助	国家语委科研中心项目	中青班项目	合计
13	南京审计大学			5			3						1					9
14	南京林业大学				1	1	3											5
15	南京信息工程大学			1		1	2											4
16	南京工业大学			3			1											4
17	南京中医药大学			1			2											3
18	南通大学	1	3															4
19	苏州科技大学			2		1												3
20	常州大学						2	1				1						4
21	中国药科大学						2											2
22	江苏海洋大学				1													1
23	江南大学						1	1										2
24	常州工学院			1			1	4										6
25	常熟理工学院			2			2											4
26	南京晓庄学院			2			1											3
27	南京工程学院			1														1
28	淮阴师范学院			1	2	1	1											5
29	淮阴工学院				1		1											2
30	盐城师范学院			1														1
31	南京特殊教育师范学院			1			1							1				3
32	南京旅游职业学院						1											1
33	徐州工程学院				1													1
34	南京森林警察学院	1																1

续表

序号	立项单位	国家社科 重大项目	国家社科 重点项目	国家社科 一般项目	国家社科 青年项目	国家社科 后期资助	教育部社科 规划基金	教育部社科 青年基金	教育部社科 自筹经费	教育部社科 后期资助	国家语委科研规划 重大项目	国家语委科研规划 重点项目	国家语委科研规划 一般项目	国家语委科研规划 委托项目	国家语委科研规划 后期资助	国家语委科研中心项目	中青班项目	合计
35	江苏理工学院			1			1											2
36	江苏第二师范学院				1		1											2
37	宿迁学院						1											1
38	金陵科技学院							1										1
39	无锡太湖学院							1										1
40	镇江市高等专科学校							1										1
	合计			121				83					12					216

2）学科分布。

根据课题名称，按照《中华人民共和国学科分类与代码国家标准》（GBT/T 13745—2009）关于"语言学"（一级学科，代码740）的二、三级学科分类，216项语言学课题的二、三级学科分布情况如表3-18所示。

表3-18 2018—2022年江苏省三大基金语言学课题二、三级学科分布情况

二级学科	三级学科	立项数/项	合计/项	占比/%
74010 普通语言学	7401010 语音学	4	55	26
	7401015 语法学	8		
	7401020 语义学	8		
	7401025 词汇学	5		
	7401030 语用学	2		
	7401035 方言学	5		
	7401040 修辞学	2		
	7401045 文字学	3		
	7401050 语源学	2		
	7401099 普通语言学其他学科	16		

续表

二级学科	三级学科	立项数/项	合计/项	占比/%
74015 比较语言学	7401510 历史比较语言学	1	14	6
	7401520 类型比较语言学	3		
	7401530 双语对比语言学	8		
	7401599 比较语言学其他学科	2		
74020 语言地理学	—	2	2	1
74025 社会语言学	—	1	1	0.5
74030 心理语言学	—	1	1	0.5
74035 应用语言学	7403510 语言教学	9	78	36
	7403520 话语语言学	3		
	7403530 实验语音学	5		
	7403540 数理语言学	0		
	7403550 计算语言学	4		
	7403560 翻译学	26		
	7403570 术语学	1		
	7403599 应用语言学其他学科	30		
74040 汉语研究	7404010 普通话	1	35	16
	7404015 汉语方言	6		
	7404020 汉语语音	2		
	7404025 汉语音韵	3		
	7404030 汉语语法	2		
	7404035 汉语词汇	5		
	7404040 汉语训诂	4		
	7404045 汉语修辞	2		
	7404050 汉字规范	1		
	7404055 汉语史	2		
	7404099 汉语研究其他学科	7		
74045 中国少数民族语言文字	7404599 中国少数民族语言文字其他学科	2	2	1
74050 外国语言	7405011 英语	27	28	13
	7405027 西班牙语、葡萄牙语	1		
合计		216	216	100

注：本部分未见立项的三级课题名称（外语语种）略；鉴于语言学学科的复杂性，本调查研究以遵循国家标准为前提，在具体分类标注时参照了吴佳等（2020）的分类做法，特别鸣谢

第三章　江苏外语生态状况的数字化审视

该标准未就"74020 语言地理学""74025 社会语言学""74030 心理语言学"三个二级学科给出三级学科。在该标准中，"74045 中国少数民族语言文字"和"74050 外国语言"的三级学科分别为少数民族语语种和外语语种，在表 3–18 中，未见立项的，从略。该标准为统计分析课题立项课题研究内容与方向提供了权威依据。但同时，也存在一些问题：

第一，某些新兴学科尚未列入分类体系。该标准在引言部分载明：本标准建立的学科分类体系是直接为科技政策和科技发明规划以及科研项目、科研成果统计和管理服务的，主要收录已经形成的学科，而对于成熟度不够，或者尚在酝酿发展、有可能形成学科的雏形则暂不收录，待经过时间考验后下次修订时再酌情收录。本研究在课题统计时严格遵循其二级学科框架，对于标准发布后出现的新兴学科，在统计时计入二级学科下的"其他学科"，如语言障碍研究、手语研究等，归入"应用语言学其他学科"。此类情况也包括对一些难以确定学科归属或综合性强的项目的处理。

第二，学科分类存在交叉。主要是以语种为视角的"74040 汉语研究""74050 外国语言"的分类，与 74010—74030 以学科理论为视角的分类存在交叉。具体到某一课题立项，极有可能是使用了 74010—74030 中的某一理论研究 74040—74050 中的某一语言，归到两类中的任何一边都无乎不可。对于这个问题，本研究在归类时采取的原则是：课题名称中未出现具体语种名称的，归到 74010—74030；课题名称中强调以某一特定语言为研究对象的，归到 74040—74050。另外，"74035 应用语言学"应与两边都不交叉，但其"实验语音学"等也还是会与语种视角下的分类存在交叉，遵循前述原则处理。

由表 3–18 可见，在 216 项课题中，按照立项数量排列依次为：应用语言学（78 项）、普通语言学（55 项）、汉语研究（35 项）、外国语言（28 项）、比较语言学（14 项）、语言地理学（2 项）、中国少数民族语言文字（2 项）、社会语言学（1 项）、心理语言学（1 项）。

1）应用语言学。

应用语言学课题在各二级学科立项数量中位列第一，共 78 项，占立项总数的 36%。从其三级学科立项数量来看：立项数量最多的是"应用语言学其他学科"（30 项），其中有 7 项是针对特殊人群（包括老年人、自闭症儿童、聋童、医患双方）的语言研究。其次是"翻译学"（26 项），研究话题以学术外译与海外传播为主，同时包括机器翻译、字幕翻译等。再其次是"语言教学"（9项），其中外语（主要是英语）教学研究数量显著高于汉语二语教学研究。另外，还有实验语音学（5项）、计算语言学（4项）、话语语言学（3项）、术语学（1项）。

2）普通语言学。

普通语言学课题共立项55项，占立项总数的26%。在"语音学""语法学""语义学""词汇学""语用学""方言学""修辞学""文字学""语源学""普通语言学其他学科"等各三级学科中均有分布。其中，"普通语言学其他学科"16项，"语法学"与"语义学"各8项。此外，"方言学"的相关项目，由于学科分类交叉，在统计时计入"汉语方言"。

3）汉语研究。

汉语研究课题在各二级学科中立项共计35项，占立项总数的16%。从其三级学科立项情况看：立项最多的是"汉语研究其他学科"，7项，这表明江苏汉语研究在研究内容和研究视角上呈现出新的特点；其次是"汉语方言""汉语词汇"等。

4）外国语言。

外国语言课题共立项28项，占立项总数的13%。其中英语27项，西班牙语、葡萄牙语1项，这表明江苏外国语言研究在研究语种上英语占有绝对优势，但在语种覆盖面上有待进一步拓宽。

5）比较语言学。

比较语言学课题共立项14项，占立项总数的6%，成为语言学研究的重要理论视角。从其三级学科立项数量看，"双语对比语言学"数量最多，8项，其中英汉或汉英比较居多。还有类型比较语言学（3项）、比较语言学其他学科（2项）、历史比较语言学（1项）。

6）其他。

除前述5类二级学科外，还有语言地理学（2项）、中国少数民族语言文字（2项）、社会语言学（1项）、心理语言学（1项）。

3.4.4 特色亮点

通过分析2018—2022年语言学立项课题，可以发现江苏的语言学研究正向纵深发展，传统研究领域更加深入，新兴学科领域正在兴起，学科交叉融合趋势明显。具体表现为以下四个方面。

1）研究选题回应时代需求。

选题贴近现实需求，紧跟时代发展需要，回应国家战略需求，与国家发展同频共振，兼顾社会经济和文化发展需要是大多数项目在选题上所呈现出的主要特点。如：教育部社科课题"基于网络空间内交际符号考察的语言生活治理研究""基于语料库的中美经贸摩擦新闻的隐喻研究"，国家社科项目"丝路沿线语言运动事件表达的区域类型学研究""公共卫生事件背景下的国家话语能力提升研究""回应突发舆情的政务微博话语及政务语言能力建设研究""中国特色法治术语翻译与对外法治话语能力建构研究"等，与"一带一路"、"公共卫生事件"和"国家语言能力"等国家方针政策密切相关，体现出江苏的语言学研究在回应国家战略需求及提升我国网络空间话语权方面所做的努力。教育部社科课题"我国高中英语教师新教材使用学习发生机制研究""在线课程背景下外语学习者字幕使用的影响因素与优化模式研究"等，密切关注新时代教师的发展能力及大学生的学习动态。

又如：国家社科项目"先秦典籍儒家意识形态话语体系建构及其域外传播"，教育部社科课题"国家话语英译的传播竞争研究""《四书》英译及其在英语世界的传播研究""面向中国特色话语构建的译学术语系统研究"等，主动服务"中华文化走出去"的国家战略需求，积极推动中华传统文化对外传播。

再如：国家社科项目"江苏境内汉语方言岛的调查与研究"，教育部社科课题"基于机器学习的细粒度翻译质量自动评估研究""地理语言学视角下的吴语太湖片语音变异研究""苏南宝卷中的俗字研究""苏皖交界地区吴语近百年来的接触演变研究""翻译家罗希文中医药典籍深度译介思想与传播研究"，对接国家战略发展需要，显示出江苏语言学学者在研究选题上一方面坚持问题导向、对接国家或地方战略需要，另一方面也注重面向社会现实，积极回应社会公众关切。

2）研究内容呈现学科交叉融合趋势。

在新文科背景下，跨学科研究成为语言学研究的另一主要特点。如：国家社科项目"基于语料库的当代中国执政话语对外传播研究"，教育部社科课题"曹文轩语料库叙事学译介研究"，国家语委项目"重大突发事件新闻言语行为及公信力研究"，国家社科项目"混合式教学情境下高校外语教师情感形成机制及调节策略研究""基于机器学习的英语阅读诊断测试研究与实践"等，与语料库、翻译学、新闻学、教育学、心理学等学科相结合，研究内容呈现出学科交叉融合的趋势。

3）研究方法和研究工具日趋多样化。

在数字化时代，数据科学在助力语言学研究方面的作用愈发明显。一些研究借助数理与量化研究的方法进行调查研究，越来越多的研究将语料库作为基本的研究方法，如国家社科项目"基于多模态语料库的潜在抑郁风险识别与预警研究""基于语料库的中美贸易舆论战话语主观性对比研究""新时代中国政治话语俄文数据库建设及翻译话语机制研究""基于语料库建设的江西赣方言语法地图编制与研究"，教育部社科项目"基于语料库的中国手语常用词规范化问题研究"等。

4）研究对象彰显人文关怀。

近年来语言学研究对象从语言本体研究扩大到语言使用者。如：国家社科项目"中国老年群体数字信任的话语建构研究""面向临床语言学的汉语学龄前儿童语言发展研究""阅读障碍儿童汉字形音义加工的脑功能及脑网络研究""言语听觉反馈机制及其在汉语特殊障碍人群中的应用研究"，教育部社科课题"新媒体语境下中国老人媒介身份建构的伦理语用学研究""具身认知视域下汉语自闭症儿童的词汇语义加工研究"，国家语委课题委托项目"国家通用盲文轻声问题研究""地方手语资源调查和保护研究——京沪老年聋人手语采集与保护"等课题关注到了社会特殊群体，研究对象涵盖了认知退化的老年人、自闭症儿童、聋童、医患双方等多个群体。

这些研究一方面坚持了对语言学习规律、语言习得机制等核心问题的探索，采取跨学科视角，与认知科学、神经科学、视觉科学等领域交叉，借助实验设备、多模态语料库等进行研究；另一方面，这些研究关注社会上难以发声、易受忽视的特殊群体，彰显了江苏语言学研究的人文关怀和语言学研究的温度。

3.5 江苏语言文字学术团体与科研机构情况调查

学术团体与科研机构是学术发展中的重要社会组织形态，是能够汇聚多方资源，开展科学研究活动的基本依托平台。纵观学术发展史可以发现，一个成熟的研究领域往往以若干学术团体、科研机构和刊物作为支撑，以此作为聚拢骨干力量、培养学术梯队、促进学术交流、产生研究成果的核心阵地（赵蓉晖，2020）。为此，本研究对江苏省的外国语言文学学术团体和科研机构进行了专项调查，以了解江苏地区外国语言文字研究的基本情况及发展趋势。

3.5.1 学术团体情况

按照我国现行的社会组织管理规定，学术团体的成立和维护均需要接受国家民政部门的管理，履行登记手续，并被收入民政管理系统的信息库。鉴于此，课题组在"中国社会组织政务服务平台"按照登记区域进行专项查询，查询范围没有局限于"学会""研究会"，而是把冠以"XX协会"的社会组织也列入调查范围，因为这类组织的基本任务也常常包含学术研究。

由表3-19可见，江苏省目前共有21家带有研究功能的语言文字类社会组织。

表3-19　江苏省语言文字学术团体注册登记情况

序号	社会组织名称	类别	成立时间	登记机关
1	江苏省高等学校外国语教学研究会	社会团体	1984-10-01	江苏省民政厅
2	江苏省外国语言学会	社会团体	2012-12-18	江苏省民政厅
3	江苏省语言学会	社会团体	1981-06-24	江苏省民政厅
4	江苏省外国文学学会	社会团体	1988-12-01	江苏省民政厅
5	南京市语言学会	社会团体	2017-03-24	南京市民政局
6	无锡市语言学会	社会团体	1991-08-01	无锡市民政局
7	徐州市语言学会	社会团体	1991-02-22	徐州市民政局
8	常州市语言学会	社会团体	1985-06-01	常州市民政局
9	苏州市语言学会	社会团体	1990-07-01	苏州市民政局
10	南通市语言学会	社会团体	1991-05-29	南通市民政局
11	扬州市语言学会	社会团体	1988-10-01	扬州市民政局
12	仪征市语言学会	社会团体	2003-12-31	仪征市民政局
13	泰州市语言学会	社会团体	2007-11-30	泰州市民政局
14	江苏省翻译协会	社会团体	1995-05-01	江苏省民政厅
15	无锡市翻译协会	社会团体	1991-05-01	无锡市民政局
16	江阴市翻译协会	社会团体	1991-03-23	江阴市民政局
17	徐州市翻译协会	社会团体	2010-05-14	徐州市民政局
18	常州市翻译协会	社会团体	1986-05-01	常州市民政局
19	南通市翻译协会	社会团体	2004-06-12	南通市民政局
20	扬州市翻译协会	社会团体	2014-06-17	扬州市民政局
21	镇江市翻译协会	社会团体	2007-01-17	镇江市民政局

注：数据来源于中国社会组织政务服务平台，数据统计截至2023年5月

从注册时间看，有 6 家注册于 20 世纪 80 年代，占比 29%；有 7 家注册于 20 世纪 90 年代，占比 33%；有 8 家注册于 21 世纪，占比 38%。社会组织的数量呈上升趋势，表明人们越来越重视对语言的研究。单从语言学会的注册时间来看，江苏省的注册时间明显早于各地市的语言学会，但从翻译协会的注册时间来看，常州市翻译协会的注册时间明显早于江苏省翻译协会。另外，拥有两家语言类社会组织的地级市有 5 个，分别是常州市、无锡市、扬州市、徐州市、南通市，约占江苏地区的三分之一。

从 21 家社会组织的信息可以发现，上述组织的宗旨与主要活动内容基本上都涵盖了语言推广、语言服务和语言研究的功能。其中常州市语言学会、常州市翻译协会是两家成立时间较早、学术性最强的语言文字学术团体。江苏省语言学会、江苏省翻译协会是两家覆盖范围最广的社会团体。从研究对象来看，中外语言和文字均有涉及，其中涉及外国语言文字和中国语言文字的各占 50%，翻译类的学术团体居多（共有 8 家，占 38%）。这些社会组织在活动方式开展上有很多共性，如定期举行学术年会、学术研讨会、研修班、咨询服务、专业培训、业务交流等，但拥有自身专属网站和刊物的学术团体偏少（只查询到 1 家）。具体情况如表 3-20 所示。

表 3-20　江苏省语言文字学术团体的基本情况

序号	社会组织名称	成立年份	宗旨与主要活动内容	网站与刊物
1	江苏省高等学校外国语教学研究会	1984	推动各类与高校外语教学相关的专项研究，开展多种形式与外语教学有关的培训、竞赛与服务。研究会有 7 个下属区域性和专业性的分会，其工作范围涉及国内、院校之间及国际的学术交流；外语教学专项研究；教材、课件开发与研究；师资培训；咨询与服务	
2	江苏省外国语言学会	2012	理论研究、学术交流、编辑期刊、培训等	
3	江苏省语言学会	1981	普及语言知识、组织学术交流	
4	江苏省外国文学学会	1988	外国文学研究、翻译、教学	http://wgwxh/gywxh.html，《域外文学论丛》

第三章　江苏外语生态状况的数字化审视

续表

序号	社会组织名称	成立年份	宗旨与主要活动内容	网站与刊物
5	南京市语言学会	2017	召开语言科学学术研讨会；举行小型学术讨论会；举办有关语言教学和研究的培训班；在条件许可的情况下，兴办若干实体，为语言文化教育服务，为经济建设服务，为社会社区服务；定期或不定期地开展论文评奖活动；在条件适宜的情况下创办刊物	
6	无锡市语言学会	1991	语言和语言教学研究；语言文字政策宣传；专业咨询服务；学术研讨交流；专业书刊编辑；研究成果评奖	
7	徐州市语言学会	1991	学术研究、交流、咨询	
8	常州市语言学会	1985	语言研究、交流等	
9	苏州市语言学会	1990	语言研究及有关培训	
10	南通市语言学会	1991	语言研究、教学普及、学术交流	
11	扬州市语言学会	1988	学术交流、知识普及、教学研究、咨询服务等	
12	仪征市语言学会	2003	普及语言知识；组织开展全市性语言科学学术活动；开展与语言有关的社会服务	
13	泰州市语言学会	2007	学术交流、咨询服务、培训辅导、协调沟通	
14	江苏省翻译协会	1995	调研，学术交流，培训服务	http://www.jsfyxh.cn/index.asp
15	无锡市翻译协会	1991	开展学术交流活动，举办翻译讲座、报告，开展咨询服务工作	
16	江阴市翻译协会	1991	服务、交流、培训	
17	徐州市翻译协会	2010	开展翻译工作的理论研究、合作交流、人才培养、咨询服务，口译、笔译及翻译人员技术职称评定等	
18	常州市翻译协会	1986	开展学术研讨，举办讲座，编印学术资料、翻译资料等	
19	南通市翻译协会	2004	外事口译、资料翻译、技术咨询、人才培训	
20	扬州市翻译协会	2014	翻译服务、信息咨询、人才培养、学术研究、交流合作	
21	镇江市翻译协会	2007	翻译工作研究和交流、翻译资格认证和培训	

3.5.2 科研机构情况

由于科研机构在申报和管理程序上不同于社会团体，不能直接从中国社会组织政务服务平台进行查询。加之科研主体和形态多元，跨学科研究蔚然成风，因此，在调查语言文字科研机构时首先要解决的问题是确定判断标准。本研究在判断语言文字科研机构时参照了赵蓉晖（2020）的分类标准：一是从机构名称和内容介绍加以判断某一科研机构是否属于外国语言文字及其应用领域（包括语言、文字、翻译、外语教育/教学、语言服务等，不包含文学）；二是依托单位和学科是否属于外国语言文字类，依托单位应是外国语学院/外语系、国际交流学院，依托的一级学科应为外国语言文学类。如果某机构或研究中心同时满足以上两个条件，则将其归入外国语言文字类科研机构。本次调查的范围主要是江苏地区办学层次为本科及以上的高等院校，调查信息主要来自高等院校和研究院所的网站（以访谈作为补充），信息来源的有效时间段为2023年1月10日—1月30日。

从表3-21可以发现，在所调查的77所高校中，拥有省级及以上科研机构的高校只有5所，占比仅为6.5%；拥有校级或院级研究所的高校有37所，占比48%；还有40所高校目前尚无科研机构，占比52%。大部分科研机构都属于学校或院系自设，按照机构设置的规则与惯例，省部级及以上的机构在管理上更加规范，要求更高。校级或院级自设的研究机构无论是在设置、维护，还是在考评上都要自由得多，有些学校或学院甚至没有考核指标，不同学校和机构之间的差别也很大。

表3-21　江苏省高等学校人文社会科学研究平台

依托学校	科研机构	平台类型	机构所属网页/网站	机构主编的（持续性）出版物
南京大学	当代外国文学与文化研究中心	江苏高校哲学社会科学重点研究基地	√√	
	俄罗斯学研究中心	江苏高校哲学社会科学重点研究基地	√√	
	韩国学研究中心（与韩国合作）	江苏高校哲学社会科学重点研究基地	√	
	中德文化比较研究所（与德国合作）	江苏高校哲学社会科学重点研究基地	√	微信公众号：跨文化研行
	外语规范应用与研究中心	校级	√	

续表

依托学校	科研机构	平台类型	机构所属网页/网站	机构主编的（持续性）出版物
南京大学	外国文学研究所	校级	√	《前近代日本人的对外认识》等近20本
	外国语言学研究所	校级	√	
	翻译研究所	校级	√	
	中国–北欧研究中心	校级	√	
东南大学	江苏省国际问题研究中心（亚太语言政策研究中心）	省级	√	
	外国语言学与应用语言学研究所	校级	√	
	翻译研究所	校级	√	
	现代教育技术研究所	校级	√	
	外国文学与比较文学研究所	校级	√	
	外语教材研究开发中心	校级	√	
	日本语言文化研究所	校级	√	
	美国文化与高等教育研究所	校级	√	
	俄罗斯研究中心	校级	√	
	海外中国史料研究中心	校级	√	
南京航空航天大学	中西文化对比研究中心	校级	√	
	翻译研究所	院级	√	
	日本语言文学研究所	院级	√	
	欧洲语言文化研究所	院级	√	
	英语教育研究所	院级	√	
	外国语言研究所	院级	√	
	英语文学研究所	院级	√	
南京理工大学	"一带一路"国别与区域研究中心（白俄罗斯研究中心）	国家民委	√	
	语言信息智能处理及应用工信部重点实验室	校级	—	
	日本研究中心	校级	—	
	"一带一路"语言文化传播战略研究中心	校级	—	

续表

依托学校	科研机构	平台类型	机构所属网页/网站	机构主编的（持续性）出版物
河海大学	外国语言文化研究所	校级	—	
	翻译研究所	校级	—	
	外国语言学与应用语言学研究所	校级	—	
	海外舆情翻译研究中心	校级	—	
	MTI 中心	校级	√	
南京农业大学	典籍翻译与海外汉学研究中心	校级	√√	
	中外语言比较中心	校级	√√	
	日本语言文化研究所	校级	√	
中国药科大学	外国语言文化与翻译研究中心	校级	—	
南京邮电大学	外国语言学研究所	校级	√	
	外国文学与文化研究所	校级	√	
	ICT（信息与通信技术）翻译与语言服务研究所	校级	√	
	外国语言文学数字化研究中心	校级	√	
	现代外语教育技术研究中心	校级	√	
	江苏形象互联网国际传播研究中心	校级	√	
	国别与区域研究中心	校级	√	
南京林业大学	外国语言学及应用语言学研究所	校级	√	
	翻译与文化研究所	校级	√	
南京信息工程大学	语言文学跨学科研究院	校级	—	
	国别与区域文化研究院	校级	—	
南京工业大学	外国文学与比较文学研究中心	校级	—	
	应用语言学研究中心	校级	—	
	语料库与翻译学研究中心	校级	—	
	国外问题研究中心	校级	—	
	"一带一路"教育与文化研究中心	校级	—	

续表

依托学校	科研机构	平台类型	机构所属网页/网站	机构主编的（持续性）出版物
南京师范大学	江苏文学翻译与研究中心	江苏省重点研究基地	√	
	江苏国际法治动态研究中心	江苏省重点研究基地	√	
	美国文明研究所	校级	√	《美国文明》《美国文明散论》
	外国语言文化研究所	校级	√	
	国际符号学研究所	校级	√	
	长三角基础外语教育研究中心	校级	√	
	苏格兰研究中心	校级	√	
	意大利文化研究中心	校级	√	
	加拿大研究中心	校级	√	
	日本文化研究中心	校级	√	
	东方研究中心	校级	√	
南京财经大学	加拿大研究中心	校级	—	
	翻译研究所	校级	—	
南京医科大学	全国医护英语水平考试教研中心	校级	—	
	外国语言文化研究所	校级	—	
南京中医药大学	—	—	—	
南京审计大学	翻译研究中心	院级	—	
	语言学与应用语言学研究中心	院级	—	
	外国文学研究中心	院级	—	
	区域与国别研究中心	院级	—	
南京森林警察学院	—	—	—	
南京体育学院	—	—	—	
南京艺术学院	—	—	—	
南京工程学院	外国语言文化研究所	院级	√	
	教育语言学研究所	院级	√	
	翻译研究所	院级	√	

续表

依托学校	科研机构	平台类型	机构所属网页/网站	机构主编的（持续性）出版物
江苏警官学院	—	—	—	
江苏第二师范学院	—	—	—	
南京特殊教育师范学校	—	—	—	
南京工业职业技术大学	—	—	—	
南京晓庄学院	南京城市国际化研究中心	校级	√	
	外国语言学研究所	院级	√	
	外国文学研究所	院级	√	
	翻译研究所	院级	√	
	商务外语研究所	院级	√	
	外语教育研究所	院级	√	
金陵科技学院	外国语研究与应用服务中心	院级	√√	
	基础学科研究及应用中心	院级	√√	
三江学院	—	—	—	
南京传媒学院	—	—	—	
南京大学金陵学院	—	—	—	
东南大学成贤学院	—	—	—	
南京航空航天大学金城学院	—	—	—	
南京理工大学紫金学院	—	—	—	
南京工业大学浦江学院	—	—	—	
南京审计大学金审学院	—	—	—	

续表

依托学校	科研机构	平台类型	机构所属网页/网站	机构主编的（持续性）出版物
江南大学	文学跨学科研究团队	院级	—	
	外语教学基础研究团队	院级	—	
	政治及学术话语翻译研究团队	院级	—	
	语言认知与社会研究	院级	—	
	儒学典籍翻译团队	院级	—	
	语言教育中日研究团队	院级	—	
无锡学院	—	—	—	
无锡太湖学院	翻译研究所	院级	√	
	文学研究所	院级	√	
	语言研究所	院级	√	
	教育教学研究所	院级	√	
中国矿业大学	澳大利亚研究中心（教育部国别和区域研究中心）	院级	√	
	国际汉学与比较文化研究中心	院级	√	
	翻译与跨文化研究中心	院级	√	
江苏师范大学	外国语言文化研究所	院级	√	
	印第安文学与文化研究中心	院级	√	
	伊比利亚美洲国际合作研究中心	院级	√	
	认知语言学研究中心	院级	√	
徐州医科大学	—	—	—	
徐州工程学院	—	—	—	
中国矿业大学徐海学院	—	—	—	
江苏理工学院	话语与文化研究所	院级	√	
	外国文学研究所	院级	√	
	外语教学与外语教师教育研究所	院级	√	
	翻译研究所	院级	√	
	商务英语研究所	院级	√	

续表

依托学校	科研机构	平台类型	机构所属网页/网站	机构主编的（持续性）出版物
常州大学	语言教育与语言政策研究中心	校级	√	
	拉丁美洲研究中心	校级	√	
	中国文化海外传播研究所	校级	√	
常州工学院	—	—	—	
苏州大学	—	—	—	
苏州科技大学	—	—	—	
常熟理工学院	外国语言学研究所	院级	—	学院院刊《求索》
	应用翻译研究所	院级	—	
	日语语言文化暨日企文化研究中心	院级	—	
	TESOL 研究中心	院级	—	
	中等日语教育研究中心	院级	—	
苏州城市学院	—	—	—	
西交利物浦大学	西浦文化传播与社会研究中心	校级	√	
昆山杜克大学	—	—	—	
苏州大学应用技术学院	—	—	—	
江苏科技大学天平学院	—	—	—	
江苏科技大学苏州理工学院	—	—	—	
南通大学	澳大利亚研究所	校级	√	
	英美文学研究所	校级	√	
	外国语言学研究所	校级	√	
	人文社科编译中心	校级	√	
	外国语言学及应用语言学研究所	院级	—	
	翻译研究所	院级	—	
	外国文学研究所	院级	—	
	东北亚研究所	院级	—	
	国别与区域研究所	院级	—	
	大学外语教育教学研究所	院级	—	

续表

依托学校	科研机构	平台类型	机构所属网页/网站	机构主编的（持续性）出版物
南通理工学院	—	—	—	
南通大学杏林学院	—	—	—	
江苏海洋大学	外国语言文学研究所	院级	—	
	徐福研究所	院级	—	
南京医科大学康达学院	—	—	—	
淮阴师范学院	外国语言与文化	院级	—	
	语言学及应用语言学研究中心	院级	—	
淮阴工学院	语言文化研究中心	院级	—	
	翻译研究中心	院级	—	
盐城工学院	日本历史文化研究院	校级	√	
	中国文化翻译研究院	校级	√	
	外国文学研究中心	校级	√	
	狄金森研究所	校级	√	
盐城师范学院	欧美文学研究所	院级	—	
	基础英语教育研究中心	院级	—	
扬州大学	非洲研究中心（苏丹研究中心）	校级	√	
	翻译行为研究中心	校级	√	
	中外语言文化比较研究中心	校级	√	
	韩国语言文化暨崔致远研究中心	校级	√	
	扬州大学非洲研究中心（南苏丹研究中心）	校级	√	
扬州大学广陵学院	—	—	—	
南京邮电大学通达学院	—	—	—	

续表

依托学校	科研机构	平台类型	机构所属网页/网站	机构主编的（持续性）出版物
江苏大学	国际论辩研究院（原址在荷兰）	国际研究机构	√√	Argumentation（《论辩》）和 Argumentation in Context（《语境中的论辩》）
	江苏大学话语	校级	√	
	论辩与全球传播研究院	校级	√	
	江苏大学语料库翻译研究中心	校级	√	
	江苏大学赛珍珠研究中心	校级	√	
	应用语言学研究所	院级	√	
	英语文学研究所	院级	√	
	外语教育教学研究所	院级	√	
	语用学理论与应用研究所	院级	√	
	跨文化交际研究中心	院级	√	
	日本学研究所和现代日本研究中心	院级	√	
江苏科技大学	外国语言学研究中心	院级	√	
	外国文学研究中心	院级	√	
	翻译学研究中心	院级	√	
	语言学研究中心	院级	√	
	赛珍珠研究中心	院级	√	
	语音学研究中心	院级	√	
	外语教育教学研究中心	院级	√	
	神经认知语言研究中心	院级	√	
	俄语语言文学研究中心	院级	√	
南京师范大学中北学院	—	—	—	—
南京财经大学红山学院	—	—	—	—
江苏大学京江学院	—	—	—	—
泰州学院	—	—	—	—

第三章　江苏外语生态状况的数字化审视

续表

依托学校	科研机构	平台类型	机构所属网页/网站	机构主编的（持续性）出版物
南京中医药大学翰林学院	—	—	—	
南京理工大学泰州科技学院	—	—	—	
南京师范大学泰州学院	—	—	—	
常州大学怀德学院	—	—	—	
宿迁学院	翻译研究中心	院级	√	
	宿迁地方文化国际传播研究中心	院级	√	
	开放教育研究所	院级	√	

在语言文字科研机构方面，关注国际问题与注重学科交叉是江苏地区科研机构的两大特点。调查显示，除外国文学、外语教育、翻译研究机构之外，占比较大的为跨学科研究机构，如翻译与跨文化研究中心、区域国别研究中心、国际传播研究中心、神经认知语言研究中心等，这些机构绝大多数分布在高水平的综合类院校。

由于受到调查方法和资料来源的限制，这次的调查结果虽不能够完全或全方位地反映所调查科研机构的活跃度、显现度和稳定程度，但还是能够在很大程度上说明 70% 的研究机构在网络空间的显现度上表现欠佳。这可能与学校不重视网络宣传与报道有关，也可能是因为院系在管理与维护上存在不足。通过对活跃度和显现度低的 30 家科研机构进行随机取样并在网上进行搜索，发现这些机构在所在院校的网站上连一个介绍的页面都没有，只有孤零零的名称，其机构的活力无法体现。

换句话说，在现有的科研机构中，大多数是系统管理和维护的"空壳机构"，只有少数机构保持了一个学术机构平台应有的活跃度和显现度。江苏在语言文字尤其是外国语言文字科研工作方面有了良好的积累，与其他位于全国前列的地市

（如上海）相比，还存在一定的差距。从总体上看，机构的显现度和表现的稳定性是这些机构面临的突出问题。

不论是学术团体还是科研机构，稳定的组织和人员队伍、持续的活跃度和显现度、特色的研究内容和标志性成果，都是其存在和被认可应具备的基本特征。

从这一要求来看，学术团体的总体情况向好，但科研机构建设中的"泡沫"依然太多。

3.6 在苏高校外国语言文学类专业设置与建设情况调查

中国参与全球治理、拥抱世界、沟通全球，离不开对外国语言文学类专业人才的培养。增强国家语言能力和提升公民的外语能力，对于推进构建"人类命运共同体"的伟大进程、实施"一带一路"倡议、讲好中国故事、促进不同文化之间的和谐共生与相互融合具有重要意义。胡壮麟（2020：4）指出："我国外语学科发展需要在广泛讨论的基础上统一思想，求得共识，大步前进。应该充分认识到在党和政府领导下，要让外语教育为构建'人类命运共同体'和落实'一带一路'倡议服务。这个认识必须统一。"

本研究主要梳理江苏地区高等院校外国语言文学类专业设置及学科建设情况，包括本科教育阶段外国语言学相关专业设置情况、研究生教育阶段外国语言学类学位授权点分布情况，以及入选省部级及以上重点学科建设项目的语言类学科情况，为江苏乃至国家有关部门、高校专业建设、社会团体等各方力量进一步推动外国语言文学类学科发展提供参考。

3.6.1 本科教育阶段外国语言学相关专业设置

我国高校根据教育部制定和颁布的《普通高等学校本科专业目录（2012）》（目前已更新到2022版，以下简称《专业目录》）设置本科专业。《专业目录》规定了专业划分、名称及所属门类，是设置和调整专业、实施人才培养、安排招生、指导就业、进行教育统计和人才需求预测等工作的重要依据。为了建立健全教育质量保障体系，教育部高等教育司组织高等学校教学指导委员会研究制定了《普通高等学校本科专业类教学质量国家标准》（2018）（以下简称《标准》）。《标准》为我国高校设置本科专业、指导专业建设、评价专业教学质量提供了基本依据，为我国高校制定专业人才培养标准，修订人才培养方案，促进人才培养高质量、多样化发展提供了指导。

《专业目录》分为学科门类、专业类、专业三级。从《专业目录》看，关于外国语言文学类专业人才的培养储备，主要通过"05 文学"学科门类下的"0502 外国语言文学类"下的各专业实现，这些专业在江苏高等院校中均有设置。

1）"外国语言文学类"下各专业设置情况。

"0502 外国语言文学类"中的专业包括：050201—050260，050263T—050268T（含英语、俄语、德语、法语等 60 个语种，新增阿姆哈拉语、吉尔吉斯语、索马里语、土库曼语、加泰罗尼亚语、约鲁巴语 6 个语种，共 66 个语种），050261 翻译、050262 商务英语。

江苏省开设英语专业的高校最多，达 57 所；其次是日语专业，37 所；再次是商务英语，17 所。以下依次是法语、俄语、朝鲜/韩语、德语、西班牙语、阿拉伯语、意大利语和泰语，共涵盖 10 种外国语言。此外，开设翻译专业的高校有 17 所、开设汉语国际教育的高校有 2 所。具体见表 3–22。

表 3–22　江苏省高等院校本科教育"外国语言文学类"下各专业设置情况

专业	开设院校数/所	开设院校
英语	57	南京大学、东南大学、南京航空航天大学（国际贸易、民航业务）、南京理工大学、河海大学、南京农业大学、中国药科大学（医药方向）、南京邮电大学、南京林业大学、南京信息工程大学、南京工业大学、南京师范大学、南京财经大学、南京医科大学（医学英语方向）、南京中医药大学、南京审计大学（涉外审计）、南京工程学院、江苏第二师范学院、南京特殊教育师范学院、南京晓庄学院、金陵科技学院、三江学院、南京大学金陵学院、江南大学、无锡学院、无锡太湖学院、中国矿业大学、江苏师范大学、徐州工程学院、江苏师范大学科文学院、江苏理工学院、常州工学院、苏州大学、苏州科技大学、常熟理工学院、西交利物浦大学、苏州科技大学天平学院、江苏科技大学苏州理工学院、南通大学、江苏海洋大学、南京医科大学康达学院、淮阴师范学院、淮阴工学院、盐城工学院、盐城师范学院、扬州大学、扬州大学广陵学院、江苏大学、江苏科技大学、南京师范大学中北学院、南京财经大学红山学院、江苏大学京江学院、泰州学院、南京理工大学泰州科技学院、南京师范大学泰州学院、常州大学怀德学院、宿迁学院

续表

专业	开设院校数/所	开设院校
日语	37	南京大学、东南大学、南京航空航天大学（国际贸易）、南京理工大学、南京农业大学、南京邮电大学、南京林业大学、南京信息工程大学、南京工业大学、南京师范大学、南京晓庄学院、三江学院、南京大学金陵学院、南京工业大学浦江学院、江南大学、无锡学院、无锡太湖学院、江苏师范大学、江苏师范大学科文学院、江苏理工学院、常州大学、常州工学院、苏州大学、苏州科技大学、常熟理工学院、苏州科技大学天平学院、南通大学、南通大学杏林学院、江苏海洋大学、淮阴师范学院、盐城工学院、扬州大学、扬州大学广陵学院、江苏大学、南京师范大学中北学院、常州大学怀德学院、宿迁学院
法语	10	南京大学、河海大学、南京师范大学、南京财经大学、南京大学金陵学院、苏州大学、淮阴师范学院、盐城师范学院、扬州大学、南京师范大学中北学院
俄语	9	南京大学、南京师范大学、江苏第二师范学院、江苏师范大学、苏州大学、江苏海洋大学、淮阴工学院、盐城师范学院、江苏科技大学
朝鲜/韩语	9	南京大学、南京师范大学、徐州工程学院、苏州大学、常熟理工学院、江苏海洋大学、盐城师范学院、扬州大学、扬州大学广陵学院
德语	8	南京大学、南京工业大学、南京师范大学、南京大学金陵学院、中国矿业大学、江苏理工学院、苏州大学、常熟理工学院
西班牙语	8	南京大学、南京工业大学、南京师范大学、南京大学金陵学院、江苏师范大学、常州大学、苏州大学、扬州大学
阿拉伯语	2	南京大学金陵学院、扬州大学
意大利语	1	南京师范大学
泰语	1	南京工业大学浦江学院
翻译	17	南京大学、南京信息工程大学、南京师范大学、南京晓庄学院、江苏师范大学、中国矿业大学徐海学院、苏州大学、苏州科技大学天平学院、南通大学、淮阴师范学院、淮阴工学院、盐城师范学院、扬州大学、江苏科技大学、南京师范大学中北学院、泰州学院、南京师范大学泰州学院
商务英语	17	南京财经大学、江苏第二师范学院、南京晓庄学院、无锡太湖学院、中国矿业大学徐海学院、江苏师范大学科文学院、江苏理工学院、常州大学、常州工学院、苏州科技大学天平学院、南通大学、淮阴工学院、盐城师范学院、扬州大学、南京师范大学中北学院、泰州学院、南京师范大学泰州学院

续表

专业	开设院校数/所	开设院校
汉语国际教育	2	南京信息工程大学、南京工业大学
法学	3	无锡学院、无锡太湖学院、南京财经大学红山学院

注：本次调查数据截至2023年2月。另外，关于汉语国际教育专业和法学专业，只统计了外国语学院的开设情况，受研究条件和精力限制，在其他院系开设的未做统计

根据表3-22的调查数据可以发现，江苏高校开设的商务英语专业和翻译专业所占的比重呈上升态势，这与国家对外语复合应用型人才的需求不断扩大密不可分。国家对不同类别、层次英语人才需求的变化及英语专业的快速发展催生了英语专业的裂变。2005年，教育部批准设立"翻译"本科专业，广东外语外贸大学、复旦大学和河北师范大学三所高校自2006年开始招收翻译专业本科生。翻译专业培养德才兼备，具有国际视野，具备较强的双语能力、翻译能力、跨文化交际能力、思辨能力、创新能力和创业能力，能够从事国际交流、语言服务、文化教育等领域工作的应用型翻译人才。2007年，"商务英语"本科专业获批，对外经济贸易大学成为第一所获批开设商务英语本科专业的高校。商务英语专业旨在培养具有扎实的英语基本功、宽阔的国际视野、专门的国际商务知识与技能，掌握经济学、管理学和法学等相关学科的基本知识和理论，具备较强的跨文化交际能力和较高的人文素养，能在国际环境中熟练使用英语从事商务、经贸、管理、金融等工作的复合型、应用型商务英语专业人才。商务英语和翻译专业的设立为英语专业的改革和发展提供了很好的范例，2012年，商务英语专业和翻译专业正式列入《普通高等学校本科专业目录》。据不完全统计，截至2018年年底，全国已有商务英语专业建设点367个，翻译专业点272个，加上英语专业点737个，英语类专业已成为国内高校最大的本科专业之一。这同时也表明江苏的高校在不断增强办学思想自觉和行动自觉，主动服务地方和国家社会经济发展需要。

2)"语言学"专业设置情况。

"语言学（0502100T）"属于2018年新增专业，在语言学专业人才培养与储备方面具有更强的针对性。根据教育部公布的《2018年度普通高等学校本科专业备案和审批结果》，北京语言大学和上海外国语大学首批获批该专业；根据教育部公布的《2019年度普通高等学校本科专业备案和审批结果》，江苏师范大学、

西安外国语大学获批语言学专业；根据教育部公布的《2020年度普通高等学校本科专业备案和审批结果》，南京理工大学获批语言学专业。

3.6.2 研究生教育阶段外国语言文学类学位授权点分布情况

我国研究生教育阶段的学位设置包括学术型学位和专业学位两大类（下文除明确标注"专业学位"，其余均指学术型学位），每一类又包括硕士和博士两个层级。通过统计分析学位授权点的分布情况，可以了解江苏外国语言学类学科点布局情况（注：本部分根据江苏省各高校2023年研究生招生简章及研究生招生专业目录，不排除2023年不招生，但以往招生、目前有学生在读的情况，受研究条件限制，本研究尚未梳理统计该类情况）。

1）外国语言文学一级学科学位授权点分布情况。

根据教育部2022年更新的《学位授予和人才培养学科目录》（以下简称《学科目录》），江苏省外国语言文学类一级学科硕士学位授权点17个，博士学位授权点5个，具体分布情况如表3–23所示。

表3–23　江苏省高等院校外国语言文学一级学科研究生学位授权点分布情况

院校名称	外国语言文学硕士学位授权点	外国语言文学博士学位授权点
南京大学	√	√
东南大学	√	√
南京航空航天大学	√	
南京理工大学	√	
河海大学	√	
南京农业大学	√	
南京邮电大学	√	
南京信息工程大学	√	
南京工业大学	√	
南京师范大学	√	√
南京财经大学	√	
中国矿业大学	√	
苏州大学	√	√
南通大学	√	
扬州大学	√	√

续表

院校名称	外国语言文学硕士学位授权点	外国语言文学博士学位授权点
江苏大学	√	
江苏科技大学	√	

注：本次调查数据截至 2023 年 2 月

2）外国语言文学二级学科学位授权点分布情况。

江苏高校获批外国语言文学下的二级学科博士学位授权点共 5 个，二级学科点共 12 个，其中，南京大学 6 个，东南大学 4 个，南京师范大学 5 个，苏州大学 6 个，扬州大学 4 个。具体情况如表 3–24 所示。

表 3–24　江苏省高等院校外国语言文学二级学科博士学位授权点分布情况

院校名称	外国语言文学										
	英语语言文学	俄语语言文学	日语语言文学	法语语言文学	德语语言文学	东亚语言文学	亚非语言文学	外国语言学及应用语言学	翻译学	外国文学	区域国别研究	比较文学与跨文化研究
南京大学	√	√		√	√	√		√				
东南大学								√	√	√		
南京师范大学	√		√	√				√				
苏州大学	√		√	√				√				
扬州大学								√	√	√		√

注：本次调查数据截至 2023 年 2 月，扬州大学中的翻译学具体为外汉对比与翻译研究

如表 3–25 所示，江苏高校获批外国语言文学下的二级学科硕士学位授权点的共有 21 个，其中南京大学的 8 个学科点均为学术性学位，这与南京大学的"创建高水平、研究型、国际化的一流高校"办学定位相吻合，南京航空航天大学的 8 个学科点（学术型和专业型学位各占 4 个）则表现出较强的应用型特点。另外，"国别与区域研究"呈现出典型的学科交叉的特点，同时也标志着江苏学科交叉发展迈入新的阶段。

表3-25 江苏省高等院校外国语言文学二级学科硕士学位授权点分布情况

院校名称	英语语言文学	俄语语言文学（与文化）	法语语言文学	日语语言文学	亚非语言文学	德语语言文学	西班牙语语言文学	课程与教学论	外国语言学及应用语言学	英语翻译理论与实践	外语学科教学（英语）	外国文学研究	国别与区域研究	英语口译	英语笔译	俄语笔译	日语口译	日语笔译	朝鲜语笔译	朝鲜语口译	德语笔译	法语笔译
南京大学	√	√	√	√	√	√	√															
东南大学	√			√					√													
南京航空航天大学	√							√	√						√		√	√				
南京理工大学	√			√					√					√	√							
河海大学	√								√	√				√	√							
南京农业大学	√			√						√					√			√				
南京邮电大学	√								√						√							
南京林业大学														√	√							

续表

第三章 江苏外语生态状况的数字化审视

院校名称	外国语言文学											翻译硕士（专业学位）					
^	俄语语言文学（与文化）	英语语言文学	法语语言文学	日语语言文学	亚非语言文学	德语语言文学	西班牙语语言文学	课程与教学论	外国语言学及应用语言学	英语翻译理论与实践	学科教学（英语）	外国文学研究	国别与区域研究	英语口译	英语笔译	俄语笔译	日语口译	日语笔译	朝鲜语笔译	朝鲜语口译	德语笔译	法语笔译
南京信息工程大学										✓		✓			✓			✓				
南京工业大学		✓		✓		✓			✓	✓					✓							
南京师范大学		✓	✓	✓	✓				✓	✓				✓	✓							
南京财经大学									✓	✓		✓										
中国矿业大学		✓							✓	✓			✓		✓							
江苏师范大学		✓		✓				✓	✓						✓							
常州大学															✓							

119

续表

院校名称	外国语言文学													翻译硕士（专业学位）								
	英语语言文学	俄语语言文学（与文化）	法语语言文学	日语语言文学	亚非语言文学	德语语言文学	西班牙语语言文学	课程与教学论	外国语言学及应用语言学	英语翻译理论与实践	学科教学（英语）	外语教学研究	国别与区域研究	英语口译	英语笔译	俄语笔译	日语口译	日语笔译	朝鲜语笔译	朝鲜语口译	德语笔译	法语笔译
苏州大学	√		√	√										√								
苏州科技大学					√						√											
南通大学	√								√	√	√				√							
扬州大学	√		√	√					√	√	√			√	√							
江苏大学	√			√					√	√	√				√							
江苏科技大学	√	√							√													

注：南京师范大学硕士专业及方向除表格中呈现的专业之外，还包括欧洲语言文学及比较文学与世界文学；南京财经大学硕士专业及方向除表格中呈现外，还包括比较文学与跨文化研究；中国矿业大学硕士教育硕士（全日制）；苏州大学硕士专业及方向除表格中呈现外，还包括教育硕士；江苏师范大学硕士专业及方向除表格中呈现外，还包括教育硕士；西交利物浦大学包括应用语言学和多语研究硕士；南通大学硕士专业及方向除表格中呈现外，还包括比较文学与跨文化研究；扬州大学硕士专业及方向除表格中呈现外，还包括阿拉伯语语言文学以及课程与教学论（英语）

3.6.3 语言学类重点学科

2017年，"双一流"建设高校及建设学科名单和全国高校第四轮学科评估结果正式公布，江苏共有6所高校的外国语言文学在教育部第四次学科评估中取得优异的成绩，对周边高校形成了良好的辐射和带动作用。南京大学外国语言文学于2017年和2022年两次入选"世界一流学科"建设高校，在全国第四轮以及第五轮学科评估中均取得优异成绩。具体如表3-26所示。

表3-26　江苏省高等院校入选重点学科建设项目的语言类学科

入选项目	相关学科	院校
教育部第四次学科评估A、B、C类学科	外国语言文学	南京大学（A）
		南京师范大学（A-）
		苏州大学（B+）
		南京航空航天大学（C+）
		南京理工大学（C-）
		江苏师范大学（C-）
教育部第五次学科评估	外国语言文学	南京大学（取得优异成绩）
语言学类"世界一流学科"建设高校	外国语言文学	南京大学（2017年、2022年两次入选）
国家一级重点学科	外国语言文学	/（全国无高校入选）
国家二级重点学科	英语语言文学	南京大学（全国共15所高校入选）
江苏省重点学科（含特色专业）	外国语言文学	南京师范大学、扬州大学、南京理工大学、南京邮电大学、江苏师范大学
国家级一流本科专业	英语	东南大学、南京师范大学、南京航空航天大学、扬州大学、南京理工大学、江苏大学、南京邮电大学、中国矿业大学、苏州科技大学、南京晓庄学院、盐城师范学院
	俄语	南京师范大学
	日语	东南大学、南京工业大学
	翻译	扬州大学、南京信息工程大学
江苏省一流专业	英语（师范）	南通大学、江苏科技大学、南京晓庄学院、盐城师范学院、常熟理工学院、三江学院、泰州学院、宿迁学院、徐州工程学院、无锡太湖学院
	商务英语	无锡太湖学院
	日语	南京航空航天大学、苏州科技大学天平学院、三江学院
	德语	中国矿业大学

注：本次调查数据截至2023年3月

由表 3-26 可以发现，江苏高校在教育部第四次学科评估中有 6 所高校获得了优异的成绩，但江苏尚无语言类高校，外国语言学类优势学科主要集中在综合类和师范类高校。其中南京大学和东南大学为双一流建设高校，南京大学入选语言学类"世界一流学科"及国家二级重点学科，南京晓庄学院、盐城师范学院等地方高校也表现出了良好的发展态势，各高校积极调整和谋划适合本单位发展的优势学科布局，这为形成多支具有自身领域特色、成果产出稳定的研究团队，构筑高水平大学的良好学科生态打下了坚定的基础，同时也为促进江苏语言类学科朝着具有国际影响力的学术重镇方向发展提供原动力。

3.7 江苏高校英文网站建设状况调查

英文网站作为对外交流的"窗口"，在塑造我国高等学府的国际形象、提高我国高等教育的对外传播力、提升我国高校国际知名度以及服务国际留学生方面发挥着重要作用。面对数字化时代构筑的海量信息空间，建设英文网站已成为我国高等教育国际化的一项关键战略。在高校的对外传播中，建构丰富、多样、良性的高校语言传播生态，直接决定了高校在海外的形象展示和综合美誉度。本研究以江苏地区高校为研究对象，在探究高校英文网站建设的重要性与必要性的基础上，重点调查和分析江苏地区高校英文网站的建设现状和存在的问题，并提出相应对策和改进建议。

3.7.1 江苏高校英文网站建设的必要性与重要性

自 2015 年 11 月国务院印发《统筹推进世界一流大学和一流学科建设总体方案》，要求坚持"以一流为目标、以学科为基础、以绩效为杠杆、以改革为动力"的基本原则，加快建成一批世界一流大学和一流学科以来，我国高校纷纷加紧推进国际化进程，朝着"世界一流大学"的目标迈进。外文网站是高校对外交流的"窗口"，在向世界展示学校形象以及对外传播和交流等方面具有重要作用。在过去十几年的时间里，高校网站建设发展迅速。然而，相比中文网站的成熟和完善，英文网站的建设发展相对滞后（赵宗锋 等，2015）。张洪忠等（2015）指出我国高校的海外网络传播力仍然处于较低水平，体现为传播意识薄弱、传播渠道单一、传播内容狭隘、传播方式过时等。对大学而言，建设多语种外文网站既是国际化办学的基本路径，也是高校语言规划的核心领域。菲利普森（Phillipson，2016）认为，高校网站的语言多样性，作为语言政策的组成部分，是评价高校是否具备多语教育能力的指标之一。顾忆青、衣永刚（2019）指出多语种外文网站是高校外语学科服务"双一流"建设的重要载体。高校应当秉持本地化理念，制定符合受众需求和语言服务行业标准的建站模式和译写方案，并引导师生共同塑造国际化学府形象，提升中国高等教育海外传播力。尽管目前多数高校已经意识到建设英文网络传播平台的必要性，但目前英文网站的语言服务水平仍参差不齐，网站译事体系混乱，语言问题屡屡出现，语言权势意识薄弱，着实影响到了英文网站的建设目标和成效，更破坏了高校在海外的形象展示和综合美誉度（张柳，2022）。

英文网站是外国公众了解我国高校的一个重要窗口，同时也是高校对外传播与弘扬我国优秀传统文化的重要窗口。如何丰富与拓展英文网站的功能，提升我国高校的国际知名度和显示度，成为我国高校国际化进程中必须面对的问题。江苏作为我国的经济和教育大省，高校国际化程度如何，英文网站的建设水平如何，直接影响到我国高校英文网站的建设水平和质量。本文通过调查江苏地区高校英文网站的建设现状，分析其中存在的问题，提出改进建议，以期为江苏乃至全国高校的英文网站建设带来启发。

3.7.2 江苏高校英文网站建设现状

为了解江苏高校英文网站建设现状，本研究对江苏168所高等院校的英文网站建设情况进行了统计，其中本科院校78所，高职院校90所。英语网站建设及更新具体情况，如表3–27所示：本科院校英文网站建设比例41%，更新及时且内容详尽的高校仅有13所，占比16.7%；高职院校英文网站建设比例16%更新及时且内容详尽的高校仅有2所，占比2.2%；本科院校要明显优于高职院校。

表3–27 江苏高校英文网站建设与更新情况

学校类别	数量/所	英语网站数量/所	所占比例/%	更新及时且内容详尽/所	半年至1年未更新/所	1年以上未更新/所	无更新/所
本科院校	78	32	41	13	6	5	8
高职院校	90	14	16	2	2	5	5

注："无更新"指英文网站中只有学校概况等栏目的内容介绍，没有设置新闻/活动等栏目，调查数据截止到2023年6月30日

通过表 3-28 可以发现，目前江苏高校已普遍意识到英文网站在对外传播中的重要性，均译写了英文校名。另外，江南大学除英文网站外还有德语、日语网站。江苏高校已具有通过英文等外文网站建设和树立良好对外传播形象的意识，但网页内容的更新速度却不容乐观，有相当一部分高校英文网站的更新情况处于停滞状态。

表 3-28　江苏高校外文网站建设使用语言情况

校名（中文）	校名（英文）	外文网站	新闻/通知更新情况
南京大学	Nanjing University	英语	更新及时（2023.06）
东南大学	Southeast University	英语	更新及时（2023.06）
南京航空航天大学	Nanjing University of Aeronautics and Astronautics	英语	新版网站无入口，旧版网站有英文网站入口，但网站无法显示
南京理工大学	Nanjing University of Science & Technology	英语	更新及时（2023.06）
河海大学	Hohai University	英语	更新及时（2023.06）
南京农业大学	Nanjing Agricultural University	英语	更新不及时（2022.03）
中国药科大学	China Pharmaceutical University	英语	网站显示正在升级，界面显示需要用VPN或者校园网进入
南京森林警察学院	Nanjing Forest Police College		
南京邮电大学	Nanjing University of Posts and Telecommunications	英语	更新及时（2023.05）
南京林业大学	Nanjing Forestry University	英语	更新及时且内容详尽（2022.10）
南京信息工程大学	Nanjing University of Information Science & Technology	英语	仅有学校概况网页
南京工业大学	Nanjing Tech University	英语	更新及时（2023.06）
南京师范大学	Nanjing Normal University	英语	无法访问
南京财经大学	Nanjing University of Finance & Economics	英语	更新及时但是间隔时间较长且内容较少（2022.10）
南京医科大学	Nanjing Medical University	英语	更新不及时（2019.07）
南京中医药大学	Nanjing University of Chinese Medicine	英语	更新及时内容详尽（2023.06）

续表

校名（中文）	校名（英文）	外文网站	新闻/通知更新情况
南京审计大学	Nanjing Audit University		有英文网站入口，但显示"域名暂未生效"
南京体育学院	Nanjing Sport Institute		有英文网站入口，但无法进入
南京艺术学院	Nanjing University of the Arts		有英文网站入口，但无法进入
南京工程学院	Nanjing Institute of Technology		有英文网站入口，但无法进入
江苏警官学院	Jiangsu Police Institute		
江苏第二师范学院	Jiangsu Second Normal University		
南京特殊教育师范学校	Nanjing Normal University of Special Education	英语	需要本校VPN
南京工业职业技术大学	Nanjing Vocation University of Industry Technology	英语	需要本校VPN
南京晓庄学院	Nanjing Xiaozhuang University		
金陵科技学院	Jinling Institute of Technology	英语	仅有学校概况网页
三江学院	Sanjiang University		
南京传媒学院	Communication University of China, Nanjing		
南京大学金陵学院	Nanjing University Jinling College		
东南大学成贤学院	Southeast University Chengxian College	英语	更新不及时（2020.04）
南京航空航天大学金城学院	Nanhang Jincheng College		
南京理工大学紫金学院	Nanjing University of Science and Technology Zijin College		
南京工业大学浦江学院	Nanjing Tech University Pujiang Institute	英语	有英文网站入口，但无法进入
南京审计大学金审学院	Nanjing Audit University Jinshen College		
江南大学	Jiangnan University	英语、德语、日语	更新及时（2023.06）
无锡学院	Wuxi University		

续表

校名（中文）	校名（英文）	外文网站	新闻/通知更新情况
无锡太湖学院	Wuxi Taihu University		
中国矿业大学	China University of Mining and Technology	英语	更新不及时（2022.09）
江苏师范大学	Jiangsu Normal University	英语	更新及时且内容详尽（2023.06）
徐州医科大学	Xuzhou Medical University		
徐州工程学院	Xuzhou University of Technology		
中国矿业大学徐海学院	Xuhai College, China University of Mining and Technology		
江苏师范大学科文学院	Jiangsu Normal University Kewen College		
江苏理工学院	Jiangsu University of Technology	英语	仅支持校内访问
常州大学	Changzhou University	英语	更新不及时（2021.08）
常州工学院	Changzhou University of Technology	英语	外国语学院有英语版和日语版学院介绍
苏州大学	Soochow University	英语	更新及时且内容详尽（2023.06）
苏州科技大学	Suzhou University of Science and Technology		
常熟理工学院	Changshu Institute of Technology	英语	更新不及时（2019.09）
苏州城市学院	Suzhou City University		
西交利物浦大学	Xi'an Jiaotong-Liverpool University	英语	更新及时且内容详尽（2023.06）
昆山杜克大学	Duke Kunshan University	英语	更新及时且内容详尽（2023.06）
苏州大学应用技术学院	Applied Technology College of Soochow University		
苏州科技大学天平学院	Tianping College of Suzhou University of Science and Technology		
苏州科技大学苏州理工学院	Suzhou Institute of Technology, Jiangsu University of Science and Technology		
南通大学	Nantong University	英语	更新及时且内容详尽
南通理工学院	Nantong Institute of Technology		

续表

校名（中文）	校名（英文）	外文网站	新闻/通知更新情况
南通大学杏林学院	Nantong University Xinglin College		
江苏海洋大学	Jiangsu Ocean University	英语	有英文网站入口，但无法进入
南京医科大学康达学院	Kangda College of Nanjing Medical University		
淮阴师范学院	Huaiyin Normal University		英语（仅标题）
淮阴工学院	Huaiyin Institute of Technology		
盐城工学院	Yancheng Institute of Technology		
盐城师范学院	Yancheng Teachers University		
扬州大学	Yangzhou University	英语	更新及时且内容详尽（2023.06）
扬州大学广陵学院	Guangling College of Yangzhou University		
南京邮电大学通达学院	Tongda College of Nanjing University of Posts & Telecommunications		
江苏大学	Jiangsu University	英语	更新及时且内容详尽（2023.06）
江苏科技大学	Jiangsu University of Science and Technology		
南京师范大学中北学院	Nanjing Normal University Zhongbei College		
南京财经大学红山学院	Hongshan College of Nanjing University of Finance and Economics		
江苏大学京江学院	Jiangsu University Jingjiang College		
泰州学院	Taizhou University		
南京中医药大学翰林学院	Nanjing University of Chinese Medicine Hanlin College		
南京理工大学泰州科技学院	Taizhou Institute of Sci. & Tech.		
南京师范大学泰州学院	Nanjing Normal University Taizhou College		
常州大学怀德学院	Changzhou University Huaide College		

续表

校名（中文）	校名（英文）	外文网站	新闻/通知更新情况
宿迁学院	Suqian University		
江苏联合职业技术学院	Jiangsu Union Technical Institute		
南京交通职业技术学院	Nanjing Vocational Institute of Transport Technology		
南京科技职业学院	Nanjing Polytechnic Institute		
江苏经贸职业技术学院	Jiangsu Vocational Institute of Commerce		
南京信息职业技术学院	Nanjing Vocational Institute of Information Technology		
江苏海事职业技术学院	Jiangsu Maritime Institute	英语	更新间隔时间长
南京铁道职业技术学院	Nanjing Vocational Institute of Railway Technology		
江苏城市职业学院	The City Vocational College of Jiangsu		
南京旅游职业学院	Nanjing Institute of Tourism & Hospitality	英语	更新不及时（2020.01）
江苏卫生健康职业学院	Jiangsu Health Vocational College	英语	只有学校概况
南京机电职业技术学院	Nanjing Vocational Institute of Mechatronic Technology		
南京城市职业学院	Nanjing City Vocational College		
应天职业技术学院	Yingtian Vocational and Technical College		
中山职业技术学院	Zhongshan Vocational College		
正德职业技术学院	Zhengde Polytechnic College		
金肯职业技术学院	Jinken College of Technology		
南京视觉艺术职业学院	Nanjing Institute of Visual Arts		
江苏信息职业技术学院	Jiangsu Vocational College of Information Technology		
无锡职业技术学院	Wuxi Institute of Technology		
无锡商业职业技术学院	Wuxi Vocational Institute of Commerce		
无锡工艺职业技术学院	Wuxi Vocational Institute of Arts & Technology		
无锡科技职业技术学院	Wuxi Vocational College of Science and Technology		

续表

校名（中文）	校名（英文）	外文网站	新闻/通知更新情况
无锡城市职业技术学院	Wuxi City College of Vocational Technology		
江阴职业技术学院	Jiangyin Polytechnic College		
无锡南洋职业技术学院	Wuxi South Ocean College		
江南影视艺术职业学院	Jiangnan Vocational College of Media Arts		
太湖创意职业技术学院	Taihu Vocational and Technical College of Originality		
江苏建筑职业技术学院	Jiangsu Vocational College of Architectural Technology		
徐州工业职业技术学院	Xuzhou Vocational College of Industrial Technology		
江苏安全技术职业学院	Jiangsu College of Safety Technology		
徐州幼儿师范高等专科学校	Xuzhou Kindergarten Teachers College		
徐州生物工程职业技术学院	Xuzhou Polytechnic College of Bioengineering		
九州职业技术学院	Jiuzhou Polytechnic		
常州信息技术职业学院	Changzhou College of Information Technology	英语	更新不及时（2021.06）
常州纺织服装职业技术学院	Changzhou Vocational Institute of Textile and Garment	英语	只有学院概况
常州工程职业技术学院	Changzhou Vocational Institute of Engineering		
常州工业职业技术学院	Changzhou Institute of Industry Technology	英语	更新及时且内容详尽（2023.06）
常州机电职业技术学院	Changzhou Vocational Institute of Mechatronic Technology		
江苏城乡建设职业学院	Jiangsu Urban and Rural Construction College		
常州幼儿师范高等专科学校	Changzhou Early Childhood Education College		
建东职业技术学院	Jiandong Vocational and Technical College		

续表

校名（中文）	校名（英文）	外文网站	新闻/通知更新情况
苏州工艺美术职业技术学院	Suzhou Art & Design Technology Institute	英语	不可访问
苏州农业职业技术学院	Suzhou Polytechnic Institute of Agriculture		
苏州经贸职业技术学院	Suzhou Institute of Trade & Commerce	英语	更新及时且内容详尽（2023.06）
苏州卫生职业技术学院	Suzhou Vocational Health College	英语	更新间隔时间长（2023.05）
苏州工业园区服务外包职业学院	Suzhou Industrial Park Institute of Service Outsourcing	英语	更新间隔时间长（2023.02）
苏州信息职业技术学院	Suzhou College of Information Technology		
苏州市职业大学	Suzhou Vocational University	英语	更新不及时（2020.08）
苏州工业职业技术学院	Suzhou Vocational Institute of Industrial Technology		
苏州幼儿高等师范专科学校	Suzhou Early Childhood Education College		
沙洲职业工学院	Shazhou Professional Institute of Technology		
苏州雄健职业技术学院	Suzhou Chien-Shiung Institute of Technology		仅有学校简介页面
苏州百年职业学院	Suzhou Centennial College	英语	更新及时（2023.05）
苏州工业园区职业技术学院	Suzhou Industrial Park Institute of Vocational Technology		
苏州托普信息职业技术学院	Suzhou Top Institute of Information Technology		
硅湖职业技术学院	Silicon Lake College	英语	更新不及时（2021.09）
昆山登云科技职业学院	Kunshan Dengyun College of Science and Technology		
苏州高博软件职业学院	Global Institute of Software Technology		
江苏航运职业技术学院	Jiangsu Shipping College		
江苏工程职业技术学院	Jiangsu College of Engineering and Technology		仅有英文招生简章

续表

校名（中文）	校名（英文）	外文网站	新闻/通知更新情况
江苏商贸职业学院	Jiangsu Vocational College of Business		
南通职业大学	Nantong Vocational University		更新间隔时间长（2023.05）
南通科技职业学院	Nantong College of Science and Technology		
南通师范高等专科学校	Nantong Normal College		有英文网站入口，但无法进入
江苏财会职业学院	Jiangsu College of Finance & Accounting		
连云港职业技术学院	Lianyungang Technical College		
连云港师范高等专科学校	Lianyungang Normal College		
江苏电子信息职业学院	Jiangsu Vocational College of Electronics and Information		
江苏食品药品职业技术学院	Jiangsu Food & Pharmaceutical Science College		
江苏财经职业技术学院	Jiangsu Vocational College of Finance and Economics		
江苏护理职业学院	Jiangsu College of Nursing		
炎黄职业技术学院	Yanhuang Technical College		
盐城工业职业技术学校	Yancheng Polytechnic College		
江苏医药职业学院	Jiangsu Vocational College of Medicine		
盐城幼儿师范高等专科学校	Yancheng Kindergarten Teachers College		
明达职业技术学院	Minda Polytechnic Institute		
扬州工业职业技术学院	Yangzhou Polytechnic Institute		
江苏旅游职业学院	Jiangsu College of Tourism		
扬州市职业大学	Yangzhou Polytechnic College		
扬州环境资源职业技术学院	Yangzhou Vocational College of Environment and Resources		
江海职业技术学院	Jianghai Polytcchnic College		
扬州中瑞酒店职业学院	Yangzhou Hospitality Institute		

续表

校名（中文）	校名（英文）	外文网站	新闻/通知更新情况
江苏农林职业技术学院	Jiangsu Vocational College Agriculture and Forestry		
镇江市高等专科学校	Zhenjiang College		
江苏航空职业技术学院	Jiangsu Aviation Technical College		
金山职业技术学院	Jinshan Vocational Technical College		
江苏农牧科技职业学院	Jiangsu Agri-animal Husbandry Vocational College	英文	更新不及时（2021.01）
泰州职业技术学院	Taizhou Polytechnic College		
宿迁职业技术学院	Suqian Vocational &Technical College		
宿迁泽达职业技术学院	Suqian Zeda Vocational &Technical College		

注：调查数据截止到2023年6月30日，表中括号里的日期为调查时网站最后更新的日期

通过对江苏高校英文名称进行进一步比较可以发现，同一类别院校的英文名称存在较大差异。如南京师范大学、淮阴师范学院和盐城师范学院同为师范院校，英文名称却不一样：

南京师范大学 Nanjing Normal University

淮阴师范学院 Huaiyin Normal University

盐城师范学院 Yancheng Teachers University

前两所高校将师范译为"Normal"，而盐城师范学院则将师范译为了"Teachers"。对此我们又查询了国内3所师范院校的英文名称和国外1所教育学院的名称：

上海师范大学 Shanghai Normal University

杭州师范大学 Hangzhou Normal University

洛阳师范学院 Luoyang Normal University

哥伦比亚大学教育学院 Teachers College, Columbia University

在国内，北京师范大学最先使用了"normal"一词，后来首都师范大学等师范院校相继使用"normal"，目前绝大多数师范类院校均将"师范"译为"normal"，Teachers College则接近于教育学院。盐城师范学院之所以翻译为"Yancheng

Teachers University",与其前身是盐城师范专科学校和盐城教育学院不无关系。但目前盐城师范学院设有文学院、法政学院、马克思主义学院、历史与公共管理学院、外国语学院、音乐学院、教育科学学院、数学与统计学院、物理与电子工程学院、信息工程学院、商学院、湿地学院等18个二级学院,已发展成为一所以师范为特色的综合性大学,盐城师范学院的英文名称也应与时俱进,宜采用国内的通用译法,译为"Yancheng Normal University"。

在对江苏15所"职业技术学院"的英文名称进行对比后发现,同为职业技术学院,但出现了5种不同的译法,如表3–29所示。

表3–29 江苏部分职业技术学院英文名称译写情况

职业技术	校名（中文）	校名（英文）
Vocational	中山职业技术学院	Zhongshan Vocational College
Polytechnic	正德职业技术学院	Zhengde Polytechnic College
	江海职业技术学院	Jianghai Polytechnic College
	江阴职业技术学院	Jiangyin Polytechnic College
	泰州职业技术学院	Taizhou Polytechnic College
	九州职业技术学院	Jiuzhou Polytechnic
Technology	金肯职业技术学院	Jinken College of Technology
	无锡职业技术学院	Wuxi Institute of Technology
Technical	连云港职业技术学院	Lianyungang Technical College
	炎黄职业技术学院	Yanhuang Technical College
Vocational and Technical	宿迁职业技术学院	Suqian Vocational & Technical College
	宿迁泽达职业技术学院	Suqian Zeda Vocational & Technical College
	建东职业技术学院	Jiandong Vocational and Technical College
	应天职业技术学院	Yingtian Vocational and Technical College
Vocational Technical	金山职业技术学院	Jinshan Vocational Technical College

有1所职业技术学院译写校名时选用"Vocational",有5所选用"Polytechnic",有2所选用"Technology",有2所选用"Technical",有4所选用"Vocational and Technical",有1所选用"Vocational Technical"。为了统一规范,建议将理工类为主或特色的职业技术学院译成"Polytechnic College",将综合类职业技术学院译成"Vocational and Technical College"。

在本科院校的英文名称译写中也存在类似的问题（见表3–30）,如"理工大学"最常见的翻译为"University of Science and Technology 或 University of Technology",前者的缺点是与"科技大学"一样,后者的缺点是与"工业大学"或"工学院"一样,现在的江苏科技大学的英文名称"Jiangsu University of Science and Technology"曾与江苏大学的前身江苏理工大学的英文名称一样,南京理工大学的英文名称为"Nanjing University of Science & Technology",如单看英文名称则很难区分出其是"理工大学"还是"科技大学"。为了统一规范,建议将"理工大学"统一翻译为"Polytechnic University",将工业大学或工程学院翻译成"University of Technology",将科技大学翻译成"Jiangsu University of Science and Technology"。

表 3-30　江苏部分理工 / 工程 / 科技类院校英文名称译写情况

学校类别	校名（中文）	校名（英文）
理工	南京理工大学	Nanjing University of Science & Technology
理工	江苏理工学院	Jiangsu University of Technology
理工	南通理工学院	Nantong Institute of Technology
工业 / 工程	南京工业大学	Nanjing Tech University
工业 / 工程	徐州工程学院	Xuzhou University of Technology
工业 / 工程	常州工学院	Changzhou University of Technology
科技	江苏科技大学	Jiangsu University of Science and Technology
科技	苏州科技大学	Suzhou University of Science and Technology

为了更加深入调查和分析高校英文网站新闻和活动等栏目的更新频率和建设质量,我们从本科院校中选取了南京大学、从高职院校中选取了常州工业职业技术学院进行统计分析。以上2所学校属于本研究中江苏地区不同院校类别英文网站建设水平最高的学校,能够反映江苏高校英文网站的建设情况,如表 3-31 所示。通过对两所不同层次院校 2021 年 1 月至 2023 年 6 月期间英文网站更新次数进行统计对比后可以看出,2023 年的更新次数从整体上看明显高于 2021 年和 2022 年,这与新冠疫情后线下活动增加有一定的关系。2023 年 2 月 23 日,国家疾控局表示:我国平稳进入"乙类乙管"常态化疫情防控阶段。自此疫情防控进入平稳阶段,大江南北活力迸发,各大高等院校重启对外合作交流,进一步加强教育对外开放,高校国际合作交流,在很大程度上促进了高校英文网站的更新速度和建设质量。

表 3–31　江苏部分高校英文网站更新次数　　　　　　　　　单位：次

院校类别	学校名称	2021 年更新次数 News & Events	2022 年更新次数 News & Events	2023 年更新次数 News & Events	合计
本科院校	南京大学	5	17	45	67
高职院校	常州工业职业技术学院	14	14	28	56

注：2023 年更新次数统计时间截止到 2023 年 6 月 30 日，所统计的数据为半年的数据

新闻更新速度是网站时效性的重要体现，也是各高校对网站重视程度的集中反映。在新闻更新速度方面，赵宗锋等（2015）曾将高校的更新情况分为当日、三天、一周、一个月及一个月以上有更新等五类情况，其中前三种情况属于经常更新，最后一种情况属于不经常更新。据赵宗锋等 2015 年的调查结果，国内各高校只有约 20% 的学校能做到当日有更新，而六成以上的学校一个月以上才有更新。按照以上标准，江苏地区本科院校里南京大学 2023 年上半年的更新次数较为理想，属于经常更新的高校；在高职院校里，常州工业职业技术学院 2023 年上半年的更新次数可以达到平均每周一次，其他院校的更新速度均较低。

为了了解其他省市高校的英文网站情况，我们将江苏的代表高校南京大学与北京大学、山东大学和四川大学的更新频率做进一步对比。四所高校均属于国家"双一流"建设高校（A 类），其英文网站均设有"News"、"Events"和"Research"栏目，但"Research"栏目主要限于基本情况介绍，因此未将其列入表格进行对比，如表 3–32 所示。从 2021 年、2022 年和 2023 年（上半年）两年半的更新次数来看，北京大学更新次数最高，处于领先地位；山东大学次之，属于经常更新；南京大学和四川大学英文网站更新频率整体偏低，属于不经常更新，不过南京大学自 2023 年开始情况出现了好转，更新次数有了显著性提升，达到了经常更新的水平。

表 3–32　国内部分高校英文网站更新次数　　　　　　　　　单位：次

院校类别	学校名称	2021 年更新次数 News & Events	2022 年更新次数 News & Events	2023 年更新次数 News & Events	合计
本科院校	南京大学	5	17	45	67
本科院校	北京大学	349	584	441	1 374
本科院校	山东大学	191	177	61	429
本科院校	四川大学	27	12	3	42

注：2023 年更新次数统计时间截止到 2023 年 6 月 30 日

通过对比表 3–31 和表 3–32 可以发现，无论是江苏高校还是我国其他省市的

高校，更新频率均存在较大差异。一是一些高校拥有的资源和人力有限，它们可能将更多的资源和精力放在其他方面的工作上，加之在网站更新和维护方面存在技术能力不强等问题，导致更新频率较低，无法满足动态更新英文网站的需要。二是不同高校对英文网站的重视程度不同，英文网站在高校宣传工作中的地位不够突出，加之缺乏严格的管理制度和流程，导致英文网站更新周期长，更新频率低，译写质量不高。如今，高等院校在国际传播矩阵中的价值效应和功能属性越发明显。加快国内高校英文网站建设，既要依赖网络媒介"速度快、范围广、作用强"的传播特点和优势，也要完善和加强媒介语言的跨文化叙写能力，在国际传播中凸显高等院校的语言优势，向世界展现真实、立体、全面的中国高校形象。

2018年8月21日，习近平总书记在全国宣传思想工作会议上发表重要讲话，提出要推进国际传播能力建设,讲好中国故事、传播好中国声音,向世界展现真实、立体、全面的中国,提高国家文化软实力和中华文化影响力。2022年2月24日，《中国社会科学院国际形势报告（2022）》指出世界格局"东升西降""西强东弱"态势依旧。在百年大变局中，最关键的变量是世界主要国家间的力量对比，而经济实力是衡量国家力量最综合、最常用的指标。2008年，中国GDP占美国GDP的31.23%，2021年，中国GDP占到了美国GDP的77.10%，"东升西降"态势与"西强东弱"格局并存，并将成为未来世界格局演进的主要特征之一。当今，中国对世界的影响之深远、世界对中国的关注之高前所未有，软实力成为影响我国国际地位提升的重要因素。讲好中国故事，讲好中国式现代化的故事，围绕中国式现代化进行话语阐释和叙事传播，既是我们全社会坚定道路自信、理论自信、制度自信和文化自信的重要途径，也是我们扩大中华文化影响力、促进人类文明交流互鉴的现实要求，更是我们打破西方话语霸权、推动形成客观公正和积极健康的全球舆论生态的必然选择。2022年10月，党的二十大报告指出要加快构建中国话语和中国叙事体系，讲好中国故事、传播好中国声音，展现可信、可爱、可敬的中国形象。

珍其货而后市，修其身而后交，善其谋而后动成道也。通过加强英文网站建设，讲好中国故事是我国高校加强对外宣传的基本方法，也是提高中华文化影响力的基本途径。坚持以我为主、兼收并蓄，不断推进国际传播能力建设，讲好中国故事，我们就一定能不断提高国家文化软实力，向全世界展示强起来的中国形象，让世界看到真实、立体、全面的中国。

3.7.3　江苏高校英文网站建设存在的问题

针对江苏高校英文网站译写情况，我们选取了南京大学、东南大学、江苏师范大学、苏州大学的英文网站进行取样调查。调查内容包括整体风格、栏目设置、功能定位等方面。高校英文网站的文本功能，除了原语文本的内容或信息功能，还必须兼顾为译语受众创造出与原语受众贴近的阅读效果，通过翻译过程中的删、改、增、编等翻译策略，尽量在不曲解原语文本信息的基础上，尊重译语受众的审美和接受心理，实现对外传播的终极目标。语义翻译和交际翻译并不是截然相对的，两者可以相互交融。我们可以根据不同的文本类型和传播所需实现的最佳效度，在语义翻译和交际翻译之间选择适当的翻译方法，最大化地占有中国高校英文网站对外传播活动中的话语份额。表达功能型文本的翻译，需以原语文本作者为中心，即采用"以我为主"的传播策略，重视原作的核心要义和原语的语言风格（Newmark，2001）；信息功能型文本的翻译则要遵循真实性第一的原则，以译语读者的语言层次为标准，力求准确无误。而校园简介就属于信息性极强的文本之一，如南京大学英译文本中就对该校历史、文化底蕴、人才培养情况等做了一个简要的信息展示：

Nanjing University, located in the historic city of Nanjing, has played a significant role in the development of China for over 120 years. Since its establishment in 1902, it has reached numerous milestones. As one of the nation's oldest comprehensive universities, Nanjing University consistently ranks among the top universities in China and remains at the forefront of Chinese higher education.

Since the initiation of China's Reform and Opening-up Policy in 1970s, Nanjing University has embraced the significant opportunities to propel its development. Nanjing University now offers a wide range of programs, from science, engineering, and medicine, to art, humanities, and social sciences.

…

Today, the University's abbreviation "NJU" reinterprets the school beyond its well-known acronym. It not only stands for Nanjing University, but also stands for "Now Join Us," and to promote a joint future together, "New Journey United." We look forward to joining hands with you on this new journey towards the betterment of the nation, the world, and humanity, as well as the realization of a community with a shared future for mankind!

奈达曾经说过：翻译就是意义的翻译，而要有效地传达意义，就要将翻译视为一种交际行为。建设英文网站的目的是将学校的信息有效地传递给英语读者，使其通过浏览英文网站准确地了解信息。不能有效地传递意义，进而实现该目的的译文都属于翻译失误。如何在具有不同文化习俗的人们之间进行有效的交流和沟通，关键在于要用对方的语言来表达，要站在对方的角度上去思考和说事。这就要求译者摆脱原文的束缚，变通地处理好译文的各种细节之处，让受众有更好的阅读体验，更好地发挥英文网站在对外传播、交流和沟通中的作用。由于仿译具有普适性，译者在进行英文网站的译写之前，不妨先阅读一些平行文本。如在翻译理工类大学的简介之前，可以先学习一下麻省理工学院、香港理工大学、北京理工大学等国内外同类高校的英文网站。有时即便如此，在翻译时依然会出现不同的问题。如原文：

我校是一所历史悠久、在学界享有盛誉的教育部直属、国家"211 工程"和"双一流"建设高校，坐落于钟灵毓秀、虎踞龙盘的古都南京。

原译：Our university is known for its long history and its leading role in China's academia. It is situated in the historical and cultural city of Nanjing, is one of the "211 project" key universities affiliated to the Ministry of Education of China, and listed among the "Double First-class" universities in China.

分析：网站的汉语原文文笔斐然，多用四字结构，具有汉语流水句的行文特点，同时包含如"211 工程""双一流"等具有中国特色的说法。诺德（Nord，2017：124）认为"翻译是有意识的行为，不了解翻译意图，就无法翻译"，评价译文质量要看其是否实现了翻译目的。翻译行为是两种文化接触的交际行为（Nord，2003），是在不同的文化中解构原文信息、重构译文信息的过程。在翻译具有中国特色的名称时，如果直接翻译，外国读者往往不知所云。若在译写时适当补充相关背景知识，则能有效地达到英文网站的译写目的。

改译：Situated in Nanjing, the renowned capital of ancient China, our university, an institution of higher education directly administered by the Ministry of Education of China, one of the "Project 211" key universities approved by the State Council in 1995, and a "Double First-Class" university on the list released by the central government in 2017, is a time-honored university for its reputation in China's academic circles.（周

建军 等，2022）。

目前江苏高校尤其是本科高校越来越重视学校的对外传播，但在高校网站英译文本的构建中，到底怎么译、译什么的问题未能引起校方的足够关注，网站内容的更新速度缓慢，有些甚至是经常处于更新停滞的状态，英文网站的建设和更新工作尚未纳入常态化管理，在英文网站建设中还存在诸多问题。

首先，高校英文网站要立足学校特色，做好网站布局。数字化传播说到底需要"内容为王"，有深度、有温度、有精度的语言内容才是网站强大传播力的基础（张柳，2022）。江苏高校英文网站整体风格简洁大方，但展现方式有待丰富。对于高校英文网站来说，好的外观能够增加页面的吸引力，提高网站的访问量。从整体风格来看，南京地区高校的英文网站多选取紫色作为主色调，徐州和苏州地区的高校多选用红色或绿色作为主色调，具有一定的地域特色，总体上呈现出图文并茂、简洁大方的特点。但在栏目的展示方式上存在图文比例失调、部分图片比例失真、画面不够生动等问题。苏州大学的英文网站以静态文字为主要展示方式，存在配图偏少、文字描述不够详细等问题，如图 3–36 所示。

University Attended AMBA & BGA Global Conference for Deans and Directors

On May 12th, Dean Feng Bo and International Certification Center Director Fang Yiwei from Business School in Soochow University attended AMBA & BGA Global Conference for Deans and Director, and Received BGA Gold Medal Accreditation.

图 3–36　苏州大学英文网站新闻截图

其次，科研成果宣传意识淡薄，栏目设置有待优化。英文网站建设是大学尤其是研究型大学对外宣传和增强高校显现度的重要途径。本次调查的 4 所高校虽设置了"学术与科研"这一栏目，但内容相对单薄。一方面，缺乏对科研成果的宣传，另一方面，缺乏对下属研究机构的介绍和教授个人信息的推介。同时4所高校均拥有数个国家重点实验室以及多名两院院士，学术环境和科研水平均居于国内前列。但调查显示，南京大学的多数科研机构只有对应的英文标题，所链接的内容均为相应的中文网站，缺少对应的英文介绍。江苏师范大学，针对重点实验室和研究机构等给出了英文介绍和相应的联系方式，但栏目内容缺乏时效性，如"Research"板块的上次更新时间还停留在2018年。英文网站建设需要针对用户需求，加强个性化内容建设。例如，教师在国内外顶尖刊物发表科研成果，参加海内外学术交流活动或学术会议，围绕某一社会问题、科学问题阐述重要观点，学生参加全球各类型竞赛，跨文化交流活动等都可以成为高校拓展海外形象的内容。

最后，新闻活动报道重点不够突出，更新速度有待提高。学校新闻是向外界展示该校近期发展动态的最直接途径，新闻更新频率则反映了该校的对外宣传意识。江苏大多数高校的英文网站主要侧重于对校园活动、对外交流、国际会议等类型新闻的报道。在以上4所高校中，南京大学较为注重对学术信息的报道，但数量偏少。4所学校的新闻均是按时间顺序排列，宣传重点不突出。在新闻更新方面，南京大学平均每周更新1~2次新闻，但寒暑假更新速度相对缓慢；苏州大学和东南大学平均每两到三周才能更新1次，总体而言，江苏高校英文网站的新闻时效性普遍较低。做好内容动态更新，保持网站活力、张力，做到新闻内容常更常新，信息内容动态更新，是江苏高校英文网站未来努力的方向。

3.7.4 江苏高校英文网站建设的改进策略

通过以上调查分析不难发现，江苏高校在英文网站的建设中还存在许多亟待解决的问题。在数字化时代，互联网及新媒体等媒介的优势为江苏高校打造高校国际化形象提供了诸多便利。为了更好地促进江苏高校对外传播与交流，优化江苏语言生态，本研究着重从以下几个方面探讨英文网站建设的改进策略。

第一，借助多模态手段，丰富栏目呈现方式。江苏高校在英文网站建设中应考虑借助多模态手段，不必拘泥于传统的文本形式。在栏目展示方式上，可采用滚动图片、视频影像、三维立体场景、VR技术等新形式，创新展现方式。例如，在"学校简介"栏目中导入三维移动场景，使访客能够身临其境地感受学校氛围，不失为一种有益的尝试。国内已有部分高校制作了三维虚拟校园系统，实现了访问者足不出户"逛校园"，如能再配上英文解说则能取得更佳的宣传效果。

第二，提升科研学术成果宣传力度，优化栏目设置。为提高江苏高校的国际化办学实力，加强与国外高校以及科研机构的交流，江苏高校的英文网站应不断增强对科研学术成果的汇总与宣传的意识，优化栏目设置，加大学术信息宣传和报道的力度，并对重要学术成果进行重点宣传。例如，在"学术与科研"栏目下增设二级栏目，对各个院系、重点实验室、教授和研究人员的信息做详细介绍，并提供相应的联系方式。有条件的高校还可以建立科研成果电子数据库，在主页设置检索框，为用户提供按时间、院系、学者姓名等关键词检索科研成果的网站服务。

第三，从受众角度出发，提升网站的细节服务。随着中国综合国力及国际地位的提升，一方面，越来越多的国际留学生选择到中国留学；另一方面，短期来华商务洽谈、文化交流及长期在华工作、学习、居留的人也越来越多。江苏高校在建设英文网站的过程中应多从国际留学生和外国友人的角度考虑，在网站建设中多调查、征询他们的意见，尽可能地满足他们的信息查询需求。除了增加对留学生普遍关心的校园生活、保险医疗、课程简介等方面内容的汇总和介绍，还可以增设当下主流的在线咨询、常用问题问答等特色栏目，为留学生和国际友人提供更加贴心和人性化的服务。

本研究针对江苏高校英文（外文）网站的调查目的不是对各高校的网站建设质量进行挑刺，而是希冀通过调研了解目前在苏高校英文网站建设的状况，对标国内外一流高校英文网站，查找问题和不足；引发政府和高校管理层以及广大译者的真切关注，提高英文网站在高校宣传工作中的地位，优化栏目设置，改进译文文本质量，提升江苏高校在对外传播、交流和沟通中的形象。

第四章

数字化时代的外语生态构建

外语生态是人类语言生态的重要组成部分，是社会生态必不可少的一部分。外语是可以跨越国度的发展性语言，也是公民扩大生活半径最为重要的因素之一。新时代的外语教育应当有自觉的外语生态意识，明确外语教育的最终目标是让公民过好外语生活，让外语为国家建设和社会及个人发展服务。建构良好的外语生态有助于促进生态话语传播，提高公众生态意识，提升我国的国际生态话语权，为全球生态治理贡献中国智慧。

本章主要探讨如何正确树立外语生态意识，如何处理好外语生态与外语教育、中式英语与中国英语、外语数智化产品与语言生态的关系，以及探讨生态话语体系建构。

4.1 树立正确的外语生态意识

正确理解生态哲学观是优化和保持良好的外语生态环境的前提和保障，是树立正确的语言生态意识的关键因素。本研究在正确理解生态哲学观及树立生态意识的基础上探讨如何树立正确的外语生态意识。

4.1.1 正确理解生态哲学观

生态哲学观（ecological philosophy，ecosophy）最早由挪威哲学家内斯

（Arne Naess）于 1995 年提出，指与环境相关的一系列态度、价值和假说。生态哲学观涉及生态哲学和生态语言学两个交叉领域，其内涵具有复杂性、系统性和多元性（周文娟，2020）。生态哲学观将生态系统视为一个整体，并强调各个成分之间的相互作用和相互依赖关系。生态哲学观认为人类与自然界是相互关联的，人类不能独立于自然存在，应与自然和谐共处。

生态哲学观源于研究者对生物有机体与环境关系的科学理解，是生态话语分析的伦理框架，也是用以判断人们的话语实践是否符合生态系统良性运转的重要尺度。无论是分析生态话语还是对话语进行生态分析，均有生态哲学观的参与（雷蕾 等，2020）。生态哲学观在生态话语分析中扮演着关键的角色，直接影响分析者的研究观点、分析方法以及对结果的解释和结论的做出。分析者通过审视、反思和批评造成当前生态问题的思想和行为，并区分有益性话语、中性话语和破坏性话语，倡导和推崇有益于生态和谐发展的思想和行为，反对和抵制不利于生态系统健康和平衡的思想和行为。生态话语分析是一个具有明确政治文化倾向和价值取向的活动。对于同一篇语篇，持有不同伦理准则、价值观和生态哲学观的分析者会做出不同的判断，关注不同的分析重点并得出不同的研究结论（Stibbe，2015）。分析者所持有的伦理准则、世界观、价值观和生态哲学观与其个人成长环境、教育背景、社会体制、文化传统和宗教信仰密切相关。个人特定的生态哲学观即使形成之后，也可能因为接触到新的环境、发现新的证据和获得新的体验而不断改变和更新。因此，生态语言学与许多人文学科一样，没有放之四海而皆准的生态哲学、价值取向和评判标准，也就不存在所谓的正确与不正确的价值观和方法论（黄国文 等，2016）。

受深层生态学和社会生态学的影响，斯蒂比（Stibbe，2015）提出了以生态问题为导向的生态哲学观："生活！"（Living！）。生活所传递的信息是尊重、肯定和赞美世间万物。它包括七个要素：重视生活、福祉、现在和未来、关怀、环境极限、社会公正和恢复。斯蒂比把这些要素视为平等的，然而通过逻辑思考，我们发现它们之间有主次之分，并且存在先后顺序。在这七个要素中，最重要且最基本的是重视生活。我们需要了解如何生活，热爱生活，关心生活中的人和事，以过上有质量的生活。接下来是福祉，它与生活密不可分，两者的核心都是质量。生活不同于生存，我们已经超越了生存的阶段，进入了提高生活质量、追求精神富足的阶段，因此，生活与福祉可以说是共存的。然而，在追求生活质量的同时，我们不能忘记我们的下一代。在满足自己和当前一代人的需求的同时，我们也必须考虑到下一代的生活。这就涉及现在和未来的问题。为了提高生活质量、谋求福祉，并为下一代创造条件，我们会利用自然环境、自然资源，甚至牺牲非人类动物，来满足我们自身的发展需求和心理满足。然而，这样很可能会对生态系统造成破坏。因此，我们必须意识到环境极限的问题，关心生态环境和其他物种。不能因为追逐自身利益而无节制地牺牲环境资源和其他非人类动物的福祉，甚至生命。换句话说，我们必须考虑到社会公正的问题。在追求自身发展的过程中，人类对生态系统的破坏不仅会对其他非人类生命体造成威胁，同时也不利于人类自身的可持续发展。因此，我们必须适应环境变化，根据环境构建认知和理念，并采取适当的行动恢复生态，这样才能摆脱工业发展所带来的生态困境，逐步实现从工业文明到生态文明的转变。斯蒂比提出了以生态问题为导向的生态哲学观：生活。他将生态话语分析与生态哲学观相结合，强调了对生态系统和其他物种的关注，以及对社会公正和环境恢复的重视。这种引入生态哲学观的方法为生态话语分析提供了更加全面和综合的分析框架，使研究者能够更好地理解和解释生态话语中的价值观和伦理准则。同时，生态哲学观的引入也为生态语言学提供了新的学科视角，使其能够更好地探讨语言与环境、社会和文化之间的关系。这对于推动可持续发展和环境保护具有重要的理论意义和实践意义。

中国语境下的生态语言学具有马克思主义哲学观和中国传统哲学观两种取向。生态语言学的马克思主义哲学观是对马克思主义语言观和生态观的继承和发展。马克思主义语言观包括语言的社会性，语言、物质和意识的关系以及语言建构观三个要素，马克思主义生态观包括"人与自然的和解"以及"人类自身的和解"两个基本价值取向。生态语言学的中国传统哲学观是中国学者在构建"和谐生态语言学"过程中蕴含的和谐语言观、和谐心智观以及和谐生态世界观（周文娟，2020）。例如，孔子主张"天生万物"，老子主张"道生万物"，这些意味着世界的本源是天或道，并且天或道创造了世界万物，包括人类。人类与自然界要和谐相处，中国生态哲学是在中国特定的历史和文化背景下形成的，与中国的生态环境和社会发展密切相关。目前，中国学者提倡的"以人为本，人与自然和谐共生"的生态哲学观以及"多元和谐，交互共生"的生态哲学观正是基于这样的背景而提出的。

4.1.2 树立正确的生态哲学观

树立正确的生态哲学观需要从认识到行动的转变，从自身做起，通过行动和实践来促进生态环境的保护和可持续发展。下面着重从以下八个方面探讨如何树立正确的生态哲学观。

第一，深入了解生态学知识。学习生态学的基本概念、原理和研究方法，了解生态系统的组成、相互作用和生态平衡等内容，掌握科学的生态学知识，为树立正确的生态哲学观提供基础。同时，学习生态学知识，关注生物多样性、气候变化、环境保护等问题，从科学的角度认识生态环境的重要性。第二，关注自然环境的价值。认识自然环境对人类和其他生物的价值，认识生物多样性、气候调节、土壤保护等生态系统服务对人类生存和发展的重要性，从而培养起对自然环境的尊重和保护意识。第三，培养与自然和谐相处的思维方式。更加注重人与自然相互依存和共生的关系，摒弃剥削性和短视性的开发观念，推崇可持续发展理念，尊重自然的规律和节制的原则，追求与自然和谐相处的生活方式。尊重自然界与人类之间的平衡：认识人类与自然界的相互关联和相互依赖性，并尊重自然界中的其他生物和生态系统的权益。要意识到，人类的发展需要建立在与自然的和谐相处之上，而不是建立在对自然资源的过度开发和破坏上。第四，重视培养环境伦理价值观。建立起以尊重生命权、生态平衡和可持续发展为核心的环境伦理价值观，将环境保护与伦理道德联系起来，形成行动的指导原则。积极参与和支持可持续发展的实践，包括节约资源、减少碳排放、回收利用等。通过推动清洁能源的使用、改善废物处理方法等，减少对环境的负面影响，为下一代留下一个更加美好的生态环境。第五，积极参与环保行动。通过实际行动，积极参与到环保事业中，如减少能源消耗、降低碳排放、推广循环利用等，以具体行动宣扬和践行正确的生态哲学观。通过逐步了解、学习和实践，我们可以逐渐树立起正确的生态哲学观，以实际行动推动环境保护和可持续发展的目标。积极参与环保组织和活动，呼吁他人关注环境保护问题。从生活中的小事做起，如垃圾分类、节约用水等，同时也可以通过影响他人，让更多的人加入环保行动。第六，保护生物多样性。重视保护和维护生物多样性，关注濒危物种的保护工作，尽自己的力量保护野生动植物的栖息地，避免非法猎捕和非法贸易。第七，弘扬责任意识。认识个人对环境的影响，积极承担起保护环境的责任。不仅仅是为了自己和当下，也是为了子孙后代和未来的社会，保护生态环境需要每个人的努力。第八，学习传统智慧。吸取传统文化和智慧的经验教训，学习尊重自然、与自然共存的智慧，理解人类与自然的和谐关系。

树立正确的生态哲学观还需要注意生态价值与经济价值或资源价值的不同，这也是生态语言研究者和生态保护者尤其需要注意的。经济价值指的是生态系统中的自然资源或非人类有机体作为原材料进入生产实践领域，经过改变原貌后为人类提供消费和服务的物质和精神需求的满足，这是一种消费价值。相反，生态价值是一种非消费价值，它强调通过保护来实现价值。以树木为例，人们将其砍伐并加工成纸张或其他日常用品，实现了树木的经济价值。然而，人们也可以通过植树和保护树木来实现树木在防风固沙、美化环境和净化空气方面的生态价值。因此，生态系统中的各个组成部分是被破坏成为消费品还是受到保护成为整个生态系统的守护者，在很大程度上取决于人们如何看待生态组成部分的价值和功能，以及它们与人类之间的相互关系（黄国文 等，2019）。

4.1.3 树立正确的外语生活意识

树立正确的外语生活意识不仅有利于提高语言生活的质量，而且有利于改善我国的外语生态环境。李宇明（2012）将语言生活分为宏观、中观、微观三个层级。

首先，就宏观语言生活而言，需要国家层面做好顶层设计和语言规划。国家外语能力或外语规划应与国家战略需求紧密联系在一起，并直接为国家利益服务。李宇明（2012）指出，我国是一个外语学习大国，但国家所拥有的外语能力却远远不能满足国家发展之需，于是他提出了"本土型国家"和"国际型国家"的概念。在"本土型国家"概念中，学习外语的主要目的是夯实语言基础，提高语言技能，满足自身的需要，具有"向己性"。但在"国际型国家"的概念中，学习外语除了提高自身的通用语言能力，还应增强其学术外语及跨文化交际的能力，使学生在专业学习、职业发展或国际交往中能够直接使用外语进行有效的沟通与交流，满足国家社会经济发展的需要，具有"向他性"。

为促进我国公共服务领域外文译写的规范化，教育部、国家语委于2011年7月正式启动了《公共服务领域英文译写规范》（下面简称《规范》）国家标准的研制工作。《规范》的10个部分先后于2013年、2017年发布实施，是我国首个对公共服务领域的公共服务信息的英文译写进行规范的国家标准。《规范》作为公共服务领域英文翻译和书写质量的国家标准，规定了交通、旅游、文化、娱乐、体育、教育、医疗卫生、邮政、电信、餐饮、住宿、商业、金融共13个服务领域的英文译写原则、方法和要求，为各领域常用的3 500余条公共服务信息提供了规范译文。《规范》的制定、颁布与实施是我国语言生活中的一件大事，不仅有利于改善我国的外语使用环境，提高外语生态和语言景观的质量，而且有助于推动我国城市的国际化进程，提升我国的国际形象。《规范》的落实与实施需要依靠社会各界的共同努力。随着数字化时代社会的快速发展，各类新生事物不断涌现，需要根据需要对其进行补充和完善，以满足不断发展和变化的英文使用需求。《规范》的全面落地与贯彻执行，还有很长的路要走，这从第三章的调查数据中可以得到印证。我们可采取分层推进、点面结合的策略。首先，从执行力和影响力比较大的行业部门入手，集中把一些重点的区域、重要的部门在公共领域的语言文字应用规范做好，然后再向社会其他领域逐渐铺开。这样做是比较符合实际的，《规范》落实到位的部门、单位和行业领域可以作为模范，充当他人学习的范本。

2018年，中华人民共和国教育部和国家语言文字工作委员会联合发布《中国英语能力等级量表》(以下简称《量表》)，表明国家开始关注对公民外语能力的评测以及公民外语生活的状况。《量表》将中国英语学习者和使用者的英语语言能力从低到高分为一至九个等级，归为基础、提高、熟练三个阶段。能力分处三个阶段的学习者和使用者，分别被称为初级学习者和使用者、中级学习者和使用者、高级学习者和使用者。《量表》将语言能力框架分为语言理解能力、语言表达能力、语用能力、语言知识、翻译能力和语言使用策略等方面的描述框架。

国家层面要做好国家语言规划，不断提升国家外语能力和语言治理能力。国家目前已具有开设近百种外语课程的能力，外语教学是外语界的重心所在，外语界在向国内介绍国外语言学的新理论、新方法，参与国际语言学界工作的同时，应积极致力于我国外语语言学建设，践行"人与自然生命共同体"和"人类命运共同体"理念，建立符合中国外交原则和与新时代生态文明思想相符合的生态话语体系，形成中外学术共同体。

其次，中观语言生活主要涉及各地域的语言生态，其中包括特定区域内各领域的语言生态，需要各级政府、教育部门、语委和学校引导公民依照国家规范树立正确的外语生态意识，做好社会语言服务供给工作。

为了规范公示语的译写，北京以迎接2008年奥运会为契机，率先于2006年11月颁布了中国第一个公共场所双语标识英文译法地方标准（DB11/T 334–2006）和实施指南。北京市译法标准的发布带动了其他省市制定标准的节奏，成为其他省市学习的榜样。江苏省在制定标准时也学习和参考了北京的做法。北京市的《公共场所双语标识英文译法》包括通则、道路交通、旅游景区、商业服务业、体育场馆、医疗卫生6个部分；江苏的译法标准包含通则、交通、旅游、文化体育、医疗卫生、金融、邮政通信、商业服务等8个部分。南京市以迎接2014年青年奥林匹克运动会为契机，于2010年9月9日，印发了《关于规范全市公共场所标志英文译写使用管理工作的通知》（宁政办发〔2010〕130号）。但随着社会的快速发展，尤其是数字化社会的来临，社会上的新事物、新名称不断涌现，原有的一些译写标准已不能满足社会发展的需要，并暴露出一些不容忽视的问题，需要在原有版本的基础上进行修订。2022年10月28日，江苏省政府废止了"省政府办公厅关于开展公共场所中外文双语标志规范工作的通知（苏政办发〔2008〕99号）"。2023年2月1日，南京市为规范公共服务领域的英文译写和使用，提升南京城市国际化水平，优化城市语言环境，制定了"南京市公共场所外文标识译写语库"。语库不仅给出了译写要求和方法及各名称通名的英文译法示例，还详细地列出了南京市各具体名称的中英文公示语，极大地方便了市民查阅和参照。

　　公共标识英译研究是一项永无止境的工作。公示语的及时性特性要求不断增补与现实相关的内容，以便及时反映变化了的社会现实。如广东省以迎接2010年亚运会为契机，制定和颁布了《公共标志英文译法规范》（DB44/T 603—2009），对市内道路交通、旅游景点、体育场馆、医疗卫生等场所的公共标识提出标准化译法。为了及时反映变化了的社会现实，广东省分别于2014年、2018年和2022年进行了第二次、第三次及第四次修订，并多次组织专家组对广州CBD区域的英文标识进行了现场纠错和排查。《广州公共标识英文译法规范（2022版）》在原有版本的基础上增加了疫情防控的内容，规范条理清晰、内容翔实，为广州地区公共标识英文译写提供了可供参考的范例和规范，为我国公共标识英文译写做出了积极的贡献。同时也展现了广州与时俱进、不断完善的姿态，为我国其他省市树立了标杆。

　　通过以上分析，建议江苏等省市公共服务领域管理部门尽快制定规划，定期修订外文标识译写规范。一方面，根据社会发展出现的新事物或新问题组织专家对以往译写不规范的英文标识进行修订，及时征集和补充新的公共标识，另一方面，可以通过多渠道公布译写标准，发动广大市民对公共服务领域进行纠错。

在这方面，南京市通过开发"南京公共场所外文标识随手拍"纠错微信小程序的方式开展公共场所外语标识纠错网上征集活动。市民可以通过小程序拍照上传错误的英语（外文）标识，提交个人的译写建议等（如图4–1所示）。

图4–1　南京市外语标识纠错小程序

无锡市外办于2023年4月正式启动了无锡国际化"颜值"你我共同守护——"锡望你找茬 啄木鸟行动"活动。无锡市外办为了引起广大市民和网友的重视，在"锡望你找茬 啄木鸟行动"活动中介绍：无锡自1981年8月与日本明石市缔结友好城市以来，无锡的"国际朋友圈"不断扩大，截至目前无锡已与全球28个国家的50个城市缔结友城。无锡对外交流合作不断拓展，优化城市国际语言环境建设水平，势在必行。不知你在道路两侧、景区等公共场所的外文标识中有没有发现一些"雷人"的翻译。这些不规范的标识标牌，不仅给外籍人士带来诸

第四章　数字化时代的外语生态构建

多不便，同时也有损城市形象。为进一步规范全市公共场所外语标识，让我们行动起来，共同寻找那些公共场所外语标识中翻译不规范、外语拼写错误和表达有歧义的问题。

为方便广大市民随时随地抓拍和上传身边的问题标识，无锡市外办开发了无锡公共场所外语标识微信小程序，如图4–2所示。

图4–2　无锡市外语标识纠错小程序

江苏省南京市和无锡市已开始行动，相比较而言，无锡市在市外办网站首页增加链接无限循环滚动效果图片的方式，能够更加突显外语标识纠错活动的影响力，便于引起广大市民的关注。另外，征集表格设计的内容也很全面，便于外事部门后期对市民反映的情况进行梳理、核实，以及会同有关部门落实整改。

在数字化时代背景下，为了增加市民参与活动的便利性和参与度，提高市民的语言规范意识，共建良好的语言生态，仅仅通过官网公布纠错电话、邮箱及纠错链接是不够的。政府部门需要进一步提高服务意识，增加纠错通道。例如，通过开发"××市外文标识纠错"微信小程序等方式，多渠道地向广大市民公布信息。市民通过小程序拍照上传错误的英语（外文）标识，发送个人译写建议等信息。同时，还可以开展参加外文标识纠错即可参与积分换礼品活动，通过形式多样的活动丰富市民的外语生活，提高市民的参与度，提升市民的外语生活能力，提升城市语言生态环境，加快江苏城市国际化语言建设的步伐，进而达到事半功倍的效果。

江苏各地市的外办有推广《公共服务领域英文译写规范》的责任。首先，《规范》的具体实施需要有更大权力和执行力的权威部门协助。需要江苏省各地市政府部门统一协调，制定明晰的监督管理规则，并有效落实。其次，各地的语委办在负责普通话推广工作的同时也应参与《规范》的推广和落实。语委办在语言生活管理方面有自己多年建立起来的工作网络，有助于《规范》的推广和实施。外办和语委办在落实规范工作时应当把不同行业、不同高校和机构的专家都调动起来，对落实并完善现有《规范》做出应有的贡献。《规范》研制专家、参与《规范》实施工作的其他专家除继续研讨公共服务领域的英汉翻译问题外，还可以从事一些部门的《规范》培训和宣传工作。修订《规范》不是件容易的事情，可行的办法是通过修订《公共服务领域英文译写指南》（以下简称《指南》），对其加以补充和完善。毋庸置疑，《指南》所列的条目不是穷尽式的，将来还可以根据实际需要增设条目。

然后，微观层面的语言生态主要包括个人和社会终端组织的语言生活。微观层面的外语生活，是语言规划中最为薄弱的环节，需要广大公民积极参与其中。以公共服务领域英文译写为例，国家层面于2016年和2017年出版发行了《公共服务领域英文译写指南》和《公共服务领域英文译写规范》，几年时间过去了，但据调查，目前不符合规范的双语路牌、语言标识仍随处可见（具体见第三章），可见语言的规范使用是一个漫长的过程，规范的落实犹如一场拉锯战，绝非制定了语言规范就能马上得到全面有效的落实。在社会外语生态实践中，标牌总会出现更新、替换的情况，语言生态的规范与不规范也定会反反复复，绝非一朝一夕之事。

考虑到外语生活对公民的外语水平和能力有较高的要求，可以采取以点带面、逐步推进的策略。从大学生和中学生做起，提高我国英语学习者和使用者的语言规范意识。国家语委及教育部门可呼吁教材编写者、出版公司、教材审定委员会和教学指导委员会等积极参与《公共服务领域英文译写规范》的落实工作，如将

《规范》中合适的内容适当编入大学和中学的英语教材里,通过学校或相关组织征集志愿者,调查、采集、识别语言景观中不规范的双语或多语标识,对于不合规范的标识通过市政部门及时进行替换,在实践中树立外语生态意识,锻炼和培养学生的语言思辨能力。

随着江苏城市国际化进程的推进,公共领域里新的标牌或标识不断出现,双语或多语标识及语言景观的制定和纠误工作需要社会各界的广泛参与。一方面,需要在语言教育中提高学习者的规范意识;另一方面,需要加强语委与市政部门的合作,形成多部门联动,在标牌、标识等语言景观的设计与制作中,树立外语生态意识,组织专家把好翻译关,力争公共标识译写规范、确切。公共服务领域的外文使用属于服务信息用语,但旅游领域的中国人文景观名称、餐饮行业的中国菜肴名称,都包含着丰富的中华文化信息,如何在译写中传递中国文化,既给广大外语工作者提出了挑战,也给他们留下了广阔的译写创作空间。

4.2 处理好语言生态与外语教育的关系

一个国家语言的和谐程度会在一定程度上影响其经济的发展与社会的和谐。经济全球化背景下,多语言意识对于认识和树立正确的外语生态意识具有借鉴意义。唐莫尔(Donmall,1985)认为语言意识是指人们对语言本质及语言在其生活中所起作用的敏感和自觉意识。语言意识是关于语言系统的显性知识,以及在语言学习、教学和使用时对语言的敏感和自觉意识。教育部语言文字应用研究所郭龙生(2012)提出健康的外语生活的概念。学习者学习外语的主要目的在于应用,学习者在学习和使用外语时应有自觉的外语生活意识。李宇明(2017:1)指出:"使用外语、学习外语、研究外语等活动形成了人类的外语生活,外语生活是人类语言生活的重要组成部分。不管是进行外语教学,还是进行外语规划,都应当明确树立外语生活的意识"。外语生活与外语教学二者之间存在着密切的关系。外语教师通常所说的"外语不是教会的,而是学会的"的说法,从侧面印证了外语生活对提高外语教育的重要作用。李宇明(2017:1)指出"语言能力通常不是通过'教'来学得,而是要在语言海洋中'习'而获得"。

本研究主要从保护和传承本土语言和文化,提高外语教育质量,提升语言综合素养,加强跨学科教育,加强全球视野的培养等方面探讨如何处理好语言生态与外语教育的关系。

4.2.1 保护和传承本土语言和文化

语言生态的健康发展需要保护和传承好本土语言和文化。第一，学习本土语言是传承文化的基础。学生可以通过参加语言课程、请教长辈或母语人士、阅读本土文学作品等方式来学习和提高本土语言的能力。第二，深入了解本土文化是传承本土语言和文化的关键。学生可以通过阅读相关书籍、参观博物馆、参加传统节日庆祝活动等方式来了解本土文化的历史、价值观和传统习俗。第三，本土文化的传承不仅仅是语言和习俗的传承，更重要的是传承其中的价值观。可以通过家庭教育、学校教育和社区活动等方式来传承本土文化的价值观，如尊重长辈、关注社区、重视家庭等。第四，积极参与本土文化活动可以加深对本土文化的理解和认同。可以参加传统音乐、舞蹈、戏剧等表演，参与传统手工艺制作，参加本土文化节庆等活动。本土文化中的故事和传说是传承文化的重要组成部分。可以通过口头传承、书籍、绘本等方式将这些故事和传说传承给下一代。第五，本土文化不仅需要传承，还需要创造和发展。可以通过创作本土文学作品、艺术作品、音乐作品等方式来推动本土文化的发展和传承。总之，传承本土语言和文化需要全社会的共同努力，包括家庭、学校、社区和政府等各个层面的支持和参与，并提供相关教学资源和教材。

4.2.2 提高外语教育质量

外语教育是拓宽学生国际视野、增强交流能力的重要手段。提高外语教育质量有以下几个途径：第一，需要采用多样化的教学方法，如互动式教学、任务型教学等，激发学生的学习兴趣和积极性。同时，结合现代技术手段，如多媒体教学、在线学习平台等，提供更丰富的学习资源和更多的互动机会。第二，要培养学生的语言实际运用能力：注重培养学生的听、说、读、写能力，使其能够在实际交流中灵活运用所学外语。通过模拟对话、角色扮演、实地考察等方式，让学生在真实场景中练习和应用语言。第三，要为学生提供多样化的学习资源，如优质教材、原版英文书籍、外语电影、音乐等，以拓宽学生的语言学习渠道和视野。同时，鼓励学生积极参与语言交流活动，如语言角、辩论赛、演讲比赛等。第四，外语教育不仅仅是语言学习，还应注重培养学生的跨文化意识和交际能力。通过教授不同国家和地区的文化背景、礼仪习俗等，帮助学生更好地理解和尊重不同的文化，提高跨文化交流能力。第五，要提供更多的实践机会，如组织学生参加国际交流项目、实习、志愿者活动等，让学生能够亲身体验和应用所学的外语，增强实际交流能力。第六，鼓励学生主动学习，培养他们的自主学习能力。教师可以引导学生制订学习计划，为其提供学习方法指导，同时鼓励学生积极参与课外学习和自主阅读。第七，要为外语教学提供良好的教学环境，包括教室设施、多媒体设备、图书馆资源等。同时，加强师资队伍建设，提高教师的外语水平和教学能力。

4.2.3 提升语言综合素养

对于学生来说，不仅要学好母语和外语，还应具备良好的语言综合素养。建立良好的语言综合素养教育体系，要做到以下几点：第一，明确语言综合素养的培养目标，包括语言表达能力、批判性思维、跨文化交际能力等方面的要求。这些目标应该与学生的年龄、学段和学科特点相适应。第二，将语言综合素养的培养融入各学科的教学中，使学生在学习不同学科的同时，也能培养语言综合素养。教师可以通过设计多样化的任务和项目，鼓励学生进行研究、讨论和合作，提高他们的语言表达和批判性思维能力。第三，强化语言技能训练。注重培养学生的听、说、读、写能力，通过多样化的练习和活动，提高学生的语言运用能力。教师可以设计听力训练、口语演讲、阅读理解和写作等活动，帮助学生全面提升语言技能。第四，培养批判性思维能力。鼓励学生思考和分析问题，培养他们的批判性思维能力。教师可以引导学生进行讨论、辩论和写作，培养他们的逻辑思维、问题解决和创新能力。第五，强化跨文化交际能力。培养学生的跨文化交际能力，使他们能够理解和尊重不同的文化，有效进行跨文化交流。教师可以通过教授不同国家和地区的文化背景、礼仪习俗等，引导学生进行跨文化对话和合作。第六，为学生提供实践机会，让他们能够在实际情境中应用所学的语言和技能。如组织学生模拟联合国，参加辩论赛、演讲比赛等活动，让他们能够锻炼语言表达和批判性思维能力。第七，建立科学有效的评估体系，对学生的语言综合素养进行评估。评估应该注重学生的语言表达能力、批判性思维和跨文化交际能力等方面，采用多种评估方法，如口头表达、写作、项目展示等。教育部门可以引入语言综合素养评估标准，通过多种方式培养学生的语言表达能力、交流能力和文化认知能力。

4.2.4 加强跨学科教育

语言与其他学科密切相关，要加强跨学科教育，可以采取以下措施：第一，整合课程内容。将不同学科的知识和概念进行整合，设计跨学科的教学内容。教师可以通过项目学习、综合性实践活动等方式，将不同学科的知识和技能有机地结合起来，帮助学生理解和应用知识。第二，鼓励学科教师之间的合作，共同设计和实施跨学科的教学活动。教师可以通过教研组、跨学科项目组等形式，进行交流和合作，共同制订教学计划和评估标准。第三，为学生提供跨学科学习的机会，如跨学科课程、跨学科项目、跨学科研究等。通过跨学科学习，学生可以更好地理解学科之间的关系，培养综合思考和解决问题的能力。第四，强化跨学科思维。培养学生的跨学科思维能力，使他们能够从多个学科的角度来分析和解决问题。教师可以引导学生进行综合性思考、跨学科研究和合作，培养他们的批判性思维和创新能力。第五，创设跨学科的学习环境：为跨学科教育创设良好的学习环境，包括教室设施、学习资源和技术支持等。教师可以利用多媒体教学、在线学习平台等工具，为学生提供丰富的学习资源和互动机会。第六，建立科学有效的跨学科评估体系，对学生的跨学科能力进行评估。评估应该注重学生的综合思考、问题解决和合作能力等方面，采用多种评估方法，如项目展示、综合性考试等。通过整合课程内容、促进学科间的合作、提供跨学科学习机会、强化跨学科思维、创设跨学科学习环境和建立评估体系，可以有效促进学生的跨学科学习和综合能力的发展。教育部门可以在不同学科之间建立交叉点，鼓励学生在学习语言的同时，探索语言与其他学科的关系，提高对语言生态的认知。

4.2.5 加强全球视野的培养

加强学生的全球视野培养，教育部门可以采取以下措施：第一，教育部门可以引入全球化教育内容。将全球化教育内容融入学校的课程，包括全球问题、国际关系、跨文化交流等方面的知识。教师可以通过案例分析、讨论、实地考察等方式，帮助学生了解和思考全球化的影响和挑战。第二，为学生提供国际化学习的机会，如参加国际交流项目、学生交流活动、国际课程等。通过与来自不同国家和地区的学生的交流和合作，学生可以拓宽视野，增强跨文化交际能力。第三，强化外语教育。外语教育是培养学生全球化视野的重要手段。教育部门可以加大外语教育的力度，提供更多的外语学习资源和机会。同时，注重培养学生的跨文化交际能力，使他们能够在全球化背景下有效地进行跨文化交流。第四，可以通过教育活动和课程设置，培养学生的全球意识和责任感。教师可以引导学生关注全球问题，如气候变化、贫困、人权等，激发他们的社会责任感和参与意识。第五，为全球视野的培养创设良好的学习环境，包括教室设施、学习资源和技术支持等。教育部门可以利用多媒体教学、在线学习平台等工具，提供丰富的全球化学习资源和互动机会。第六，教育部门可以积极建立国际合作与交流平台，与其他国家和地区的教育机构开展项目合作、教师交流和学生交流等。通过国际合作与交流，学生可以更好地了解其他国家和地区的文化、教育制度和社会发展。

语言生态的变化与全球化密切相关，教育部门应该注重培养学生的全球视野。可以通过加强国际交流、留学项目等方式，让学生接触和了解不同的语言和文化，培养他们的跨文化交际能力。总之，处理好语言生态与外语教育的关系需要学校和教育部门的共同努力。既要保护和传承本土语言和文化，又要提高外语教育的质量，培养学生的语言综合素养和全球视野。

4.3 处理好中式英语和中国英语的关系

20 世纪 90 年代，"中式英语"和"中国英语"已经成为生态语言中重要的英语变体。根据文献记载，"中国英语"的概念最早由葛传椝提出，后来李文中（1993）将"中式英语"和"中国英语"的概念加以区分和细化，汪榕培等人对其进行了更为具体和翔实的定义区分。通过长时间探索与研究，人们对"中式英语"和"中国英语"提出了不同的看法，达成了基本一致的概念。另外，英语全球化进程使得英语母语使用者的文化与语言权威受到了前所未有的挑战（武继红，2014），英语的单一性和规范性受到质疑，世界英语及多种新变体、多标准和多中心论正在成为一种趋势。目前人们对英语的认知主要分为以下三种：传统的基于母语使用者的母语思维模式（English as a native language）、基于多重化和多中心的世界英语思维模式（world Englishes），以及正在兴起的以抗拒英语母语规范，彰显基于内向中心化规范的以英语为区域变体的英语通用语思维模式

（English as a lingua franca）(Saraceni, 2008)。在生态语言学视域下，应持乐观的态度来看待中式英语的发展和消亡。"中式英语"是"中国英语"成长的前奏，是"中国英语"的尝试，不宜片面地割舍"中式英语"或者"中国英语"。如何正确地对待"中式英语"和"中国英语"，如何引导"中式英语"向"中国英语"转化，如何用"中国英语"讲好中国故事，构建具有中国特色和国际风格的话语体系，进而加强中国国际传播力，提升中国文化软实力，需要深入探讨和研究。

4.3.1 中式英语

中式英语（Chinglish）是中国人在英语习得过程中由于受中西方文化差异及思维差异，在语言习得过程中出现负迁移现象，硬套汉语规则和习惯进行英语表达，在英语交际中出现的不符合规范英语或不符合英语文化习惯的畸形英语（李文中，1993）。中式英语实质上是一种过渡性语言，它受到了中国人的汉语思维和中国式表达习惯的影响，由此造成了不符合英语思维的用词、语法、语调和表达习惯，造成了英语学习者的学习障碍。中国英语学习者习惯将汉语结构嫁接到英语语法、句型中来进行交流，例如，在日常生活中，在向别人表示不用谢时，随口会说"No, thanks"，这是受汉语思维方式影响而形成的典型中式英语，它会阻碍思想的表达和日常交流。又如"小心碰头"被逐字硬译为"Be Careful to Hit Your Head"，较好的译法应当是"Mind Your Head"；朝九晚五的工作不是"morning nine night five"而是"nine-to-five job"等。"中式英语"不仅在语法上存在问题，还可能带有汉语的思维方式和文化印记，对英语国家的人士来说往往是不可理解或不可接受的。"中式英语"对学生的英语学习也会产生较大的影响，学生习惯以中文的规则和习惯来进行语言表达，在表达中往往会出现不符合英语语法或是超出英语语法适用范畴的畸形表达方式。为了避免"中式英语"的出现，学习者应注重培养正确的英语语感和语言习惯，加强对英语语法和词汇的学习，尽量避免将汉语的语言规则和习惯应用到英语中。

在数字化时代，随着网络语言的发展，我们也意识到有相当一部分新兴的中式英语并非由于使用者受汉语思维方式影响而形成的表达方式，而是使用者在有意识地通过一种与众不同的表达方式去营造一种幽默感或是比较轻松的氛围。例如作为2013年微博十大网络流行语之一的"no zuo no die（不作死就不会死）"，被美国在线俚语词典 Urban Dictionary 收录。

例句：

A: Some dude baked cookies shaped like iPhone, held it by the mouth when driving, tried to mess with traffic cops.

有位老兄做了一些酷似 iPhone 的饼干，一边开车一边叼在嘴里，以引起交警的注意。

B: Did he pull it off?

他成功了吗？

A: Cop was pissed and ran his name through the system. Turns out he's got speed tickets unpaid!

警察被惹怒了，在系统搜寻他的名字，然后他就拿到了未付款的超速罚单。

B: No zuo no die.

不作死就不会死。

美国在线俚语词典 Urban Dictionary 收录的另一条相关中式英语：you can you up, no can no BB 你行你上啊，不行别逼逼。

If you can do it then you should go up and do it. It's used against people who criticize others' work, especially when the criticizer is not that much better. Often followed by "no can no BB," which means "if you can't do it then don't even criticize it."

如果你行，你就应该去做这件事。这句话用来讽刺那些挑剔别人工作的人，尤其是那些自己本身也做不好的人。通常这句话后会跟着"不行别逼逼"，意思是"如果你做不了，就不要挑别人的刺"。

例句：

A: "That person does not deserve the award."

"那个人不应该得奖的。"

B: "You can you up, no can no BB."

"你行你上啊！"

因此，在对待这种以恶搞为目的的英语表达方式时，我们应该以理性和包容的态度去客观地看待。"中式英语"和"中国英语"相比具有不稳定性和创造性的特点。中式英语一般出现在学习者的某一特定阶段，随着学习者英语水平的提高，中式英语的表达方式会逐渐消失，最终趋同于地道表达。除此之外，中式英语的不稳定性还体现在对同一种句子的解释或翻译上。由于使用者所处的场景不同，给出的理解也不尽相同。创造性是"中式英语"另一个典型的特点，例如在网络上常用的笑而不语（smilence = smile + silence），即表面笑，但什么都不说，什么都不告诉你，其实内心非常清楚。网民造的这个新词，后缀"-ence"可表动作，去掉"m"也可看成 silence，意为"安静、寂静"，恰如其分地表达了"笑而不语"这一含义，与其他英文单词相比，这一"中式英语"基本上符合英语造词规则。

豪根（Einar Haugen）把语言和言语社区的关系比喻为生物和自然环境的关系，生态语言学要研究的是"任何特定的语言与其环境的相互关系"。这里的环境是指"使用某一语言作为语码的社会"，将语言环境比喻为生态环境，将不同国家的语言变化比喻为不同生物的发展和成长。在这一背景下，生态语言学需要承认生态学的基本原则：一是尊重并保护生物的多样性，二是承认生物之间的相互作用，三是承认生物的整体性和统一性。刘锦芳（2020）从生态语言学的整体性、多样性、交互性和适应性等特点分析了中式英语的发展与消亡。她认为中式英语是中国英语的过渡阶段，是中国英语的尝试和前奏，并在一定程度上丰富了语言的多样性，主张以尊重的态度，客观地看待语言的变化和发展。中式英语是中国英语在形成和发展的过程中所不可避免的过渡阶段，不可避免地蕴含着中国的文化和底蕴。就目前来看，人们对于中式英语的接受程度仍然不高，中式英语只有经受住时间的考验，才能够成为中国英语。

4.3.2 中国英语

中国英语是具有中国语言特色，符合英语表达习惯的英语表达，也称 China English。中国英语最先由葛传椝先生在 20 世纪 80 年代提出，随后，中国英语成为语言学及语言教学学者和专家研究的热点。李文中（1993）认为中国英语是指以规范英语为核心，表达中国社会文化诸领域特有事物，不受母语干扰，通过音译、译借及语义再生诸手段进入英语交际，具有中国特点的词汇、句式和语篇。对中国英语持肯定态度的学者认为它是一种国别变体（贾冠杰 等，1997；王榕培，1991；李文中，1993）；而对中国英语持质疑甚至否定态度的学者则认为中国英语尚未成为一种确立了的变体（孙骊，1989；林秋云，1998；谢之君，1995；张培成，1995）。对中国英语的态度研究还包括对中国英语的可接受性和可理解性的实证研究（陈林汉，1996；高超 等，2012）。如在日常生活中，我们会对很久未见面的老朋友说"long time no see"，以此来表示很久没见的意思，再如中国首届进口博览会吉祥物"进宝"的译名，是直接使用的汉语拼音"Jinbao"。这些都是典型的中国英语，不仅给英语注入新鲜词语，而且具有中国特色。

目前，学界对中国的语言研究主要包括描写研究和应用研究。语言描写研究主要集中在语音、词汇、句法和语篇层面，大多数研究者认为中国英语在以上各个层面都具有本土化的特征。对中国英语的应用研究包括跨文化语言交际视角下的中国英语研究、翻译方法视角下的中国英语研究、英语教学视角下的中国英语研究。近年来还有学者从语言功能的角度对中国英语进行了研究（潘章仙，2002；胡晓丽，2008）。社会语言学和应用语言学视角下的中国英语研究，两者既有区别又有一定的交叉。社会语言学视角下的中国英语研究主要关注中国英语作为变体的定位及其发展过程。应用语言学视角下的中国英语研究主要关注语言教学中的中国英语，其核心问题是中国英语特色和语言失误的区分。

中国有 2 亿~3.5 亿的英语使用者，但其中真正意义上的使用者只有 7 000 万（Yang，2006），中国英语学习者中 69% 的人在日常生活中"几乎不用"英语，"经常用"和"有时用"的比例分别是 7% 和 23%（Wei et al., 2012）。这些数据充分显示出厘清使用者英语和学习者英语对清楚认识中国英语具有重要意义。毫无疑问，在中国，英语主要具有工具功能，这体现在英语主要是为了完成教育功能而非交际功能，中国的英语学习者数量远远大于英语使用者数量，中国英语在国内更多的是一种学习者语言，当然学习者和使用者、学习者语言和使用者语言并没有绝对的界限。世界语言和英语通用语研究者认为全球语境下非英语母语使用者远远多于英语母语使用者，英语教学应以可理解性而不是正确性为目标（McKay，2002），在理论上这毋庸置疑，但是如果在中国英语的研究中对学习者和使用者不加以区分，就容易使问题简单化。当从学习者学习语言的角度研究中国英语时，应更多关注学习者作为不同个体在语言发展中呈现出的失误，仍有必要强调英美英语的规范作用，强调英语的准确性。对学习者而言，英美英语是标准英语。而从使用者角度研究中国英语时，其语言往往具有持久性失误的特征，其高频性、广泛性使之更加趋向中国英语的一端。因此，应更加关注使用者作为群体在语言使用过程中表现出的差异，即本土化特征，强调语言的可理解性和交际有效性更具有意义。

4.3.3 正确处理二者的关系

相比中式英语（Chinglish），中国英语（China English）则是具有中国表达特色的规范英语或者被认为是"全球通用语的中国变体"，比如将"不折腾"译作 No Z-Turn，言简意赅，音意兼备。中国英语与中式英语之间既有联系又有本质的区别。二者的联系在于都表达中国特有的事物，具有中国特点。区别在于中国英语符合英语表达习惯，属于规范英语的范畴，其构成和使用范围远比中式英语丰富和广泛，主要是一些具有中国特色的表达，对讲好中国故事具有重要作用。

中式英语主要是受到母语影响，在表达时发生的语言负迁移现象，是一种畸形语言现象，与规范英语的习惯用法不相符，不容易被英语国家语言使用者所接受，不利于语言交际和文化传播。造成中式英语的原因既有英汉两种语言的差异性，也有中西民族的思维方式、风俗习惯和价值观等方面的差异。中式英语不仅会造成对外交流的障碍或失败，还会影响对外交流与文化传播。

学界对中式英语的研究起源于学习者在学习过程中产生的语言错误。中式英语，因其半英半汉、不英不汉，被琼·平卡姆（2000）称为"具有汉语特色的英语"。这样的英语每天都在我们中间出现，见于街头的广告词，见于我们的英文网站，见于政府报告的英译文本。中式英语违背了"标准英语"的语言规则和使用习惯。目前，学界对于"中式英语"的态度可以归纳为完全否定、中立（矛盾）和相对肯定三种态度。这与斯蒂比（Stibbe，2015）的生态话语类型（破坏性话语、中性话语和有益性话语）的分类方式不谋而合。持完全否定态度的学者认为中式英语是一种错误的表达方式，是对现有话语体系的一种破坏，不应该出现在现有的语言表达中，没有存在的必要，更不能过分提高"中式英语"的幽默感，以至于使其演变成为一种虚假的民族自豪感（刘锦芳，2020）。多样性是生态语言学的基本属性。语言的多样性和生物的多样性之间存在一定的相似性。生物的多样性构成了不同的食物链，在丰富生态系统的同时，也促进了生物的进化。持中立（矛盾）态度的学者认为中式英语是一种语言变体的表现形式，是中国英语成长的前奏，这在一定程度上可以丰富英语语言的多样性。持相对肯定态度的学者认为中式英语是一种普遍现象，根据语言场景和说话人的不同而不断变化，忽视其存在是无效的。他们认为应该对中式英语保持乐观的态度，随着使用中式英语人士的英语水平不断提高，中式英语也会逐渐消失。因此，从生态语言学的视角来看，应该对中式英语持积极的态度，只需在教学和学习中加以合理地引导和纠正。

第四章 数字化时代的外语生态构建

李宇明（2016）指出我们要避免中式英语，但要积极参与对已经具有全球通用语态势的英语的改良，发展中国英语，让英语对我友善，助我所用。这需要对每一条译文都精细挑选、科学确定，需要对汉语拼音的使用加强研究，需要妥善协调关于中国地名、人名等专有名词的译写争议。如中国白酒，其消费量约占世界蒸馏酒的三分之一。但多年来，中国白酒缺乏一个官方的准确的英文名称，如 Chinese spirits（中国白酒），Chinese distilled spirits（中国蒸馏酒），Chinese liquor（中国烈酒）等都被称为"中国白酒"。从 2019 年开始，国家对中国白酒系列《白酒工业术语》（*Terminology of Baijiu Industry*）的国家标准及英文名称进行了修订。白酒，英文名字：Baijiu。同时在国际期刊、会议和文献上，经学术界的努力和宣传，白酒（Chinese Baijiu）逐渐被国内外行业专家及消费者所认知。中国酒业协会与海关总署税收征管局（京津）经过多次沟通后，于 2020 年 4 月 25 日正式向海关总署提出申请，将海关商品名录中中国白酒的英文名称由原来的"Chinese distilled spirits"更改为"Chinese Baijiu"，新的《中华人民共和国进出口税则》已于 2021 年 1 月 1 日起正式执行。从此，"作为世界六大蒸馏酒龙头"的中国白酒有了规范的英文名称。此次更改对于准确描述中国白酒这一民族产品，规范白酒出口名称，扩大中国白酒的国际影响力都具有积极的作用。相信随着时间的推移，"Chinese Baijiu"的知名度将越来越高。这一点，我们从徐州一家酒店的白酒价格清单的英文翻译中得到了进一步印证（如图 4–3 所示），但此价格清单错将"系列"译为了"SEPIES"，正确的拼写为"Series"。

图 4–3 白酒系列价格单（拍摄于江苏某酒店）

除了白酒，对于其他酒水，《规范》给出了规范的译写标准：米酒 Rice Wine，黄酒 Yellow Rice Wine 或 Shaoxing Wine，洋酒 Imported Wines and Liquors，红葡萄酒 Red Wine，白葡萄酒 White Wine，啤酒 Beer，果酒 Fruit Wine，开胃酒 Aperitifs，饮料 Beverages 或 Drinks，碳酸饮料 Carbonate Beverages 或 Sodas，罐装饮料 Canned Drinks，鲜榨果汁 Fresh Juice，不含酒精类饮料 Non-Alcoholic Beverages，茶 Tea，咖啡 Coffee。另外，中国特有的食品的名称，如饺子、包子、粽子、馒头、火烧、煎饼、肉夹馍、油条等，可以用汉语拼音拼写。Lamian Noodles 和 Daoxiao Noodles 中的 Noodles 可以起到补充说明的作用，便于外国人理解。以上食物名称以汉语拼音拼写的方式编入《规范》，属于"中国英语"。这类词语除了"豆腐"，还有"围棋"等。

尽管少数 Chinglish 会被吸收到规范英语中去，但这属于个别现象。如"Long time no see"（好久不见），"Add oil"（加油），原本属于中式英语，但后来被收录进英语词典，广为使用。同时还应看到，随着中国对外交流的日益深入，不少外宣材料和外译作品中仍存在诸多语用失误，影响了对外宣传的效果及中国的大国形象。因此，处理好中式英语和中国英语的关系，发展好中国英语，处理好服务信息翻译和文化信息翻译之间的关系，让英语对"我"友善，助"我"所用，无论是对树立外语生态意识还是提升我国的国家语言能力都具有重要的意义。

4.3.4 提升中国英语的国际传播力

中国英语作为中国文化传播的重要载体，其本身也是中国文化的一部分，对我国国际传播力的建设有着重要的影响以及极大的推动作用。

第一，通过使用中国英语，我们可以更好地与国际社会进行交流和对话，让世界更好地了解和理解中国。同时，中国英语也可以作为一种文化软实力的展示，展示中国的创新能力和文化魅力。在中国国际传播力的建设中，我们应该注重发展和推广中国英语，提高其在国际交流中的地位和影响力。这需要我们加强对中国英语的教育和培训，提高人们的英语水平和跨文化交际能力。同时，我们还需要鼓励和支持中国英语的创新和发展，让其更好地适应国际传播的需求。在一些汉语还未普及的地区和国家，使用中国英语讲好中国故事可以吸引更多人了解中国的历史和文化，增加对中国的兴趣和认同，进而提高学习汉语的积极性。为了有效地推广中国英语，我们可以探索更有针对性、有效和成熟的运作方式。利用各种社交平台和媒体来扩大中国英语的传播范围和影响力是一个重要途径。通过在社交媒体上发布有关中国的内容，包括中国历史、文化、风俗习惯等，吸引更多人关注和了解中国。同时，可以与外国媒体合作，通过报道和专题节目等形式，向全球传播中国的故事和价值观。此外，还可以通过举办汉语角和文化交流活动等方式，提供更多让外国人接触和学习中国英语的机会。正确地运用中国英语，讲好中国故事，扩大中国的国际传播力，可以让更多的人了解和热爱中国的历史与文化。

第二，为了加强国际传播力，我们需要构建具有中国特色的话语体系。在现阶段，西方主流媒体仍然掌握着国际话语权，我们需要努力缩小与其之间的差距，需要逐步用中国英语构建起具有中国特色的话语体系。构建具有中国特色的话语体系意味着用英语体现出中国的历史文化和价值观，并将其传播到世界范围。中国拥有的悠久历史和丰富多彩的传统文化是构建中国特色话语体系的基础。英语是全球交流的工具，而中国英语作为表达中国特色文化和思想的工具，承担着向世界传播中国特色历史文化的任务。中国特色的历史文化和思想体系在英语词汇中往往找不到对应的表达方式，需要我们不断发展中国英语，让这些历史文化和思想体系得到世界的认识，这对于塑造具有中国特色的话语体系至关重要。为了实现这一目标，我们可以通过加强对中国英语的教育和培训，提高人们对中国特色历史文化的理解和表达能力。同时，我们还可以鼓励和支持中国英语的创新和发展，让其更好地适应国际传播的需求。

第三，为了让世界了解中国，我们需要用中国英语构建具有国际风格的话语体系。在加强国际传播力的建设过程中，我们需要了解其他国家和民族在历史和文化背景方面的差异，以便使用恰当的交流方式，让外国人倾听和理解中国。为了在跨文化交流中产生共鸣，我们应该注重中外一体化，以中国英语为基础构建具有国际风格的话语体系。在跨文化交流中，我们需要充分考虑受众群体在文化背景和宗教信仰等方面的差异，找到共同的话语，唤起情感共鸣。中国英语作为符合规范的标准英语，可以清晰地表达自己的思想，并恰当地运用跨文化交际技巧，以对方易于理解的方式进行描述，实现交流目的。通过这样的努力，我们可以逐步构建具有国际风格的话语体系。在传播中国观点时，我们需要考虑到每个民族都有自己独特的思维方式。因此，我们需要用外国人听得懂的话语体系来传播和阐释中国观点。讲述中国故事不仅仅是终极目标，更重要的是通过讲故事传递中国的理念和价值观。

　　第四，国际传播能力及效果的提升，离不开媒体的助力，也离不开翻译及语言服务的助力。首先，媒体是世界各国传递信息、相互了解的重要渠道，是对外文化交流的重要载体。数字化时代网上视听产品的兴起，进一步扩大了广电类产品的内涵与外延，同时多种媒体形式融合发展方兴未艾，人民日报社、新华社和中央广播电视总台作为国家级传播机构，发挥着独特的重要作用。2022年10月党的二十大召开，中央媒体围绕二十大精神的海外传播开展了多项工作，其中中央广播电视总台对党的二十大进行的报道，首次实现覆盖全球233个国家和地区，以68种语言开展全球传播，打破了以往的纪录。另外，国际传播能力的提升还离不开多元翻译及语言服务提供方的助力。随着我国国际贸易与外交事业的不断发展，国际化工程翻译项目的业务量激增，主场外交活动的举办与规模越来越大，各个领域都需要大量及专业高质量的翻译及语言服务。2022年以来，翻译及语言服务提供者日益多元，来自政府、企业、高校等机关单位的翻译从业者，通过提供优质的翻译及语言服务，助力我国国际传播。2022年2月，北京冬奥会赛事语言服务启动期间，北京外国语大学主导的"多语言呼叫中心"，24小时不间断值守，共接到500多通来电，及时协助处理众多涉奥事项，提供的语言服务时长和语种数量均为历届冬奥会之最。2022年3月，商务部、中央宣传部、教育部、自然资源部、人力资源和社会保障部、知识产权局、中国外文局等七部门联合公布了国际传播科技文化园等首批14家语言服务领域特色服务出口基地。2022年4月，由29家高校、企业、协会、组织等联合发起的国家应急语言服务团在京成立，服务团主要针对各类突发公共事件应急处置及国家其他领域重要工作中期许克服的语言障碍，提供国家通用语言文字、少数民族语言文字、汉语方言、手语、盲文、外国语言文字等方面的语言服务。2022年12月，国家语言资源服务平台正式上线，平台汇聚了近50家单位提供的近百项语言资源，并聚焦社会需要和实际应用建设等近20项语言服务。

　　中国国际传播力的建设对于提高中国的文化软实力和国际影响力至关重要。在新时代背景下，世界文化呈现出多样化的特点，国家间的竞争已经不仅仅体现在政治和军事实力上，更多地体现在文化软实力上。因此，我们需要从国家文化的安全和利益出发，以提升国家文化软实力为目标，发展中国英语，进一步增强与国际的文化传播和交流。为了实现这一目标，我们需要加强我国媒体的国际传播能力的建设。通过提升媒体的专业水平和国际视野，我们可以更好地传播中国的文化和价值观，让世界更好地了解和理解中国。同时，我们还需要构建具有中国特色和国际风格的话语体系，以更好地与国际社会进行对话和交流。在构建具有中国特色和国际风格的话语体系时，我们需要注重平衡。既要保持中国文化的独特性和传统特色，又要适应国际社会的需求和接受程度（甘伶俐，2023）。

4.4 处理好外语数智化产品与语言生态的关系

网络和人工智能催生了新的语言产业，带动了线上、线下语言产业的发展，开拓了一条语言研究和语言应用的新路，人机共生的新型人机关系成为教育领域未来的趋势。新的语言业态包括在线外语教育、在线翻译、在线语言资源、在线语言处理、网络副语言产业、其他语言产业的线上版（如在线出版、在线命名）等。凡是对语言商品进行生产、运输、储存、销售、展示的产业都应该是语言产业。语言产业由哪些业态构成，还是一个需要研究、界定的课题。贺宏志、陈鹏（2013）研究了欧洲、美国语言产业的一些情况，根据我国语言发展的实际，提出了语言产业的9大业态：语言培训业、语言出版业、语言翻译业、语言文字信息处理业、语言艺术业、语言康复业、语言会展业、语言创意业、语言能力测评业。李宇明（2020）将语言的产品概括为7种形态：语言、文字及相关符号，语言知识产品，语言文字艺术产品，语言技术产品，语言医疗康复产品，语言咨询培训服务，语言人才。语言产业由多个业态构成，包括但不限于语言培训业、语言出版业、语言翻译业、语言文字信息处理业、语言艺术业、语言康复业、语言会展业、语言创意业、语文能力测评业等。此外，语言产业的产品形态也多样，包括语言、文字及相关符号、语言知识产品、语言文字艺术产品、语言技术产品、语言医疗康复产品、语言咨询培训服务以及语言人才等。语言人才对语言产业有特殊作用，是语言人才市场的主角，他们从事的职业可以被称为"语言职业"。语言产品具有融合性的特点。不同形态的语言产品常常会相互融合使用，例如语言艺术产品与语言技术产品的结合，或者语言医疗康复产品与语言技术产品、语言艺术产品的结合等。此外，语言产品也常常与教育、文化、科技、医疗等领域进行交互，相互影响。这有点像中成药的形态，中成药多数都是复方的。正是这种"融合性"，人们才往往意识不到语言产品的存在，把语言产品归为其他产品。数字化时代，语言产业的快速发展进一步改变和丰富着人们的外语生态，语言产品的融合性也使得语言产品的界定和认知变得更加复杂，需要进一步研究和探讨。

4.4.1 网络对语言生态的影响

20世纪60年代，计算机网络开始出现，到90年代形成商业化的互联网。商业互联网发展迅猛，时时出人意料，由特殊用途迅速进入日常生活，由2G发展到5G，将整个人类都带入计算机网络时代。网络是信息技术的产物。网络上运行的信息绝大多数是语言信息，由此更可以说，网络其实是语言网络，网络构造及网络信息运行的技术，许多都可以看作是"语言技术"。人类语言技术的发展经历了文字、印刷术、有声媒体、互联网四个高峰，而今正在攀登语言智能的新高峰。网络是语言技术发展的第四座高峰，极大地增强了语言的功能，极大地改变着语言的生态（李宇明，2020）。

第一，网络及外语产品的蓬勃发展正以一种前所未有的速度改变和影响着人们习得外语的方式。2002年，马静曾对学习类电子产品辅助大学生英语学习状况进行了调查，当时的电子产品主要涉及多波段收音机、录音机、复读机、电子词典、电脑。伴随着电脑价格的不断平民化、上网费用的降低及互联网的快速发展，更多的学生有机会上网学习或使用英文与国外笔友进行电子邮件往来等。在线学习可以为学生提供更直观的学习场景，使学生有机会接触到更真实的语言素材。使用网络及电子产品学习外语就像出行有了车轮，眼睛戴上了望远镜一样，使外语学习的内容和学习方式不断得到拓展和更新。2008年，孙迎春、孟世敏指出多媒体技术的发展为学习者带来了福音，多媒体集图像、声音、动画、操作、智能为一体，可以很好地模拟英语语言环境，尤其是对于听力训练能够起到事半功倍的效果。开发基于网络多媒体技术和认知进化论的在线外语类产品成为当时的首要任务。我国在线教育市场于2010年开始起步，2012年受到社会各方的关注，2013年成为在线教育的元年，从2015年开始人工智能技术被广泛运用到在线教育，至此在线教育进入成熟阶段。同时，智能手机、平板电脑等移动智能学习设备为外语数字化产品的推广提供了有力的保障。2020年新冠肺炎疫情后，全球范围内各教育阶段基本都开启了线上教育，利用数字化媒体进行教育教学的模式已成为一种不可逆转的教育趋势。尤其在当前全球进入后疫情时代的背景下，教育更需要与信息技术深度融合，使教育在技术的加持下更加个性化。随着科技的不断发展,数字化媒体在教育领域的应用也越来越广泛。线上教育不仅可以提供更加灵活的学习方式,还可以打破地域限制,让学生可以随时随地进行学习。同时,数字化媒体还可以提供更加丰富多样的教学资源,使学生能够更加全面地获取知识。

第二,伴随着信息技术的不断赋能,在线外语教育成为一种重要的教学形态。中国大学慕课、中国高校外语慕课平台、学堂在线等慕课学习平台汇聚了国内外高校的优质在线课程,包括获得认定的国家精品在线开放课程;每一个有意愿提升自己的人都可以免费获得优质的高等教育。新东方、学而思等一批教育机构陆续建立了自己的网络教育平台,网易公开课、新浪公开课等网络教育网站也推出了诸多名师的教学资源,学习者在云端可以自由选择,随时随地通过移动智能终端观看授课视频或与授课教师进行在线交流。在线翻译、百度知道、新浪爱问、知乎等网络平台,拓宽了在线学习的渠道。在线语言资源不仅调动了学习者的学习主动性,而且提高了学习者的兴趣和效率,培养了他们自主学习的能力和终身学习的习惯,成为课堂学习的有益补充。线上教育的发展也带来了一些挑战和问题。首先,线上教育需要学生具备一定的自律能力和学习能力,否则容易出现学习效果不佳的情况。其次,线上教育也存在着信息安全和隐私保护的问题,需要采取相应的措施来保护学生的个人信息。此外,线上教育还需要解决师生之间的互动问题,以及如何评估学生的学习情况等。

过去,各类外语培训及学术交流会议通常以线下的方式进行,2020年新冠疫情的暴发加速改变了这一状态,几乎所有的大型会议和培训都从线下转到了线上。在线培训和云端会议成为一种新常态。2021年开始新冠疫情得到了有效的控制,但新冠疫情对教育产生的影响将持续存在,大多数会议和培训都采取了线下和线上相结合的方式举行。以外语教学与研究出版社和上海外语教育出版社为例,两大出版社每年都会举办外语教育改革与发展论坛。此类会议在过去主要由院长和系主任参加,而现在采用线下和云端同步直播的方式举行,极大地扩大了受众面。如2021年3月20—21日举行的第五届全国高等学校外语教育改革与发展高端论坛,在线观看人数最高突破13万。2021年外研社暑期全国高校英语教学发展与创新研修班,共11期,线下4 000余名教师,线上累计近17万人次参加,数十万名外语教师与高等外语教育专家通过线下和云端两种方式,共话新挑战和新机遇下的育人之法,共研新内涵与新要求下的育才之道,共探新阶段与新理念下的育己之路。再比如2023年8月2日至3日，由教育部高等学校外国语言文学类专业教学指导委员会、北京外国语大学主办，外语教学与研究出版社承办的"全国高等学校'理解当代中国'系列教材任课教师培训"吸引了各语种任课教师共计4万余人线上线下参会。在培训中，"理解当代中国"系列教材编写团队和优秀一线教师分别探讨了各语种课程建设路径，并通过教学展示、点评交流等形式，提供了针对不同语种、不同课型、不同学情的教学方案。深入的培训和研讨，使广大参会的外语教师进一步提升了理论素养，更新了教育理念，交流了教学方法。希望外语教师能够将培训所得应用于教育教学中，以高度的自觉、积极的态度、饱满的热情投身"三进"教学，进一步推动新时代高校外语教育改革的创新发展。这将为培养更多有家国情怀、有全球视野、有专业本领的高素质外语人才，以及全面推进中华民族伟大复兴做出新的更大贡献。

如果一家出版社就能联系到10万名英语教师，那几个出版社就能让全国的外语老师互通资源了。这不仅在改变外语院系领导的格局，也在影响和改变着一线外语教师的教育观念，将进一步增强办学思想自觉和行动自觉。

江苏历来重视数字经济发展，"十四五"期间，数字江苏建设工作将围绕数字强省建设的总目标，在夯实数字基础设施、建设数字政府、构建数字社会、发展数字经济、培育数字生态方面持续发力，推进大数据创新成果与公共服务深度融合。数字化教育的迅速发展给传统教育带来了冲击，但目前数字化教育更多的是作为传统教育的有益补充而存在，当然其迅猛的发展势头也不容忽视。我们否认数字化教育会导致传统教育"消失"，但它的长处值得认可。2020年9月23日，马云在参加联合国大会时向与会者发出教育改革呼吁："我们必须为了数字化时代改变教育。过去的教育模式是为了支持工业化。进入数字时代，今天我们也有责任为未来改变我们的教育。如果我们在教育下一代方面没有变化的话，他们就无法和机器竞争。让我们的下一代更有想象力和创造力，更有未来观、全球观和全局观，去适应新的数字时代。"信息化可以看作是人类的第二次进化，信息技术对教育的促变作用远小于其他领域。在教育以外的服务领域，信息技术带来的便利性产生了直接价值，而便利性并非教育的核心价值。杜威指出，教育不是告知与被告知的事，而是一个主动性、建构性的过程。信息技术促进教育变革具有"慢性"的特征，需要有问题驱动和理念引领，同时需要有技术力量和思想的力量。祝智庭（2020）认为智慧教育是通过人机协同作用，优化教学过程，促进学习者美好发展的未来教育范式。很多家长问，为什么同一个老师教出的学生成绩差别那么大，在网上流传着一个形象的比喻：老师以 4G 的速度讲课，"学神"以 WiFi 的速度听，"学霸"以 3G 的速度记，剩下有的学生以 2G 的速度瞅，有的学生听着听着掉线了，有的学生压根就没有开启数据连接，有几个学生一直处于飞行模式，还有的学生一上课就自动关机了。这其中不乏学生自身的原因，但同时也有另外一个原因值得深思，我们的外语教学未能跟上数字化时代发展的步伐，课堂教学仍以传统的讲授为主，统一的教学目标，统一的教学内容，统一的教学进度，统一的教学方式，统一的考核和评价方式，教师遵循着标准化的教学模式，学生的差异化学习需求难以得到满足。数字化时代的教育，改变了教与学的方式，教学产品应切合外语生活的新业态、新需要，为学习者提供个性化及多样化的学习解决方案，满足不同学习者差异化的学习需求，进一步提升学习者的学习体验及学习效果。如给学生反馈个性化的学习报告，使学生动态了解自己的学习状态，及时调整学习内容，改进学习方法，提升学习效果，提高自主学习能力；教师通过智慧教学平台设定学习模式、闯关条件、学习进程等，引导学生进行自主学习，并通过实时监控学习过程，获取多维学习数据、调整教学内容、优化教学设计，使延续了 2 000 多年的"因材施教"教育理念再次得到回归。线上教育的发展是不可逆转的趋势，它为教育带来了更多的机遇和挑战。教育需要与信息技术深度融合，利用数字化媒体提供更加个性化和灵活的学习方式，以适应后疫情时代的教育需求。同时，我们也需要认识到线上教育所面临的问题，并采取相应的措施来解决。

4.4.2　语言智能对语言生态的影响

语言智能是人工智能的重要组成部分，指的是机器具有人类语言能力。语言技术的每次进展，都对语言生态产生巨大影响。首先，语言技术的进步使得语言能够不断发展壮大，建立并传播语言规范，建立起强大的语言声望并拥有更多的使用者。其次，语言技术的竞争优势使得一些语言变得更加强大，而其他语言则可能面临濒危的局面。网络和语言智能为濒危语言的保护提供了便利条件，但是大部分语言可能会退出流通领域，只在文化领域发挥作用。随着语言学习和语言技术的重要性不断提升，一批新型的语言产业、语言职业快速发展起来，成为数字经济的一方支柱。语言帮助人类在虚实两个空间中生活，并开始通过具有语言智能的机器与万物关联。人类的语言习惯会发生重大变化，多言多语会成为常态，语言学习和语言技术的重要性会不断提升，相关的语言产业和职业也会得到快速发展。语言智能是目前语言技术发展的最前沿，是人类语言技术发展的第五座高峰，对语言生态的影响将更加显著（李宇明，2020）。

外语数智产品作为语言产业的重要组成部分，能够为学习者带来更佳的学习体验，帮助学习者提升学习效率。各种外语学习类 APP（主要以英语类为主）大都具有数智化和多模态的特征。从教育部公布的教育 APP 备案名单来看，教育移动应用软件主要覆盖课堂教学、课后练习、网校直播等多种类型。

为了丰富词典类数字化产品，各大出版社与信息科技有限公司合作开发词典 APP。例如，外研社与国内在线词典开创者的上海词海信息技术有限公司达成合作，合作开发了《外研社现代英汉汉英词典》手机词典、《外研社现代韩中中韩词典》手机词典，弥补了传统出版社的技术短板问题。为了满足移动互联网时代的用户需要，商务印书馆开发了《牛津高阶英汉双解词典》（第 9 版）APP。《牛津高阶英语词典》于 1948 年出版以来，成为世所公认的权威英语学习词典，并于 2018 年迭代至第 9 版。《牛津高阶英汉双解词典》（第 9 版）APP 收录 185 000 余条单词、短语和释义，将纸质内容按知识点进行整合，便于阅读和学习。与纸质版词典相比，除了便携、查词效率高之外，这款 APP 最大的优势在于，它不仅支持单词的英、美发音，而且就连例句也支持真人英美两种发音，能够有效地满足学习者的多模态学习需求，助力学习者练就地道口语。APP 内特别设计了多个学习模块，强调了词典的学习价值，让学习者不查单词也能学英语。

人工智能技术的快速发展与广泛应用，特别是以 ChatGPT 为代表的强人工智能技术，为外语教育带来了巨大的机遇和挑战，人机共生的新型人机关系成为教育领域未来的趋势。首先，我们应该抓住人工智能给外语教育带来的巨大机遇。人工智能技术可以提供个性化的学习支持和智能化的评估，帮助学生更高效地学习外语。同时，人工智能还可以提供丰富的语言资源和学习工具，拓宽学生的学习渠道和方式。其次，我们应该充分应用人工智能技术为外语教育的高水平发展赋能。未来，掌握外语教育话语权的机构和教师一定会熟练应用人工智能技术。我们应该充分利用语言资源，建设适用于外语自学和课堂教学的智能产品，提升产品的适用性和学生的自主性。同时，我们还应该加强外语教育界与人工智能学界的交流，实现对外语教育需求的快速反应。再次，我们应该规范人工智能技术在外语教育中的使用行为。虽然人工智能技术可以极大地便利教学和学习，但教师仍然应该扮演教学组织者和课堂引导者的角色，学生也不能过分依赖人工智能技术。最后，人工智能技术的知识产权也需要得到充分保护，侵权使用智能技术应被视为违规行为。人工智能时代，人机共生是教育领域的应然选择（张学军 等，2020），针对人工智能给外语教学带来的挑战，教师要创新教学实践，学生要改变语言学习的范式，创新学习方法，塑造全新的学习习惯，全面提升学习效率和质量，从而带动整个教育行业的变革（秦颖，2023）。

数字化时代，数智化外语产品不仅表现在数智化学习产品、应用软件、学习平台、电子教材（智慧教材）等的研发与供给上，而且表现在虚拟语言生活领域所产生的新词新语，以及新词新语的多语翻译需求等方面。语言产业是语言服务的主要提供者，面对数字化时代人工智能技术的不断发展与赋能，深入开展外语数智产品需求调查，加强外语产业研究，加大政府扶持和引导力度，强化知识产权保护，使外语数智产品为外语学习者、外语使用者或外语研究者带来更加优质的服务和体验。可以预见，未来能够掌握教育话语权的机构一定是在教育全过程中充分应用人工智能技术的机构，未来有竞争力的外语教师也会是人工智能技术的熟练应用者。政府、教育部门和教师也需要审时度势，充分了解各种产品，研究其在教学中的适用性，不断提高自己的应用能力。

人工智能的发展给外语教育带来了机遇和挑战。虽然目前从人机共生关系的技术落地和实际的贡献度来看，大多研究仍处在初级阶段（Mahmud et al.，2022），还没有完全达到人机共生的条件，但人工智能技术在外语教育中的应用仍然具有巨大的潜力。例如，语音识别和自然语言处理技术可以用于语音交互式学习和智能辅助教学，为学生提供个性化的学习体验。在未来，人工智能会具备更强大的能力，人类需要学会与机器共存和合作。最佳的人类与人工智能的共生境界是相互智养、智补和智慧共享，实现自然的合作和共生。同时，我们也需要注意防范智能机器可能带来的系统性风险，确保人工智能技术的应用符合伦理和法律规定。

4.5 建构生态话语体系

2012年11月，党的十八大把生态文明建设纳入中国特色社会主义事业总体布局，做出"大力推进生态文明建设"战略决策，提出"人类命运共同体"概念；2017年10月，党的十九大报告指出"人与自然是生命共同体"；2021年4月，习近平主席出席领导人气候峰会，呼吁国际社会"共同建构人与自然生命共同体"。2022年10月，党的二十大报告指出中国式现代化的本质包含"促进人与自然和谐共生，推动构建人类命运共同体，创造人类文明新形态"。2023年6月28日，十四届全国人大常委会第三次会议通过决定，将8月15日设立为全国生态日。全国生态日的确立有利于提高全社会生态文明意识，增强全民生态环境保护的思想自觉和行动自觉，推动形成人人、事事、时时、处处崇尚生态文明的良好社会氛围。

生态文明建设实践需要生态话语的引领。一方面，国内大众对美好环境的愿望与薄弱的环境意识形成鲜明的对比，相关主题自说自话、对话脱节现象严重（吉志强，2021）。现有的生态话语体系已经不能满足人们对于环境保护的诉求。另一方面，在国际上，西方话语体系仍然占据主导地位。为了将我国的生态文明建设成果和方案推向世界，需要在国际社会中发出更强有力的声音。建构生态话语体系是生态文明建设的需要，也是学界责任担当的体现（何伟 等，2023）。在国内，生态话语体系需要与人们的实际需求相契合；在国际上，需要建构一个具有国际影响力的生态话语体系。在学界的努力下，生态话语体系的研究正在逐渐展开，但从现有文献来看，学界对话语体系内涵和外延的理解有较大差别（张华丽，2018）。因此，有必要从生态语言学的视角出发，对生态话语体系进行研究和建构。何伟和程铭（2023）认为话语体系是指某一领域的话语主题运用系统的意义表达符号，话语体系应该具有完整的结构和完备的内容，包括理论知识体系和价值观体系，生态话语体系的基本框架主要由话语原则、话语主体、话语内容和话语方式四个要素构成。

4.5.1 生态话语原则

生态话语原则是指在生态话语体系中，人们在交流和表达中遵循的基本原则和规范。它是人们言语行为的参照标准，也是判断话语生态特征和取向的依据。根据生态学的基本原理，生态系统既涉及人与自然的关系，也涉及人与社会的关系，其良性发展的目标和保障应该是可持续发展和和谐共生。在我国的新时代生态文明建设中，生态话语原则体现了创新、协调、绿色、开放和共享的新发展理念。从自然生态系统的维度来看，我国坚持人与自然生命共同体的理念。从社会生态系统的维度来看，我国在追求本国利益的同时，兼顾他国合理关切，在谋求本国发展的同时促进各国共同发展，增进世界人民的整体利益和长远利益，构建人类命运共同体。这两个共同体理念传承了中华优秀传统文化中的生态智慧，以及"天下主义""和合主义"等思想精髓（何伟 等，2020）。在生态语言学领域，何伟和魏榕（2018）提出了"多元和谐，交互共生"的生态哲学观，这一观点融合了生态学原理、中国优秀传统文化，符合马克思主义生态观、当代中国外交原则以及新时代生态文明思想。

4.5.2　生态话语主体

生态话语主体是指在生态话语体系中，参与话语交流和表达的主体，即发出和接收生态话语的个体或群体。生态话语主体可以包括个人、社会组织、学界、政府机构等各种参与者。他们通过言语行为来表达对生态环境、可持续发展等相关议题的认知、态度和观点。生态话语主体在生态话语体系中扮演着重要的角色。他们通过话语的表达和交流，传递和分享关于生态环境保护、生态文明建设等方面的信息和价值观念。他们的言语行为可以影响和引导其他人的环境意识和行为习惯，推动生态文明建设的实践。生态话语主体的多样性和多元性是生态话语体系的重要特点。不同的个体和群体在生态话语中可能有不同的立场、观点和利益诉求。他们的参与和互动，可以促进生态话语的多元性和包容性，推动生态话语体系的发展和进步。生态话语主体的参与和作用对于建构和发展生态话语体系具有重要意义。何伟等（2023）对此展开了进一步的研究和探讨，认为生态话语主体主要指生态话语原则、内容和方式的主导者、实践者及接受者。三者在生态话语体系建构和发展过程中相互依存、相互作用，形成双向沟通链条，具有主动性和受动性、多样性和层次性等特征，同时受到多种因素的影响，在一定条件下能够实现相互转化。

4.5.3　生态话语内容

生态话语内容是指在生态话语体系中，人们在交流和表达中所涉及的具体内容和信息。它包括对于生态环境、可持续发展、生态文明等相关议题的认知、理解和观点。首先，生态话语内容包括对环境问题的认识和关注，如气候变化、生物多样性丧失、水资源污染等。人们可以通过话语表达对环境问题的关切和呼吁，提出环境保护的理念和行动。其次，生态话语内容涉及对可持续发展的思考和探讨。人们可以通过话语表达对经济、社会和环境的协调发展的追求，探讨如何实现经济增长与资源利用的平衡，以及如何满足当前需求而不损害未来世代的权益。然后，生态话语内容包括对生态文明建设的理解和推动。人们可以通过话语表达对生态文明的认同和支持，探讨如何在社会发展中实现人与自然的和谐共生，促进生态环境的恢复和保护。最后，生态话语内容涉及环境教育和意识提升的内容。人们可以通过话语传递环境知识，引导环境意识的培养，提倡环保行为和可持续生活方式。生态话语内容的多样性和丰富性反映了人们对于生态环境和可持续发展的关注和思考。通过对生态话语内容的交流和分享，人们可以增进对生态问题的认识，促进环境保护和可持续发展的实践。当下，人类命运共同体是人们在共同条件下结成的最具同心力的集体，其内蕴的新型交往观应用于人际关系上，要求建立平等相待、互商互谅的伙伴关系，以促进"个人间的和谐互助、共生共利共荣"（李爱敏，2016）。

4.5.4 生态话语方式

生态话语方式是指在生态话语体系中，人们表达和交流生态话语的方式和形式。它涵盖了人们使用的语言、符号、图像等多种表达方式。恰当的话语方式可以准确表达话语内容，将话语精准而有效地推送至目标受众，并有望得到其回应与反馈。口头语言是最常见和直接的生态话语方式。人们通过口头语言，如口头表达、演讲、讨论等，来传递和交流关于生态环境、可持续发展等方面的信息和观点。书面语言是通过书面形式进行生态话语交流的方式。人们可以通过书面语言，如文章、报告、书籍等，来表达对生态环境和可持续发展的思考和观点。图像和符号是一种非语言的生态话语方式。人们可以通过图像、符号、图表等形式，来传递和表达关于生态环境和可持续发展的信息和观点，如环境保护标志、可持续发展的图表等。社交媒体和网络成为数字化时代生态话语的重要平台。人们可以通过社交媒体平台，如微博、微信、QQ、脸书以及网络论坛、博客等，来分享和交流关于生态环境和可持续发展的信息和观点。生态话语方式的多样性和多元性反映了人们在生态话语中的创新和适应能力。根据生态话语主体的类别，何伟等（2023）将生态话语方式分为组织方式、实践方式和接受方式。通过不同的话语方式，人们可以更好地传递和分享关于生态环境和可持续发展的信息和价值观念，推动生态文明建设的实践。不同的话语方式也可以相互补充和丰富，形成一个多元而综合的生态话语体系。

生态话语体系是指在生态文明建设中，人们对于生态环境、可持续发展等相关议题所形成的一套话语体系。它包括人们对于生态环境的认知、价值观念、行动准则等方面的表达和交流方式。生态话语体系的建构是为了引导人们形成正确的环境意识和行为习惯，推动生态文明建设的实践。生态话语体系基本框架的建构，可以更好地引导人们形成正确的环境意识和行为习惯，推动生态文明建设和实践。

第五章

数字化时代外语生态的治理对策

随着网络技术的发展，我国的语言生态发生了巨大的变化，网络虚拟世界与现实世界逐渐交融，网络空间的语言生活发展迅速，新现象、新问题层出不穷，语言生态纷繁复杂。江苏外语生态活动的参与者不局限于中国人，也包括来华的外国人士。由于城市国际化进程的加快和国际交往的加强，来苏的外国人士越来越多。这对国家的语言治理能力提出了新的要求，要求国家具备应对这种变化的能力。

本章主要从做好语言规划、提升外语能力、加强网络空间语言生态治理及构建和谐语言生态等方面探讨外语生态的治理策略。

5.1 做好语言规划

面对当前的语言生态，社会成员和社会组织都需要有相应的语言规划，就个人而言，需要有科学的语言意识，努力提升自己的语言能力，包括掌握现代语言技术的能力、为社会提供语言服务的能力和为自己及家庭做好语言规划的能力，过好人生各阶段的语言生活。就社会组织而言，面对国内外的语言生态现状，应在构建中华民族共同体、构建人类命运共同体和数字化时代三个场域中做好语言规划（李宇明，2023c）。本研究主要探讨如何在树立语言规划意识的基础上做好语言规划。

5.1.1 树立语言规划意识

过好外语生活离不开科学的规划,正如《礼记·中庸》中所讲:凡事预则立,不预则废。每个人对于自己的学习、工作和人生都应该有切实可行的规划。

外语生活的对象既包括大、中、小学生,也包括在职人员(尤其是外语教师)以及外语爱好者。外语生活主要指使用外语(主要指英语)在学习、生活或工作中进行交流和沟通,以及通过外语(主要指英语)满足专业学习、国际交流、学术研究、出国深造或国外旅游等方面的需求。教师是外语教育的根基。2021年4月19日,习近平在清华大学讲话时指出"大学教师对学生承担着传授知识、培养能力、塑造正确人生观的职责。教师要成为大先生,做学生为学、为事、为人的示范,促进学生成长为全面发展的人"。《大学英语教学指南》(2020版)指出:大学英语教师要不断提高自身的育人素养、学科素养、教学素养、科研素养和信息素养;不断学习,主动提升,做有理想信念、有道德情操、有扎实学识、有仁爱之心的新时代"四有好老师"。

育人者必先育己,立己者方能立人。外语教师在我国的外语教育中肩负着教书育人的使命,首先要从自身做起,树立正确的外语生活意识,制定合理的外语生活规划,不断提升外语生活的能力。在数字化时代背景下,外语学科发展面临着诸多挑战,表现在从业人员多、大师少、重量级成果及项目少,加之专业的性别特色,都对外语学科发展带来极大的挑战。但是尽管如此,外语学科并非没有发展的空间和机遇。在大文科背景下,外语学科只要做好定位,辅以有效的机制措施,在保证外语学科核心内容的前提下,跨学科发展将是重要的机遇。外语学科的发展尽管有其自身的痛处,但在新文科背景下,只要找准自身发展的定位和方向,再辅之以百分之二百、三百、四百的努力,就会找到出路,实现价值,创造美好的未来。外语教师可结合自身的特长、兴趣和外语教育发展的趋势,制定适合自身实际的可持续发展规划,通过学历教育、国内外进修和学术交流、行业兼职或挂职锻炼等方式,不断更新教育观念,提升教育能力。

活跃的思维、开阔的视野是教师保持持续发展的原动力。外语教师如能基于本身所具备的专业优势,再结合某一感兴趣的专业或领域深入学习和研究,势必会拓宽外语教师的知识结构和思维,对学术创新产生积极的促进作用。我国国务院学位办2013年发布的《学位授予和人才培养一级学科简介》将外国语言文学一级学科分为五个方向进行描述，包括外国语言研究、外国文学研究、翻译研究、国别与区域研究、比较文学和跨文化研究。相比传统的学科划分，新增了国别与区域研究。国别与区域研究是借助历史学、哲学、人类学、社会学、政治学、法学、经济学等学科的理论和方法，探讨语言对象国家和区域的历史文化、政治经济社会制度和中外关系，注重全球与区域发展进程理论和实践，提倡与国际政治、国际经济、国际法等相关学科的交叉渗透。

基于外国语言文学的划分情况，外语教师基本上可以分为：外国语言、外国文学、翻译、国别区域及比较文学和跨学科五大方向。外国语言方向的教师可以在语言教学实践和理论上深入下去，进一步探索数字化时代背景下外语教学的规律和特点，也可以通过语言学的方法研究不同学科领域的表达方式、文化差异、开展相关学术交流。外国文学方向的教师可以在外国文学、文化、哲学等领域开展教学和学术研究。翻译方向的教师，本来就有语言文化对比、文学翻译、专门用途英语翻译、商务翻译或法律翻译等方面的知识背景，可以在比较英汉语言、传播中华文化、讲好中国故事上下功夫。国别与区域研究方向的教师一方面具有语言优势，便于获取和分析一手资料，另一方面具有深厚的目的语国家和区域的历史文化知识优势，便于与其所交叉的学科进行分析探讨，国别与区域研究拓宽了外语学科的发展空间。五个方向的划分反映了外语学科的内涵变化与发展，在中国特色话语体系建构中，外语不再只是单纯的交流工具，而且是重要的研究工具，可为中国发展提供人类文明成果、理论借鉴和研究支撑，推动中国文化、学术、思想和主张的对外表达。外语学科因此被赋予了更多的责任，教师要重新认识外语生活所蕴含的社会期待。

蒋洪新等（2020）指出，在新时代，外语能力与诸多经济发展关键指标呈现出强关联，复合型外语人才的培养离不开学科交叉和知识融通。外语教育要立足立德树人的根本任务，主动对接国家战略，突出"外语+外语""外语+专业"的培养理念，注重跨学科、跨文化的知识建构。不同学科背景和专业方向的教师，应注重加强交流，相互合作，取长补短，在跨学科的合作和交流中，碰撞出学术的火花。健康的教师个人职业追求是完善自我的驱动力。外语教师的专业生活目标应是：构筑终身的学习能力，获得永久的可持续发展。

学生作为青年的主要群体，是社会上最富有活力和最具创造力的群体之一，也是外语生活的主要参与者。在外语生活中理应制定科学的外语学习规划，在语言学习中锻炼和提升自身的批判性思维能力。语言是知识和文化的载体，在学习国外先进知识和文化的同时也要提高信息甄别能力，如对待媒体和网络报道（尤其是外国媒体）要具有基本的是非判断能力，尤其是针对外国媒体恶意抹黑中国的报道时，更应该擦亮眼睛。

制定语言规划，观念很重要。科学合理的外语学习规划可以满足在不同文化间行走的个人外语需求，但要注意不能将外语学习与母语（汉语）学习割裂开来。母语是文化之根，外语则能让学习者开阔眼界、增长见识，提升文化包容力，二者不是对立，而是相互促进的关系（沈红伟 等，2018）。长期以来，我国的外语教育主要姓"外"，忽略了中文教育，外语教育不仅姓"外"，也要姓"中"，"中""外"所占的比例要平衡。进入21世纪以来，有关"英语降温""保护母语""抵御英语入侵"的议题不时成为社会热点。2013年，"高考英语降分"名列当年语言文字舆情十大热点事件之首。在国内外媒体"热炒"近一年后，2014年国务院颁发了《关于深化考试招生制度改革的实施意见》，一锤定音，决定高考英语和语文分数相同。为了克服"一考定终身"的弊端，在浙江和上海试验"一年两考"。随着文件的颁发，这场争论很快平息下去。2021年3月全国两会期间，有政协委员提出在义务教育阶段，英语等外语课程不再设为与语文和数学同等的主课；不再将英语（或外语）设为高考必考的科目，即改变义务教育阶段英语必修课地位。其根据是："英语教学课时约占学生总课时的10%，但英语只对不到10%的大学毕业生有用。成果应用率低，课程设置不普惠""为了学英语，学生和家长耗费了大量的时间和精力。但是随着经济社会发展，英语并没有那么重要"。许委员的提议再次引发了媒体、专家和社会公众等多方的关注和争论。这一方面，表明人们在语言认识上存在偏颇，语言工具论倾向十分明显；另一方面，也表明人们对语言学习的关注。

语言的边界就是世界的边界，语言能力是相通的，一个人的外语水平通常很难超过其母语水平。在加强外语学习的同时，不能忽视母语的学习与提高，当代公民应具备双语或多语的外语能力。外语能力已成为当代公民的基本素质，外语生活不仅是学习语言，更重要的是使用所学外语处理各种事务。对于学生而言，主要指使用外语获取专业知识，服务职业发展和国际交往的需要，同时也包括使用外语（目前主要指英语）讲好中国故事，传播中国文化（江苏文化）及传递中国声音的能力。

5.1.2　加强语言规划

外语能力和外语学习规划应与国家战略需求紧密联系在一起，并直接为国家利益服务。李宇明（2012）指出，我国是一个外语学习大国，但是国家所拥有的外语能力却远远不能满足国家发展之需，于是提出了"本土型国家"和"国际型国家"的概念。在"本土型国家"概念中，学习外语的主要目的是夯实语言基础，提高语言技能，满足自身的需要，具有"向己型"的特征。但在"国际型国家"概念中，外语学习者除了要提高自身通用的语言能力，还应增强学术英语及跨文化交际的能力，以便在专业学习、职业发展或国际交往中能够直接使用外语进行有效的沟通与交流，满足国家社会经济发展的需要，具有"向他型"的特征。外语教育需要强化国家意识的培养。缺乏国家意识元素的外语教育会带来各种潜在的危害：一方面，在国家认同、制度认同、文化认同、语言认同方面会存在问题；另一方面，由于缺乏国家意识，一些外语学习者境界不高，个人意识不强，成才动力不足，报效国家意识不强。

1）加强外语教学规划。

李宇明（2018）提出外语规划应是"自上而下"与"自下而上"双向互动的过程。以高等外语教育为例，一方面，需要改进和加强"自上而下"的指导。中国的外语教师一般习惯于接受教育部和学校领导"自上而下"地安排教学，这意味着他们对教育部和校领导比较信任，期待获得领导对教学工作的支持。另一方面，需要改进和加强"自下而上"的指导。外语教师需要主动适应我国教育发展的新形式，主动适应外语教育的新要求，主动适应教育信息化环境下外语教育发展的需要，不断提高自身的语言素养、育人素养、教学科研素养和信息素养。育人者必先育己，立己者方能立人。外语教师要改变等或靠行政命令的被动习惯，在课程设置和育人方法上主动思考，不断探索和实践，为我国外语教育事业贡献自己的智慧。随着我国"一带一路"建设的推进，解决语言相通的问题变得愈发重要。学好外语对树立外语生态意识，培养具有跨文化交际能力和国际视野的复合型人才变得紧迫而重要。

外语教学规划应满足在不同文化间行走的个人外语需求。在加强外语学习的同时，不能忽视母语的学习和提高，当代公民应具备双语或多语能力。单纯面向外国文化习得的外语教育会在一定程度上弱化学习者对母语国家文化的认同。外语已成为当代公民的基本素质，外语生活不仅是学习语言，更重要的是使用所掌握的语言处理各种事务。作为新时代的中国青年，需要优先发展国家意识。

长期以来我国大学外语教学"费时低效""应试导向"等问题突出，65%以上的学生在外语上花费的时间占到他们大学学习生活的四分之一，但效果并不理想，其中一个主要原因就是我国的外语教学过于强调满足学生个人（自身）外语能力发展的需求。如为了通过考试拿到学分，找一份好工作的需要（英语四、六级），考研、留学或满足出国旅游等方面的需要而学习外语，忽略了外语教学对接国家需要、满足国家外语能力的需求。因此，大学外语教学要从满足个人外语能力需求向满足国家外语能力的需求转变。

联合国教科文组织总干事奥德蕾·阿祖莱在2021年2月21日的国际母语日致辞中指出："新冠疫情加剧了世界各地的教育不平等现象，在疫情最为严重的时候，有15亿学生不能返校上课，很多学生因为缺乏使用远程学习解决方案的条件而耽误学业。此外，因为文化节日和庆祝活动取消，也因为创作者和媒体经济境况脆弱，文化多样性整体上受到了威胁。推动母语的使用，也同时意味着促进全民教育的机会，以及促进各种不同文化的传播。因为当一种语言消亡时，随之消失的是一种观察、感受和思考世界的方式，而文化多样性也因此无可挽回地在整体上走向枯竭。因此，值此国际母语日，教科文组织呼吁礼赞世界的多样性，并支持在日常生活中使用多种语言。"

外语教学与学习不只是学校内、课堂上的事情，大数据、信息化时代的外语教育被延伸到校园外，外语的学习不再局限于课上。外语教育的质量，关乎学生的外语水平。外语教育是用外语来学习文化，认识世界，培育心智，而不是外语教学本身。通过文化来学习语言，语言也会学得更好。新时代的外语教学要由"学外语"向"用外语学习"转变。

外语人才的培养和规划要打破传统"应试教育"的狭隘格局，数字化时代的云教育，让这一切成为可能，云教育打破了"一刀切""齐步走"的教育方式。云教育、云学习、微课、慕课、翻转课堂、混合式学习为外语人才的培养提供了优越的条件。培育国际化的外语人才非常重要，这在封闭的传统大学外语课堂中是很难办到的。但现在，留学的门槛依然很高，不是所有的大学生都有条件到国外接受语言的锤炼，唯有数字化时代的教育，能够超越各种限制，一台电脑、一部智能手机，就能让学生享受到国外的优质课程资源，这为创新性人才的培养打开了通道。另外值得注意的是，数字化时代对人们的信息素养提出了更高的要求，信息素养主要包括能安全、负责、恰当地使用数字工具、技术和设备，明确信息需求，有效获取、分析、整合、评价、管理、传递信息和数字资源，支撑数字化时代的学习、工作和沟通。信息技术的飞速发展迫切需要人们不断发展和提升自身的信息技术能力，以免被信息边缘化。

2）加强城市语言规划。

语言是城市规划的重要内容，城市语言规划本质上是城市语言能力的规划，城市的语言问题始于多语交流的现实需求。城市语言规划的基础是城市语言能力。在城市规划中，语言的重要性不可忽视。城市作为信息的集散地，需要依靠语言和语言技术来高效地传递、发布和共享信息，同时也需要保障信息的安全。据2023中国翻译及语言服务行业发展报告，2022年全球以翻译及语言服务为主营业务的企业总产值为520.1亿美元，经营范围包含翻译及语言服务业务的中国企业为581 913家，以翻译及语言服务为主营业务的中国企业为10 592家。总体数据显示，虽然受到三年疫情影响，翻译公司业务局部受到冲击，但总体仍呈现快速增长趋势。国内以翻译及语言服务为主营业务的企业总产值首次突破600亿元，预计到2025年，中国语言服务产业规模大约可达15.98万亿元。这里的"语言服务"是狭义的，主要指翻译领域的语言服务。语言产业对文化经济、数字经济的贡献不应被低估，在城市经济规划中应当对其予以充分重视（李宇明，2020）。因此，提供适当的语言服务给市民、进城务工人员、临时来客和残障人士等，是城市管理和城市服务的重要内容。外语规划作为城市语言规划的重要组成部分，对做好语言规划起到至关重要的作用。做好城市语言规划需要加强以下几个方面的工作。首先，要保护和开发本地的语言文化，合理规划语言景观，弘扬和发展语言艺术，通过语言文化来展示城市的独特魅力，打造城市的文化名片。其次，要大力发展语言产业，特别是语言数据产业，推动新基建的智能化发展，建立泛在语言智能的理念，推进城市数字经济的发展。最后，要特别重视城市的应急语言服务，增强城市应对自然灾害、事故灾难、公共卫生事件和社会安全事件的能力。

外语规划应基于外语生态进行规划，外语规划不是政府的"独角戏"，除了需要政府的牵头，还需要相关行业的参与、多学科专家和学者的支撑以及社会公众的关心和支持。

5.2 提升外语能力

如今，世界已进入全球化进程，全球话语同步进入多语时代。我国日益走近世界舞台中央，"一带一路"建设等亟须公民掌握多种外语，加强对世界文化的了解，同时把中国文化传播出去。只有把中国公民培养成世界公民，才能更好地加强国际交流合作，增进了解，消除误解，参与世界公平竞争和治理，共同为人类的发展做贡献（杜慧敏，2019）。本研究主要探讨如何提高公民外语运用能力，如何发挥外语在社会经济建设中的作用，进而提升城市及国家的外语能力。

5.2.1 公民外语能力

个人外语能力是构成国家语言能力的基本要素，提倡发展个人多语能力也是世界多语环境及全球化等外在因素使然。外语生活能力包括外语语言运用、外语知识运用、外语技术运用、外语语言学习、外语知识学习、外语技术学习、外语语言研究、外语知识研究、外语技术研究等九个方面的能力（孙小春 等，2020）。也就是说，外语生活能力是运用、学习和研究外国语言、外国语言知识和外国语言技术的各种活动的能力。提升外语能力并非要求每一位公民同时具备以上九种能力，而是要求公民具备良好的外语生活意识，能够结合国家和个人发展的实际需要，制定符合自身发展的外语规划，不断提升自身的外语能力。对国家而言，个人多语能力是建设国家语言能力的基本要素。公民掌握的语种越多，外语生活能力越强，国家语言能力则越强。

5.2.2 城市外语能力

语言与城市发展具有密不可分的联系，随着人类进入以城市生活为代表的后工业文明时代，城市在社会语言演化与发展过程中开始发挥重要作用（沈骑 等，2022），城市的国际化进程离不开以外语开展的沟通与交流，离不开城市外语能力的提升。城市外语能力是伴随着经济全球化进程而产生的概念，城市外语能力是一个城市运用外语应对各种外语事件的能力（文秋芳 等，2011）。衡量城市外语能力的根本标准是该城市能够使用的外语资源的种类与质量。匡凤（2022）认为城市外语能力建设既要保证城市能够运用所需的外语种类，又要不断提高城市的外语使用质量。城市外语能力是城市语言能力建设的重要组成，欧美地区很早就开始关注城市规划建设中的语言问题，通过对城市语言环境、质量、战略等多方面的研究，不断加强城市语言能力建设，不断提升城市外语能力及语言服务水平。由中国商务部国际贸易经济合作研究院发布的《全球服务贸易发展指数报告2022》显示，近十年来，中国服务贸易的世界占比稳步提高，国内服务贸易发展正逐步形成"北上广苏"的格局，江苏拥有服务贸易创新发展试点、自由贸易试验区和全国最多的服务外包示范城市，服务贸易综合环境指数全国第一，城市外语能力建设日益受到重视。

5.2.3 国家外语能力

文秋芳等（2011）认为国家外语能力（national language capacity）指的是一个国家运用外语应对各种外语事件的能力。戴曼纯、潘巍巍（2018）从国家外语能力的视角论述了个人发展多语能力的三个层级：第一层级满足家庭和个人发展需求，第二层级增强国家语言能力基础建设，第三层级促进国家语言竞争力的提升。段丹洁（2019）指出国家语言能力反映了国家社会经济的发展，是国家软实力和综合实力的重要标志。但目前，我国国家语言能力建设相对滞后（赵世举，2019）。因此，全面提升国家语言能力已是当务之急。国家语言能力的提升离不开个人外语能力的提升。如果每位公民都能树立正确的外语生活意识，掌握一门或以上的外语，不仅能够帮助公民打开通往另一个世界的大门，而且能够助力国家语言能力的全面提升。沈骑、曹新宇（2019）提出在全球治理新时代构建以资源范式为主的国家外语能力建设新范式，深化外语教学改革，以服务国家战略发展。

个人外语生活能力与国家外语能力既有共同之处，也有不同之处。共同之处在于，二者都和外语规划密切相关。仲伟合等（2016）提出我国外语教育规划应服务于国家外语能力建设的战略发展建议。李宇明（2016）则认为外语规划是基于外语生活所做出的规划，因此外语生活与外语规划密不可分。二者的不同之处表现在国家外语能力是一种战略资源能力，而外语生活能力恰恰和国家掌握外语的"人"相关，也和国家外语教育的普及程度紧密联系在一起，更倾向于公民运用、学习和研究外语的能力。

随着数字化时代的来临和改革开放的不断深入，我国的外语生活也在不断发展。除了政府间的国际交往、学校里的外语教育，日常生活领域的外语使用也越来越广泛，外语生活已呈现出新的特点。外语教师应鼓励学生关注社会生活中的语言现象，调查外语的社会应用和语言服务情况。观察收集和分析生活中、阅读中（包括影视作品和网络短视频）和工作中遇到的各种语言现象，帮助学生树立生活意识，逐步提升外语生活能力。

5.2.4 增强外语服务能力

人类运用语言的水平来自人的语言能力（李宇明，2016）。语言能力可以分为口语能力和书面语能力、单语能力和多语能力、一般交际能力和专业交际能力等。外语语言能力是语言能力的一部分。人们运用外语语言的能力应包括外语听说能力和外语读写能力、运用一种外语语言的能力和运用多种外语语言的能力、运用一般外语的交际能力和运用专业外语的交际能力，等等。姜钢（2016）认为，从国家层面来看，应把构建和谐语言生活作为导向，以提升国家和个人的外语能力为目标，进行科学、可持续发展的外语规划。国家制定《中国英语能力等级量表》（China's Standards of English Language Ability，简称CSE）就是一种实践和尝试。CSE中对于不同等级的英语听、说、读、写、译能力都有较为详细的规定，共分为九个等级：一、二级大致对应小学水平，三级对应初中，四级对应高中，五、六级对应大学，七级对应英语专业，八、九级对应高端外语人才。每个等级在听、说、读、写、翻译、知识策略等方面，都有不同的要求。运用一种外语的能力是指除通用语种（汉语）之外运用一种外语（如英语）的能力；而运用多种外语的能力是指除一种外语之外运用其他语言的能力，如法语、德语等。运用一般外语交际能力指的是进行一般交际所需的外语语言能力；而运用专业外语交际能力指的是在不同科学领域运用外语交际能力，如在人工智能领域运用外语进行科学研究、学术交流的能力。

伴随着全球化与信息技术革命，世界各国经贸往来日益密切，文化艺术教育等交流更加频繁，跨语言交流需求显著上升，翻译及语言服务行业作为提供信息转换服务和产品的现代服务业，以促进跨语言、跨文化交流为目标，为世界各国之间的友好交流和经济共同增长提供了重要的支撑力量。如表 5–1 所示，近年来中国、美国、英国、法国、俄罗斯、西班牙、日本、韩国等世界主要国家都在建立和完善与本国官方语言相关的资格水平考试，扩大本国政治经济文化的交流圈，使跨语言、跨文化交流更加高效，从而在全球化发展中充分受益。

表 5–1　世界重点语种等级考试基本情况

语种	等级考试	考评体系权威性与影响力
汉语	HSK	汉语水平考试由中国教育部中外语言交流合作中心设计研制；HSK 考试已经成为全球很多需要评估待聘用的和现有员工汉语能力的机构认可的标准，仅 2016 年至 2020 年全世界就有 2 000 万多人次参加了 HSK 考试，全球有 70 个国家将中文纳入国民教育体系
英语	IELTS	雅思考试是由剑桥大学考试委员会外语考试部、英国文化协会及 IDP 教育集团（澳大利亚教育集团）共同主办并管理的一项英语测试，每年在 140 多个国家和地区有超过 350 万人参加考试
英语	TOEFL	托福考试是一个由 ETS 测评研发的学术英语语言测试，被全球 160 多个国家和地区超过 11 500 所综合性大学、机构和其他院校认可
法语	TCF	TCF 是法国国际教育研究中心组织的法文水平考试，由法国青年、国民教育及科研部推出，它是一个法语语言水平的标准化测试，按照极其严格的方式设计
俄语	TPKN	俄语等级考试是由俄罗斯联邦于 1995 年主办，由莫斯科大学、圣彼得堡国立大学、普希金学院和俄罗斯人民友谊大学共同设立。用于考核非俄语母语者的俄语能力
西班牙语	DELE	西班牙语等级考试证书是塞万提斯学院以西班牙教育与职业培训部的名义颁发的证书，是证明作为外语或第二语言的西班牙语各级水平的权威官方证书
日语	JLPT	日语等级考试是由日本国际交流基金会和日本国际教育支援协会举办的国际范围的等级考试，每年约有 30 万人参加考试
韩语	TOPIK	韩国语能力考试是由韩国教育部主办的旨在测评外国学生韩语学习水平，为外国人在韩国学习、就业提供语言能力评估的考试。目前韩国语能力考试考点已经遍布 86 个国家、242 个地区

数据来源：2023 全球翻译及语言服务行业发展报告

数字化时代，语言技术推动了现代语言服务的发展。时代和信息技术的发展对语言信息技术能力的要求不断变化和提高（张德禄，2019）。目前，与外语相关的语言技术主要表现在人工智能在翻译中的应用以及在外语口语、写作、远程培训等学习软件的使用上。"人－机"交互和"人－机"协同学习将成为数字化时代外语学习、使用和研究的常态。因此，无论是外语学习者、外语使用者还是外语研究者，都要不断学习和掌握语言技术，以免被信息边缘化。赵世举（2019）认为科技发展对国家语言能力提出了新要求，社会进步催生了语言服务新需求，国际竞争带来了国际语言能力的新课题。信息技术在不断改变人们的语言生活习惯，拓宽人们获取外语学习资源的渠道，扩大人们的交际圈。语言的边界就是世界的边界。人工智能、语音交互技术在各种社会重大突发事件的应急处理中，具有独特的优势，一方面能够弥补人力资源的不足，另一方面，能够紧急处理海量信息，并能够对信息进行越来越可信的分析研判，为信息甄别和行为决策提供参考。

5.3 加强网络空间语言生态治理

数字化时代，由于网络的社会化和社会的网络化在不断地交叠互动，网络虚拟世界与现实世界逐渐交融，丰富多彩和纷繁复杂的线上语言生活，使语言生态环境变得越加复杂。在新媒体助力下，人人都是记者、编辑，语言生活逐步务实，语言不断走向活泼，并呈现出丰富多彩、纷繁复杂的特征。但同时也应看到，网络语言泥沙俱下，低俗浮夸语言屡见不鲜，语言暴力凸显，网络语言生活治理成为人们过好线上生活不得不面对的新问题。生态语言学研究发现语言使用者的语言状况在很大程度上决定和影响着社会的发展与文化的传承。在宏观层面，我国已取得了一批重要成果，但在网络空间的语言生态研究方面仍处于起始阶段，其深度和广度都有待挖掘和拓展（文秋芳，2020）。本研究在分析网络空间语言特征的基础上，着重探讨网络空间语言生态治理问题。

5.3.1 网络空间的语言特征

伴随着网络技术的发展，网络空间的语言生活成为语言生态的重要组成部分。传播媒介由传统的报纸、杂志等纸媒逐渐转变为新浪微博、微信公众号、今日头条、腾讯新闻等新媒体。相较于传统媒体文字表达的精英化特点和严格的审核与发布机制，新媒体呈现出鲜明的开放性特征，开启了一个开放、活跃的舆论场和百姓秀场。由于短视频的进入门槛低，各种拍摄、剪辑、配音智能软件的集成，使人人都可以成为短视频的生产者和传播者，一个真正全民皆媒的时代正在来临，并将重构全媒体格局。语言文化的传播正在走向全域传播，民众的个体参与意识日益加强，广大网民既是信息文化的接收者，也是信息文化的发布者和传播者，一个个多向互动的语言信息交流平台正在逐渐形成。人们的语言生活习惯发生了巨大的变化，移动互联网与智能应用的结合使得网络化生存成为一种新常态，人们的网络依赖症越来越严重。手机因为便于携带，已经成为人们生活中最不可或缺的交际工具和信息接收平台，如今人们已经很少通过邮寄书信来传递信息、表达情感。微信、微博等即时通信社交软件打破了时空限制，网络微群体的形成因为打破了原有的地域限制，朋友圈、微信群、QQ 群等社交平台已经成为网络交际的主要场域，成为传统社区在网络空间的一种延伸。与此同时，人们的阅读习惯也在悄然改变，纸质书刊阅读正在逐渐衰减，无纸化、音像化的碎片化阅读开始成为主要的阅读形式。从国内互联网用户规模来看，根据中国互联网络信息中心数据，截至 2022 年 6 月，中国网民数达 10.51 亿，较 2021 年年底提升 1.9%，互联网渗透率达 74.4%。在新媒体助力下，每个人都是记者、编辑，语言生活逐步务实，语言不断走向活泼。各种来源的新词语，各种新的表达方式，既出现于自媒体，也出现在大众口中，更出现在各种官媒上，"给力""点赞"等就是典型的例子。郭熙（2019：16）在 70 年来的中国语言生活中指出"媒体是后 40 年语言生活的重要助推力量，但不同的是，现代媒体为语言传播提速，出现了媒体的横向扩展。它改变了前 30 年单媒单声的局面，起初是媒体连线和主持人制度，听众和主持人的互动，使各种'声音'都通过电波传向四方"。

  网络语言具有很强的构词能力，每年的新词都是兴起于网上虚拟空间，然后进入现实世界。它不仅是新词语的"主产地"、新话语的传播地，甚至还成为现实语言生活的引领者。长此以往，人类的信息将主要贮存于虚拟空间中，人类的外语生活将主要在虚拟空间中展开（李宇明，2021）。我们以"热词英译"为主题在中国知网以总库为范围进行检索，共检索到 166 篇文献（截止到 2023 年 8 月 8 日）。其中，2009 年 1 篇，2010 年 2 篇，2011 年 7 篇，2012 年 7 篇，2013 年 9 篇，2014 年 13 篇，2015 年 12 篇，2016 年 27 篇，2017 年 21 篇，2018 年 16 篇，2019 年 17 篇，2020 年 17 篇，2021 年 14 篇（预测值），2022 年

9篇，2023年10篇（预测值），如图5-1所示。其中期刊论文151篇，占总数的91%；硕博论文11篇（其中博士论文1篇），占总数的7%；会议论文3篇，占总数的2%。

近年来对热点词汇、流行语进行英译研究已趋于稳定，但有多少人在日常生活和交流中在使用双语或者英语进行交流，哪些人在关注热词英译值得在后续的研究中进一步调查。

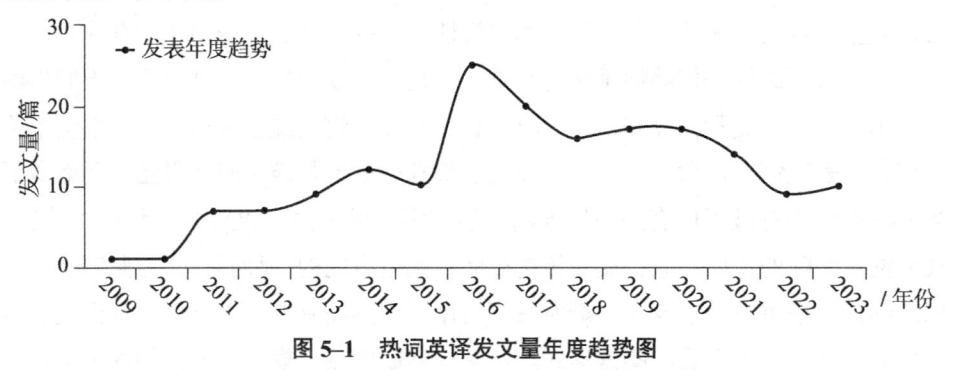

图5-1 热词英译发文量年度趋势图

通过对文献来源进一步分析发现，发文数量排名前三的刊物依次是《东方翻译》、《海外英语》和《校园英语》，在发文数量前十的刊物中，外语（英语）类刊物有3本，新闻类刊物1本，文学类刊物2本，学报类刊物3本。值得一提的是，《东方翻译》设有翻译工作坊栏目：每期刊载一篇新、热词英译漫谈文章，重点讨论分析一个新、热词。这一做法值得其他期刊参考借鉴。

"年度流行语"作为《咬文嚼字》杂志的品牌活动，每年评选一次，已连续进行了十几年。由于流行语存在群体属性，每年要在海量词汇条目里评选出最具代表性的流行语实属不易。正因如此，《咬文嚼字》采取了社会学与语言学双重价值标准来衡量，确保评选出来的年度十大流行语既能反映时代特征，又能引导语言生活，符合语言生态的特征。国家语言资源检测与研究中心表示，网络用语的创造性体现了网民的智慧，其幽默上口紧跟时代的表达，正是中国网络社区的最大特点之一。《牛津英语词典》的执行主编伯纳黛特·帕顿曾表示："社会的剧变会带来语言的剧变，这是词典编纂中的一个永恒主题。在当下的这场全球性危机中，这一点从未如此真实。"每年的流行语发布的同时，我们都会看到相应的英译版本，如表5-2所示，我们梳理了2018—2022年5年间的流行语及对应的英文，以期丰富人们的外语生活，加强流行语的对外传播。

第五章　数字化时代外语生态的治理对策

表 5–2　2018—2022 年度流行语

序号	2018 年	2019 年	2020 年	2021 年	2022 年
1	锦鲤 Koi fish	不忘初心，牢记使命。 Never forget why you started, and keep our mission firmly in mind.	逆行者 heroes in harm's way	百年未有之大变局 profound changes unseen in a century	踔厉奋发、勇毅前行 forge ahead with enterprise and fortitude
2	杠精 Argumentative person	道路千万条，安全第一条。 All roads lead to Rome, but safety comes first.	秋天的第一杯奶茶 the first cup of milk tea/bubble tea/boba in autumn	小康 moderate prosperity	中国式现代化 Chinese path to modernization
3	是个 Skr	柠檬精 Green-eyed monster	带货 live-stream sales, influencer marketing, live commerce	赶考 on a new journey toward	新赛道 new track
4	佛系 Buddha-like	好嗨哟 Feel so high	云监工 online/distant overseers/ supervisors	双减 double reduction(ease the burden of excessive homework and off-campus tutoring for students undergoing compulsory education)	大白 come out; become known
5	确认过眼神 Soul gaze	是个狼人 This guy's a beast	光盘行动 clean/empty plate campaign Operation Empty Plate	碳达峰，碳中和 carbon emission peaking, carbon neutrality	烟火气 hustle and bustle of the city life

193

续表

序号	2018 年	2019 年	2020 年	2021 年	2022 年
6	官宣 Officially announce/ Official announcement	雨女无瓜 It's none of your business	奥利给 awesome, brilliant, fabulous, marvelous, cheer up, come on	野性消费 Irrational consumption 或 Irrational buying	天花板 glass ceiling
7	C 位 Center position	硬核 Hardcore	好家伙 Good lord!Good Heavens! My goodness! Holy cow!	破防 overwhelmed	拿捏 under control
8	土味情话 Cheesy pick-up lines	996 996 work schedule	夺冠 win the gold medal, claim victory, win the gold medal	鸡娃 tiger parenting	雪糕刺客 ice cream assassin
9	皮一下 Prankish/play a trick	14 亿护旗手，1.4 Billion Flag Guards	不约而同 coincidentally, simultaneously	躺平 lying flat	精神内耗 mental friction
10	燃烧我的卡路里 Burn my calories	断舍离 Minimalist Living: less is more	集美 sister, bestie, confidante	元宇宙 Metaverse	沉浸式 immersion

以 2022 年的十大流行语为例，"天花板"本指室内的天棚，后指无法超越的"最高点、顶峰"；容颜俊美称"颜值天花板"，社交能力超强称"社交天花板"，带货能力突出称"带货天花板"，等等。流行的"拿捏"常和一个简单手势的表情包一起使用，其搭配对象几乎无所不包，可以"拿捏"人，表示对某人完全掌握；也可以"拿捏"事，表示将某事彻底搞定；可以"拿捏"过程，表示对整个活动设计精准，也可以"拿捏"结果，表示对最终预期控制自如。"雪糕刺客"在互联网上引发热议——没有明码标价，所有雪糕堆放在一起，结账时才发现，其中有几十块甚至上百块的，价格高得惊人，但已经进入付款流程，许多消费者只能硬着头皮付钱。"精神内耗"则是指精神上、心理上无用的消耗，若长期存在则有害身心健康。2022 年 7 月，有博主上传视频《回村三天，二舅治好了我的精神内耗》，一时火遍全网。

栓 Q、芭比 Q、Web3、NFT、CPU/KTV/PPT/ICU 等，没有最终入选，是因

为它们或者是字母组合，或者含有字母，属于污染层的语言成分。"摆烂"的流行度非常高，在我们的词频调查中位居前列，最终落选是因为它的消极含义。从生态语言学角度来看，"摆烂"属于破坏性话语，不宜入选。根据《咬文嚼字》主编黄安婧的解释：语言并非由单一、纯粹的成分构成的系统，而是一个"圈层结构"，由里向外，分别是"规范层""污染层""边沿层"。"规范层"由规范纯粹的母语成分构成，位于这里的成分符合母语的内在结构规律，也符合社会的文明道德规范。"污染层"的"污染"是学术用语，是指其中混杂着有欠规范的母语成分，源自母语但偏离母语内在结构规律的成分，如"十动然拒""绝绝子"等；价值递减趋零的谐音词，如"蚌埠住了""夺笋"等；源于母语及源于外语的未被社会广泛接受的字母词，前者如 yyds，后者如 emo；数字、符号、字母混合体，如 9494、3Q、ORZ 等；汉字与字母混合体，如"栓 q"；未做翻译的外语单词及其字母缩写、变体，如 CPU/KTV/PPT/ICU 等；不符合社会道德规范的不文明成分。"边沿层"由颜文字、表情包甚至眼神、手势等组成，不属于"狭义"的语言符号。

斯蒂比（Stibbe，2015）从生态语言学的角度将话语分为有益性话语、中性话语和破坏性话语。黄安婧主编的观点与斯蒂比的话语类型分类不谋而合。在生态语言学领域，生态价值观是影响话语分析者事实判断和价值判断的因素，并且也是值得生态教育关注的方面。在进行生态话语分析时，分析者自身的生态价值观会影响他对话语的评估和判断，同时也会引导读者或听者的价值导向。因此，生态教育的责任是倡导有利于生态系统可持续发展的生态价值观，帮助人们意识到生态成分的生态价值以及经济价值对生态系统可能产生的影响，从而引导人们采取符合生态原则的行动。

2021 年 7 月，河南遭遇特大洪灾，某国产运动品牌捐赠 5 000 万元物资低调赈灾。网友得知后深受感动，纷纷涌入该品牌直播间下单，表达自己对爱心企业的支持。主播劝大家理性消费，而网友们则在弹幕里喊出"我要野性消费"。"野性"指不驯顺的性情，"野性消费"即不受约束的消费。然而，率性的语言表达，彰显的是爱心行动。这种释放"爱"意的"野性消费"有其现实基础：一是感情基础，良心企业确实是不求回报做慈善，才赢得了广大网友爱心回馈；二是品质基础，如今国货品质全面提升，国潮品牌物美价廉，才赢得了广大消费者的放心消费。从生态语言学的角度分析，以上话语属于有益性话语类型。

语言智能成为数字化时代的语言生活的新特征。工业时代延伸的是人类的体力，智慧时代延伸的是人类的脑力。而人工智能说到底主要是语言智能。全球治理，离不开语言治理，如何促进语言智能发展、迎接智慧时代的到来，是数字化时代发展面临的新课题。李宇明（2020）认为，伴随着语言智能的发展，人与机器共处共事的时代即将到来，这一方面会促进社会生产的智能化，另一方面也必然加快生产行业、生产方式的大调整，这种大调整必然会带来失业、再就业以及教育改革等社会动荡与社会适应。同时，机器人"入世"也会引发一系列伦理学问题，比如机器人玩偶问题、机器人对待人类的"善心"问题。语言智能带来的伦理学问题，是需要用国际公约来解决的。

数字化时代，因为人们语言生态观的变化，语言生态环境也发生了明显的变化。移动互联网虽然具有打破交际时空限制的优势，但是网络的虚拟特性，弱化了人际交往的仪式感，促发了网民交际行为的自由化，网民个性化的语言表达在虚拟的网络空间得到了淋漓尽致的发挥，一些俚俗、粗俗化的表述在网络上经常出现。粗话、脏话在网络尤其是在自媒体中被广泛使用，严重污染了网络语言生态环境。网络语言暴力现象频现，也是语言生态环境变化的重要表征。移动互联网平台聚集了巨量的网民，任何事件都有可能成为显著事件，引起广大网民的网络围观和评论。网民对事实的了解往往很难全面、准确、客观，所发言论也难以全面、准确、客观，极易对当事人形成负面语言压力，并因为网络聚众效应，演变成语言暴力，这对网络空间语言治理提出了迫切要求。

5.3.2 网络空间的语言生态治理

数字化时代，在信息化、人工智能、物联网等新技术的影响下，语言生活发生了大变革，线上语言生活被不断赋能，人们的思维得到了极大的激发，思想得到了空前的解放，全球人口大流动、多语社区和多语环境呈现出普遍化的特点。网络空间的语言生活发展迅速，但新现象、新问题也层出不穷，语言文字规范应用面临着新的挑战，同时也对国家的语言治理能力提出了新的要求。

赵世举（2018）指出人们谈论"网络语言"，往往指的是"网络词语"，而忽视了网络空间更重要的语言问题。语言现象是一种人类活动的特殊现象。语言学的发展应该紧跟社会的经济、文化、政治的发展而发展，把语言看作一个有机体，从生态观察视角，即语言自身的生命状态，语言和语言变体之间的生态关系，人和社会与语言相关的生态环境,去探究语言的动态发展。语言是人与人之间交际的工具,是人们记录信息、表达情感、传播文化的载体。但随着网络空间的发展,尤其是信息空间的形成,语言已经不再仅仅是人类之间交流的工具,而是拓展到了自然、社会和信息空间三个维度。语言学也随之有了更广阔的领域,涉及更多的情景。语言学教师要注意引导学生关注语言在新时期的变化,如一些热门网络语言、大街小巷的双语标识;要引导学生在合适的情景使用合适的言语,提升语言交际的有效性,避免语言交流尴尬或失败,帮助学生形成更宽阔的视野。语言的交际功能是语言最基本的功能,但在信息空间出现后,语言的文化功能突显。文化功能的实现能为交际功能提供更有力的保证,两种功能相互作用,推动语言向更高级别发展。语言资源处处可见,利用数字技术和数据将有效提升语言能力,推动语言和谐发展。文化包括语言,语言是一种特殊的文化现象。语言作为文化的一部分,它不仅是一种文化现象,更是文化的载体,语言是人类特有的一种符号系统,当它作用于文化的时候,它是文化信息的载体和容器。每一个民族因文化的不同而持有不同的语言系统,最简单的就像中国人说中文,美国人说英语,韩国人说韩文。一个民族的语言蕴含着一个民族特有的传统文化、思维方式、社会心理、民族风情、价值取向、社会观念等。只有走进一种文化,去体验、去沟通,才能真正实现语言的交际和文化功能。当然,如果没有体验的机会,可以通过情景创设、虚拟仿真等形式,在创造的环境中去体验和感受语言的魅力。

2014年6月5日,刘延东副总理在世界语言大会开幕式上的讲话中强调积极应对信息时代"网络语言"对语言生活的影响。对于网络空间语言规范问题,许嘉璐(2000)认为,我们是在不规范的情况下搞规范,语言又在规范中发展。不进行规范当然不行,过分强调规范,希望纯而又纯也不行。田萍(2021)指出,自媒体的蓬勃发展改变了当前的媒体格局。一方面,一些网络语言与时代发展相契合,具有犀利传神、精确达意、易与受众产生共鸣的特性,频频被主流媒体采用,在丰富语言表达形式方面具有积极意义,但另一方面,网络语言泥沙俱下,粗鄙化、不符合规范的低俗、浮夸语言屡见不鲜(成不德,2018)。由于网络的社会化和社会的网络化在不断地交叠互动,现实生活用语经常来自网络用语,不少网络用语甚至成为人们日常交流的口头禅。这些网络用语,既包括那些已经被吸收到《现代汉语词典》的"点赞""给力"等鲜活词语,也包括引起人们广泛关注的低俗网络词汇以及各类网络谩骂和网络语言暴力等。很多自媒体在进行新闻报道时使用"标题党""妖魔化"的手段来吸引网民注意，加之专业性不强，主观色彩浓厚，无法准确客观地报道出事实的真相，往往在不经意间带偏了舆论的走向，使网民的言论出现一边倒的现象，从而引发网络舆情，甚至产生网络语言暴力。

现阶段，网络语言暴力行为有愈演愈烈之势，网络语言暴力行为也带有很强的集群行为特性（毛向樱，2017）。语言暴力是指以网络媒介为基本载体，以语言霸权的形式发表具有攻击性、煽动性、歧视性和侮辱性的言论，直接或间接对他人使用谩骂、诋毁、蔑视、嘲笑等语言，使他人人格尊严、精神世界和心理健康遭到侵犯和损害的行为。网络语言暴力是网民非理性表达的集中体现，具有随意性、简单化、非理性和情绪化等特点，实质上是一种社会"软暴力"，是语言暴力在网络上的延伸，是语言生活治理中不容忽视的社会问题。在净化互联网环境这一大方向下，需要采取措施加以遏制，对它的治理成效不仅能够反映网络空间语言的规范程度，而且能够体现出社会的文明程度。

如何持续促进网络空间语言生活的和谐发展，成为我国语言生活治理面临的重要课题。2016年4月19日，习近平总书记从推动网信事业发展更好地造福人民，发挥网络引导舆论、反映民意的作用，形成网络良好生态，尽快在核心技术上取得突破，正确处理安全和发展关系，推动互联网企业的发展，聚天下英才为网信事业发展提供有力人才支撑等几个方面，提出了关于网络安全和信息化的一系列重大论断，为网信事业的发展指明了方向，提供了根本遵循和行动指南。加强网络语言治理，净化网络空间，需要多管齐下、多方发力。目前，我国已经制定了《互联网电子公告服务管理规定》《互联网信息管理办法》等网络法律法规，建立起了网络侵权的基本法律规范体系，但仍需强化实施细则，加强法律的执行力。刘昌华（2021）研究发现在我国的语言生活治理中已初步形成"政府主导、语委统筹、部门支持、社会参与"的管理体制。我国应实施全方位的网络空间语言规划和网络空间语言生活治理，在明确网络语言暴力成因的基础上（王羽栋，2019），加强语言服务资源、平台、网络监管及法律体系建设，推行网络实名制，努力推进语言服务的体系化、精细化和智能化。国家语言文字工作委员会、国家新闻出版署等部门需要在充分调研的基础上建立一套科学合理的网络语言监管和治理的政策法规，创新网络语言监管模式和体系，加强对网站及相关网络技术公司的监管和引导，学校教育也应重视并加强对学生语言能力的培养（王晶 等，2019）。

5.3.3 小结

人们的语言生活习惯在发生变化的同时，语言生态观也在变化，主要表现在两个方面：一方面是人们的语言规范意识不断弱化。在网络平台表达中，人们对语言文字错误的重视程度不够，只要不影响自己的表达意图和所要传递的主要信息，基本上不会主动纠错。很多网络词语就来源于录入型错误，比如"微博"录入成了"围脖"、"喜欢"录入成了"稀饭"。另一方面是人们的语言游戏心态不断膨胀。因为网络平台这种虚拟交际空间弱化了交际的仪式感，所以人们的语言游戏心态很容易暴露出来。例如，说"吓死宝宝了"这句网络流行语的人，绝对不会是真正的"宝宝"，基本上都是成年人。所谓的"火星文"（意指地球人看不懂的文字，由符号、繁体字、日文、韩文、冷僻字或汉字拆分后的部分等非正规化文字符号组合而成），其实就是年轻网民之间的一种语言游戏。很多网络流行词语、流行句式和流行体，就是因为网民的不断模仿袭用而形成的（王晶 等，2019）。

"国欲强，风雅兴"，只有多管齐下、多方发力，才能切实提高网民的素质，净化网络空间。网络语言暴力问题的解决是一个长期而漫长的过程，随着人们素质的提高和全社会的共同努力，网络语言暴力现象必定会得到有效治理，网络环境也必定会更加健康文明。

5.4 构建和谐语言生态

语言是人类最基本的交际工具，语言生活是社会生活的重要组成部分，甚至可以说没有语言生活也就没有社会生活。语言生活的文明、健康程度，反映着甚至决定着社会生活的文明程度。党的十八大以来，我国语言文字事业取得了跨越式发展和历史性成就，为铸牢中华民族共同体意识、构筑中华民族共有精神家园、各民族参与伟大复兴进程和共享伟大成果贡献了力量；在服务人民、服务国家大局方面取得了良好的成绩，尤其是在应急语言、语言减贫、提升国际话语能力等方面，为世界提供了中国智慧和中国方案。2021年9月发布的《国家语言能力指数报告》显示，"中国的国家语言能力指数得分为0.767，仅落后于美国的0.855，居世界第二位"，这说明我国公民的语言能力位于世界前列（匡凤，2022）。不过，随着数字化时代的发展，网络虚拟世界与现实世界逐渐交融，线下生活日益向线上转移，语言生活的内涵和外延在不断发生着变化，呈现出丰富多彩、纷繁复杂的特征，这不仅给我国的语言生活带来了机遇，同时也带来了巨大的挑战。例如，网络空间语言问题、城市化带来的城乡融合语言问题、老龄化社会带来的老年人语言能力退化和语言障碍问题等。

语言生活的蓬勃健康发展需要科学的规划和正确的引导。早在2006年，国家语委就提出要"构建和谐的语言生活"。这一理念既涵盖宏观和中观层面的语言生活问题，也包括微观层面的语言生活建设；既面向一般人群，也关注特殊人群。本研究主要探讨如何通过话语能力提升、智能技术发展、语言服务加强等，满足语言服务新需求，以期促进语言生活和谐、健康发展。

5.4.1 开展多语教育，提高话语能力

目前，我国约有3亿人学习英语，不少人甚至是三语或四语学习者。英语学习是国家发展和改革开放的需要，是参与国际文化交流的基础。在"聚焦重点、全面普及、巩固提高"这一新时代推广普通话（推普）方针的指导下，教育部、国家语委开展了民族地区推普攻坚、农村地区推普助力乡村振兴以及国家通用语言文字高质量普及"三大行动"。另外，国际中文教育是加强中国文化影响力的基本路径，也是加强国际交流的重要手段。在全球化背景下，语言在国际沟通交流中的作用进一步凸显。例如，在2022年北京冬奥会期间，各项语言服务和语言技术使各国参赛选手沟通融洽。在中国空间站建立后，也需要考虑各国宇航员如何学习汉语、使用汉语操作系统的问题。中国的发展离不开世界，世界的发展也需要中国，加强多语教育可以让中国更好地了解外国，推动中国文化传播，促进交流和贸易往来，使国家更加强大。中国正在走向世界舞台的中央，中国与世界同步交织、相互激荡。在这一背景下，中国对外语教育提出了新目标和新要求。外语界根据国家部署，积极行动，大力开展多语种、多层次外语教育，努力提高外语人才培养质量，强化参与全球治理的话语能力，助力提升我国国际地位（王定华 等，2019）。

每个省市应根据社会发展的需要规划相应的语种，江苏省开设的语种涵盖英语、日语、法语、俄语、朝鲜/韩语、德语、西班牙语、阿拉伯语、意大利语和泰语等10种外国语言；江苏开设商务英语专业和翻译专业的高校达到17所，所

占比呈上升态势，这与国家对外语复合应用型人才的需求不断扩大密不可分，同时也表明江苏的高校在不断增强办学思想自觉和行动自觉，主动服务地方和国家社会经济发展需要。

5.4.2 发展智能技术，满足语言服务新需求

近年来，人工智能技术迅猛发展，语言文字学界和业界密切关注和深入分析数字技术给语言生活带来的新变化、数字经济催生的语言服务新需求、数字社会面临的语言治理新问题。例如，生成式语言模型展现了语言与科技的紧密联系。智能写作除传统的诗歌等文学创作外，其应用领域和场景越来越广泛，新闻报道、办公文书、营销广告乃至科研论文等都"不在话下"。但与此同时，智能写作也面临着内容失实、语言伦理失范等一系列问题，需要以开放且审慎的态度来应对。再如，长期以来，由于手语翻译在我国尚未走向职业化，真人手语译员尤其是高水平译员严重短缺。基于人工智能的机器翻译成为一种新型解决方案。多个手语数字人产品在国际性体育赛事的新闻播报和赛事直播中亮相，满足了国内听障群体对无障碍服务的需求。

人工智能的发展必将带来全新的人机关系。人机共生的理念强调人类和机器的合作与互补，而不是取代关系。人类可以利用人工智能技术来增强自身的智能能力，提高工作效率和创造力。机器可以帮助人类更好地处理大量的数据和信息，提供更准确的分析和决策支持。人工智能的决策过程可能缺乏透明度和可解释性，引发伦理和隐私问题。我们需要保持对人工智能的监督和控制，确保其发展和应用符合人类的需求和利益。只有在人类和机器能够和谐共处的基础上，我们才能充分发挥人工智能的潜力，实现智力的进步和创新的突破（秦颖，2023）。

5.4.3 加强语言服务，提升语言生活质量

我们探讨的语言服务属于广义的范畴，既包括语言标识、翻译等以信息转换为基本任务的狭义语言服务，也包含语言教育（语言学习）服务、语言支持服务、应急语言服务以及普通话推广、地方语言保护、外语生活等政府语言规划项目。相比过去的语言服务，数字化时代的语言服务呈现出多学科交叉的特点，借助人工智能、计算机语言技术、语料库、信息通信等多种新的技术手段，为语言服务项目提供数字化解决方案。语言服务可以通过利用语言、语言产品和语言技术，

为满足社会语言需求而提供各种服务。从冬奥会等国家重大活动,到粤港澳大湾区等国家重大发展战略;从天气预报等公共服务产品,到面对面的政务语言;从手语、盲文等特殊的语言文字形态,到产品说明书等社会生活常用品……我国各行各业的语言服务意识和能力都有了大幅提升。

语言可以服务于各个重要领域。面对大型国际性体育赛事使用语言达上百种的情况,"北京冬奥会语言服务行动计划"开展了语言技术集成服务、语言翻译和培训、奥运语言环境优化、外语志愿者培训、冬奥语言文化展示体验等项目,构筑起北京冬奥会语言服务体系,保障赛事顺利进行。例如,8个语种对照、包含13.2万条术语的跨语言冬奥术语库为口笔译人员、志愿者等提供在线服务;《冬奥会体育项目名词》选取3 000条核心竞赛术语,用中、英、法、日、俄、朝/韩、德、西8个语种对齐翻译,成为北京冬奥会重要的文化遗产。

2022年4月,我国成立了国家应急语言服务团,主要针对各类突发公共事件应急处置及国家其他领域重要工作中亟须克服的语言障碍,提供国家通用语言文字、少数民族语言文字、汉语方言、手语、盲文、外国语言文字等方面的语言服务,助力应急管理体系和能力现代化建设,未来将会开发应急语言手册等更多应急语言服务产品。

在数字技术大规模应用的背景下,可以将语言转化为数字信息,生产满足不同用户需求的语言产品。而将生态语言学与政治学、社会学交叉,可以探索语言生态治理新模式。此外,还可以利用语言资源实现脱贫、助力乡村振兴和发展经济等。在语言规划方面,要从政策规范走向多方面引导,语言的健康发展需要政府、社会组织以及公众的共同努力。

语言是影响社会发展的重要因素,从调查结果来看(具体见第三章),江苏的外语生态(包括外语使用状况)总体向好,呈现出从语言管理向语言服务转变的趋势,未来江苏需要持续加强各领域语言生态研究,完善语言规划和语言政策,进一步统筹产教融合,发挥高校的语言服务功能。

语言生活是交融的,中国的语言生活一定要跟外国的语言生活发生交融;语言生活是分层次的,从大的方面来说,语言工作、教学、研究也是语言生活;语言生活又是十分丰富的、动态变化的(于根元,2011)。当下,人类社会已跨入生态文明建设的新时代,大量的数据和事实显示语言生态环境是整个生态环境不可或缺的有机组成部分,同时,由于语言与社会之间水乳交融的共变关系,语言生态的好坏决定着语言社会功能的发挥，直接影响到生态文明建设。江苏作为语言大省，语言生活总体和谐。从生态语言学视角观察、探究网络空间语言的发展状况和网络空间语言的生命状态，正视语言生态中暴露出的语言问题，做好语言服务规划，建立多语服务人才培养体系，提升多语服务能力，构建和谐的语言生态，是江苏乃至全国语言生态治理的重要任务。

参考文献

[1] 陈林汉，1996．外国人怎样评价两份中国英语报刊？[J]．现代外语（1）：44–46．

[2] 陈鹏，2016．语言产业经济贡献度研究的若干问题[J]．语言文字应用（3）：86–93．

[3] 陈旸，2020．生态语言学研究从这里走向世界：第四届国际生态语言学研讨会综述[J]．中国外语，17（1）：104–111．

[4] 成丕德，2018．净化网络语言[J]．新闻战线（12）：3．

[5] 戴曼纯，潘巍巍，2018．国家语言能力建设视角下的个人多语能力[J]．语言文字应用（1）：2–11．

[6] 杜慧敏，2019．新时代公民应发展三种语言能力[N]．语言文字报，11–20（2）．

[7] 段丹洁，2019．扎实推进国家语言能力建设[N]．中国社会科学报，07–12（1）．

[8] 樊丽明，2020．"新文科"：时代需求与建设重点[J]．中国大学教学（5）：4–8．

[9] 范俊军，2005．生态语言学研究述评[J]．外语教学与研究（2）：110–115．

[10] 范俊军，马海布吉，2018．生态语言学的概念系统及本土化研究方向[J]．广西民族大学学报（哲学社会科学版），40（6）：100–109．

[11] 费孝通，1995．从马林诺斯基老师学习文化论的体会[J]．北京大学学报（哲学社科版）（6）：53–71．

[12] 冯广艺，2013．语言生态学[M]．北京：人民出版社．

[13] 冯广艺，2021．语言生态学视域下的网民语用规范研究：纪念《语法修辞讲话》发表70周年[J]．四川文理学院学报，31（6）：7–11．

[14] 甘伶俐, 2023. 中国英语对中国国际传播影响力提升探析 [J]. 海外英语（12）: 195–197.

[15] 甘伶俐, 2023. 转文化视域下中国英语在中华文化传播中的作用及实现路径研究 [J]. 海外英语（11）: 206–208.

[16] 高超, 2008. 中国语境中的英语报章变革动词研究 [M]. 北京：对外经济贸易大学出版社.

[17] 高超, 文秋芳, 2012. 中国语境中本土化英语的可理解度与可接受度研究 [J]. 外语教学, 33（5）: 53–58.

[18] 顾忆青, 衣永刚, 2019. 中国高校多语种外文网站建设:现状、问题与对策 [J]. 语言文字应用（1）: 46–55.

[19] 郭龙生, 2012. 以科学的外语规划引导健康的外语生活 [J]. 中国社会语言学（2）: 54–64.

[20] 郭熙, 2019. 七十年来的中国语言生活 [J]. 语言战略研究, 4（4）: 14–26.

[21] 国家疾控局：我国平稳进入"乙类乙管"常态化疫情防控阶段 [EB/OL]. （2023–02–23）[2023–06–05] http://health.people.com.cn/n1/2023/0223/c14739-32630026.html.

[22] 国家语言文字工作委员会, 2022. 中国语言文字事业发展报告 [M]. 北京：商务印书馆.

[23] 国务院办公厅关于全面加强新时代语言文字工作的意见 [EB/OL]. （2021–11–30）[2023–06–05] https://www.gov.cn/zhengce/content/2021/11/30/content_5654985.html.

[24] 何伟, 程铭, 2023. 生态话语体系建构探讨 [J]. 中国外语, 20（3）: 48–55.

[25] 何伟, 刘佳欢, 2020. 多元和谐, 交互共生：生态哲学观的建构与发展 [J]. 山东外语教学（1）: 12–24.

[26] 何伟, 魏榕, 2018. 多元和谐, 交互共生：国际生态话语分析之生态哲学观建构 [J]. 外语学刊（6）: 28–35.

[27] 何伟, 魏榕, 2017. 生态语言学:整体化与多样化的发展趋势——《语言科学》主编苏内·沃克·斯特芬森博士访谈录 [J]. 国外社会科学（4）: 145–151.

[28] 贺宏志, 陈鹏, 2013. 语言产业引论 [M]. 北京：语文出版社.

[29] 洪堡特, 2011. 洪堡特语言哲学文集 [M]. 姚小平, 译. 北京：商务印书馆.

[30] 胡晓丽, 2012. 世界英语变体发展对英语教学的启示 [J]. 外语与外语教学（6）: 44–48.

[31] 胡晓丽, 2008. 中国英语之功能研究 [J]. 外语与外语教学（11）: 13–16.

[32] 胡壮麟, 2018. 韩礼德学术思想的中国渊源和回归 [C]. 北京: 外语教学与研究出版社.

[33] 胡壮麟, 2020. 新文科背景下的语言学跨学科发展 [J]. 外语界（4）: 2–9, 27.

[34] 黄国文, 2016. 生态语言学的兴起与发展 [J]. 中国外语, 13（1）: 1, 9–12.

[35] 黄国文, 2023. 什么是系统语言学 [J]. 北京科技大学学报（社会科学版）（1）: 73–89.

[36] 黄国文, 陈旸, 2016. 生态哲学与话语的生态分析 [J]. 外国语文, 32（6）: 55–61.

[37] 黄国文, 文秋芳, 2018. 新时代外语工作者的社会责任 [J]. 中国外语, 15（3）: 1, 12–14.

[38] 黄国文, 赵蕊华, 2017. 生态话语分析的缘起、目标、原则与方法 [J]. 现代外语, 40（5）: 585–596, 729.

[39] 黄国文, 赵蕊华, 2019. 什么是生态语言学 [M]. 上海: 上海外语教育出版社.

[40] 黄知常, 舒解生, 2004. 生态语言学: 语言学研究的新视角 [J]. 南华大学学报(社会科学版)（2）: 68–72.

[41] 吉志强, 2021. 新时代生态文明话语体系研究: 演进与展望 [J]. 中共山西省委党校学报（3）: 117–123.

[42] 贾冠杰, 向明友, 1997. 为中国英语一辩 [J]. 外语与外语教学（5）: 10–11.

[43] 江苏省人民政府关于废止和修改部分行政规范性文件的决定 [EB/OL]. （2022–11–07）[2023–08–05]. http://www.jiangsu.gov.cn/art/2022/11/7/art_46143_10655484.html.

[44] 江苏省质量技术监督局, 2009. 公共场所标志英文译写规范 [Z]. 未出版物.

[45] 姜钢, 2016. 贯彻落实《实施意见》积极推进国家外语能力测评体系建设 [J]. 中国考试（1）: 3–6.

[46] 蒋洪新, 杨安, 宁琦, 2020. 新时代外语教育的战略思考 [J]. 外语教学与研究, 52（1）: 12–16.

[47] 教育部高等学校外国语言文学类专业教学指导委员会英语专业教学指导分委

员会，2020. 普通高等学校本科外国语言文学类专业教学指南（上）[Z]. 北京：外语教学与研究出版社.

[48] 教育部、国家语委发布 2022 年中国语言生活总体状况 [EB/OL].（2023–08–18）[2023–08–20]. http://www.moe.gov.cn/fbh/live/2023/55470/mtbd/202308/t20230818_1074919.html.

[49] 教育部语言文字信息管理司，2011. 中国语言生活状况报告（2010）[M]. 北京：商务印书馆.

[50] 匡凤，2022. 新发展格局背景下城市外语能力建设探微：以吉安市为例 [J]. 井冈山大学学报（社会科学版），43（6）：129–136.

[51] 雷蕾，苗兴伟，2020. 生态话语分析中的生态哲学观研究 [J]. 外语学刊（3）：120–123.

[52] 李爱敏，2016. "人类命运共同体"：理论本质、基本内涵与中国特色 [J]. 中共福建省委党校学报（2）：96–102.

[53] 李国正，1991. 生态汉语学 [M]. 长春：吉林教育出版社.

[54] 李国正，1987. 生态语言系统说略 [J]. 语文导报（10）：21–23.

[55] 李美霞，沈维，2017. 域内外生态语言学研究流变与发展趋向 [J]. 北京科技大学学报（社会科学版），33（6）：8–18.

[56] 李文中，1993. 中国英语与中国式英语 [J]. 外语教学与研究（4）：18–24，80.

[57] 李艳，2023. 北京语言产业发展的背景、现状与任务 [J]. 语言政策与规划研究（1）：57–72，179.

[58] 李宇明，2021. 城市语言规划问题 [J]. 同济大学学报（社会科学版），32（1）：104–112.

[59] 李宇明，2012. 论语言生活的层级 [J]. 语言教学与研究（5）：1–10.

[60] 李宇明，2017. 树立"外语生活"意识 [J]. 中国外语，14（5）：1，9–10.

[61] 李宇明，2020. 数据时代与语言产业 [J]. 山东师范大学学报（社会科学版），65（5）：87–98.

[62] 李宇明，2011. 提升国家语言能力的若干思考 [J]. 南开语言学刊（1）：1–8，180.

[63] 李宇明，2019. 语言产业研究的若干问题 [J]. 江苏师范大学学报（哲学社会科学版），45（2）：12–19，123.

[64] 李宇明，2020. 语言技术与语言生态 [J]. 外语教学，41（6）：1–5.

[65] 李宇明，2016. 语言生活与语言生活研究 [J]. 语言战略研究，1（3）：15–23.

[66] 李宇明，2018. 语言在全球治理中的重要作用 [J]. 外语界（5）：2–10.

[67] 李宇明，2010. 中国外语规划的若干思考 [J]. 外国语（1）：2–8.

[68] 李宇明，2023a. "人机共生"的时代 [J]. 语言战略研究，8（4）：1.

[69] 李宇明，2023b. 语言生活研究与中国语言学的历史使命 [J]. 昆明学院学报，45（1）：1–13.

[70] 李宇明，2023c. 积极提升国家语言能力 [N]. 中国社会科学报，01–17（3）.

[71] 李宇明, 卞成林, 傅建彤, 等, 2021. 迎接新十年："中国语言产业研究"笔谈 [J]. 语言产业研究，3（0）：1–6.

[72] 李宇明，屈哨兵，2023. 关于粤港澳大湾区语言生活和语言服务的对话 [J]. 广州大学学报（社会科学版），22（1）：29–39.

[73] 李宇明，周庆生，"中国语言生活状况报告"课题组，2010. 中国语言生活状况报告：2009 上编 [M]. 北京：商务印书馆.

[74] 林秋云，1998. 作为外语的英语变体：中国英语 [J]. 外语与外语教学（8）：16–17.

[75] 刘昌华，2021. 试析网络空间内语言生活的官方治理主体 [J]. 现代交际（8）：210–212.

[76] 刘昌华，2021. 数字经济：网络空间的语言产业 [J]. 黄河科技学院学报，23（6）：72–80.

[77] 刘昌华，李振中，2019. 调查民众语言生活，服务社会经济发展 [J]. 衡阳师范学院学报（4）：160–162.

[78] 刘锦芳，2020. 生态语言学视域下中式英语的发展与消亡 [J]. 校园英语（46）：241–242.

[79] 刘咏波，2017. 中国城市外语生态环境构建对策探讨 [J]. 改革与开放（18）：140–142.

[80] 马静，2002. 学习类电子产品辅助学生英语学习状况调查 [J]. 外语电化教学（4）：48–51.

[81] 马林诺斯基，2002. 文化论 [M]. 费孝通，译. 北京：华夏出版社.

[82] 毛向樱，2017. 网络语言暴力行为的治理之策 [J]. 人民论坛（21）：78–79.

[83] 梅德明, 2018. 新时代外语教育应助力构建"人类命运共同体"[N]. 文汇报, 02–09（6）.

[84] 苗兴伟, 2023. 生态文明视域下生命共同体的话语建构：基于《人民日报》生态报道的生态话语分析 [J]. 北京第二外国语学院学报, 45（3）：18–28, 90.

[85] 苗兴伟, 雷蕾, 2020. 基于功能语言学系统进化观的生态语言学维度探析 [J]. 中国外语, 17（1）：35–40.

[86] 苗兴伟, 赵云, 2018. 生态话语的系统功能语言学阐释 [J]. 浙江外国语学院学报（5）：41–46.

[87] 潘章仙, 2002. 中国英语变体的研究：回顾与展望 [J]. 外语研究（6）：24–27.

[88] 彭建武, 王辉, 2023. 认知语言学视角下隐喻型网络热词"内卷"的解析及英译研究 [J]. 英语广场（19）：42–46.

[89] 平卡姆, 2000. 中式英语之鉴 [M]. 姜桂华, 校. 北京：外语教学与研究出版社.

[90] 乔清举, 2013. 儒家生态思想通论 [M]. 北京：北京大学出版社：54.

[91] 秦颖, 2023. 人机共生场景下的外语教学方法探索：以 ChatGPT 为例 [J]. 外语电化教学（2）：24–29, 108.

[92] 庆祝改革开放40周年大会在京隆重举行 习近平发表重要讲话 [EB/OL].（2018–12–18）[2023–02–05]. http://news.cnr.cn/native/gd/20181218/t20181218_524454150.shtml.

[93] 屈哨兵, 2010. 关于《中国语言生活状况报告》中语言服务问题的观察与思考 [J]. 云南师范大学学报（哲学社会科学版）（9）：22–27.

[94] 屈哨兵, 2018. 广州语言生活状况报告 [M]. 北京：商务印书馆.

[95] 屈哨兵, 2012. 加强语言服务研究，注重语言服务实践 [J]. 语言文字应用（2）：29–31.

[96] 屈哨兵, 2012. 语言服务的概念系统 [J]. 语言文字应用（1）：44–50.

[97] 屈哨兵, 2011. 语言服务视角下的中国语言生活研究 [J]. 北华大学学报（社会科学版）, 12（5）：27–31.

[98]《全球服务贸易发展指数报告2022》发布 江苏服务贸易综合环境指数全国第 一 [EB/OL].（2022–09–08）[2023–08–05]. http://news.jstv.com/a/20220908/1662635698689.shtml.

[99] 邵宜，2015. 语言与语言生态研究 [M]. 广州：暨南大学出版社.

[100] 沈红伟，2019. 微课在提升大学英语教师自主教学能力中的作用 [J]. 长春大学学报，29（2）：96–99，108.

[101] 沈红伟，姜海霞，2021. 数字化时代的山东外语生活 [M]. 北京：经济管理出版社.

[102] 沈红伟，李允，姜海霞，2018. 大数据时代的大学外语教育 [M]. 北京：新华出版社.

[103] 沈骑，曹新宇，2019. 全球治理视域下中国国家外语能力建设的范式转型 [J]. 外语界（6）：45–52.

[104] 沈骑，陆珏璇，2022. 全球城市外语能力指标体系构建 [J]. 新疆师范大学学报（哲学社会科学版），43（2）：140–148.

[105] 省政府办公厅关于开展公共场所中外文双语标志规范工作的通知 [EB/OL].（2008–09–25）[2023–07–07]. http://www.jiangsu.gov.cn/art/2008/9/25/art_46144_2546243.html.

[106] 史献芝，2018. 新时代网络意识形态安全治理的现实路径 [J]. 探索，202（4）：172–178.

[107] 世界格局"东升西降""西强东弱"态势依旧 [EB/OL].（2022–02–24）[2023–07–15]. http://world.people.com.cn/n1/2022/0224/c1002–32358890.html.

[108] 孙建光，马明艳，李梓，2020. 语言景观翻译中的中式英语现象探析 [J]. 淮阴工学院学报，29（4）：52–56.

[109] 孙骊，1989. 英语国别变体的研究和英语在中国 [J]. 外国语（2）：17–23.

[110] 孙小春，陈新仁，2020. 外语生活能力：缘起与内涵 [J]. 外语教学，41（2）：19–22.

[111] 孙迎春，孟世敏，2008. 在线英语产品开发中的学科交叉 [J]. 重庆科技学院学报（社会科学版）（11）：221–222.

[112] 孙有中，2022. 创新教材体系，推进外语类专业新文科建设 [J]. 新文科理论与实践（3）：76–81，126.

[113] 孙有中，2020. 贯彻落实《国标》和《指南》，推进一流专业和一流课程建设 [J]. 外语界（3）：2–4.

[114] 田萍，2021. 主流媒体应当规范使用网络流行语 [N]. 语言文字报，07–21（2）.

[115] 汪高武，庞博，李晨光，等，2020. 讯飞语音输入法方言识别在新冠疫情防控中的应用评估 [J]. 语言战略研究，5（5）：48–56.

[116] 汪榕培，1991. 中国英语是客观存在 [J]. 解放军外语学院学报（1）：1–8，56.

[117] 王定华，曾天山，2019. 民族复兴的强音：新中国外语教育 70 年 [M]. 北京：外语教学与研究出版社．

[118] 王海兰，2018. 广州企业语言使用情况 [A]. 广州大学语言服务研究中心．语言生活皮书：广州语言生活状况报告（2018）[M]. 北京：商务印书馆：10.

[119] 王辉，2020. 国家治理视野下的应急语言能力建设 [J]. 语言战略研究，5（5）：13–20.

[120] 王晋军，2006. 绿色语法与生态和谐 [J]. 华南理工大学学报（社会科学版）（2）：57–60.

[121] 王晋军，2007. 生态语言学：语言学研究的新视域 [J]. 天津外国语学院学报（1）：53–57.

[122] 王晶，谢晓明，2019. 移动互联时代的语言生活问题 [J]. 湖北大学学报（哲学社会科学版），46（6）：135–140.

[123] 王娟，华伊然，2022. 主流媒体英文网站的国际传播力提升策略研究：以新华网"视频与生活"栏目为例 [J]. 中国新闻传播研究（2）：15–28.

[124] 王立非，2021. 从语言服务大国迈向语言服务强国：再论语言服务、语言服务学科、语言服务人才 [J]. 北京第二外国语学院学报，43（1）：3–11.

[125] 王立非，崔璨，2020a. "一带一路"对外贸易中的语言服务便利度测量实证研究 [J]. 语言文字应用（3）：26–35.

[126] 王立非，穆雷，廖荣霞，等，2020b. 全球抗疫中应急语言服务响应与人才准备的多维思考 [J]. 当代外语研究（4）：46–54.

[127] 王立非，任杰，2021a. 跨国语言管理的国外研究现状分析（1979—2019）[J]. 语言文字应用（2）：16–27.

[128] 王立非，任杰，2021b. 新中国 70 年商务英语教材发展和研究现状分析（1949—2019）[J]. 外语教育研究前沿，4（2）：43–49，90.

[129] 王立非，任杰，孙疆卫，等，2020c. 应急语言服务的概念、研究现状与机制体制建设 [J]. 北京第二外国语学院学报，42（1）：21–30.

[130] 王立非，王铭玉，沈骑，等，2020d."应急语言问题"多人谈 [J].语言战略研究，5（3）：75–79.

[131] 王羽栋，2019.网络语言暴力的治理路径探析 [J].广西科技师范学院学报，34（4）：83–86.

[132] 魏榕，何伟，2017.生态语言学的兴起与多样化发展："第一届中国生态语言学战略发展研讨会"综述 [J].北京科技大学学报（社会科学版），33（4）：38–41.

[133] 文秋芳，2019．对"国家语言能力"的再解读：兼述中国国家语言能力建设 70 年的成就及不足 [J]．新疆师范大学学报（哲学社会科学版）(5)：57–67.

[134] 文秋芳,2016.国家语言能力的内涵及其评价指标 [J].云南师范大学学报（哲学社会科学版），48（2）：23–31.

[135] 文秋芳，2019.国家语言治理能力建设 70 年：回顾与展望 [J].云南师范大学学报（哲学社会科学版）（1）：30–40.

[136] 文秋芳，常小玲，2021.中国共产党百年外语教育与中华民族伟大复兴 [J].外语教育研究前沿，4（2）：7–19，89.

[137] 文秋芳，苏静，监艳红，2011.国家外语能力的理论构建与应用尝试 [J].中国外语，8（3）：4–10.

[138] 文秋芳，杨佳，2020.提升国家语言能力，助推两个共同体建设 [J].语言文字应用（4）：7–15.

[139] 吴佳，杜宜阳，张日培，等，2020.社科类科研基金语言学课题立项情况（2016—2018）[C] // 上海市教育科学研究院，上海外国语大学．语言生活皮书：上海语言生活状况报告（2020）.北京：商务印书馆：15.

[140] 吴莎，2019.国际英语考试对接中国英语能力等级量表的预期效应 [J].现代外语，42（5）：672–683.

[141] 吴莎，张文霞，郭茜，2018.高校研究生英语能力需求及满意度调查研究 [J].学位与研究生教育（3）：47–53.

[142] 吴岩，2023.深入实施教育数字化战略行动 以教育数字化支撑引领中国教育现代化 [J].中国高等教育（2）：5–10.

[143] 吴岩,2019.新使命 大格局 新文科 大外语 [J].外语教育研究前沿,2(2):3–7，90.

[144] 吴岩,2021.抓好教学"新基建" 培养高质量外语人才 [J].外语教育研究前沿,4（2）：3–6.

[145] 武继红，2014. 回顾与展望：对中国英语研究现状的反思 [J]. 当代外语研究（5）：24–28.

[146] 习近平，2019. 深入学习习近平关于教育的重要论述 [M]. 北京：人民出版社.

[147] 习近平，2017. 习近平谈治国理政：第 2 卷 [M]. 北京：外文出版社.

[148] 习近平：在哲学社会科学工作座谈会上的讲话 [EB/OL].（2016–05–18）[2023–02–05]. http://www.xinhuanet.com/politics/2016/05/18/c_1118891128.htm.

[149] 习近平给中央美术学院老教授回信 [EB/OL].（2018–08–30）[2023–07–05]. http://www.gov.cn/xinwen/2018–08/30/content_5317813.htm.

[150] 习近平在亚太经合组织工商领导人峰会上的书面演讲 [EB/OL].（2022–11–18）[2023–02–05]. http://www.mofcom.gov.cn/article/zt_20thCPC/toutiao/202211/20221103370080.shtml.

[151] 习近平在中共中央政治局第三十六次集体学习时强调：加快推进网络信息技术自主创新 朝着建设网络强国目标不懈努力 [EB/OL].（2016–10–11）[2023–02–05]. http://dangjian.people.com.cn/n1/2016/1011/c117092–28768107.html.

[152] 谢俊，2022. 5G 驱动下网络意识形态传播的新特征、新风险及应对策略 [J]. 探索（6）：173–184.

[153] 谢之君,1995. 中国英语:跨文化语言交际中的干扰性变体 [J]. 现代外语（4）：7–11.

[154] 徐锦芬,潘晨茜,2021. 多语言意识下的中国特色外语教育规划 [J]. 外语教学,42（2）：49–54.

[155] 许嘉璐，2000. 论新时期语言文字工作 [M]. 北京：语文出版社.

[156] 许嘉璐，1997. 语文生活调查与语言文字应用研究 [J]. 语文建设（3）：2–3.

[157] 于根元，2017. 关于语言生活的杂记 [J]. 语言战略研究（6）：1.

[158] 于根元，2003. 应用语言学概论 [M]. 北京：商务印书馆：159.

[159] 于根元，2011. 语言·生活·研究 [J]. 北华大学学报（社会科学版），12（5）：14–16.

[160] 张彩华，黄国文，2019. 系统论、系统功能语言学与生态语言学 [J]. 中国外语，16（5）：43–50.

[161] 张德禄，2019. 外语专业本科生信息技术能力培养模式研究 [J]. 西安外国语大学学报，27（1）：1–6.

[162] 张海，李馨，2009. 日本移动学习实践研究前沿：对话东京大学教育技术首席专家山内祐平副教授 [J]. 中国电化教育（9）：1–6.

[163] 张洪忠，方增泉，郑伟，等，2015. 中国高校海外网络传播力报告（2015）[N]. 光明日报，10–22（15）.

[164] 张华丽，2018. 社会主义生态文明话语体系研究 [D]. 北京：中共中央党校.

[165] 张柳，2022. 高校英文网站的逻辑遵循和建设路径：以上海地区 L 高校英文网站为例 [J]. 新媒体研究，8（20）：34–36.

[166] 张培成，1995. 使用目的与国别变体：也谈中国英语 [J]. 现代外语（3）：16–21.

[167] 张瑞杰，2018. 系统功能语言学视角下话语生态性分析模式构建 [D]. 北京：北京科技大学.

[168] 张瑞杰，何伟，2018. 生态语言学视角下的人际意义系统 [J]. 外语与外语教学（2）：99–108，150.

[169] 张伟，郑中原，2004. 国际化城市的语言服务环境建设思路 [J]. 重庆工商大学学报（社会科学版）（6）：67–70.

[170] 张学军，董晓辉，2020. 人机共生：人工智能时代及其教育的发展趋势 [J]. 电化教育研究，41（4）：35–41.

[171] 赵奎英，2021. 从生态话语修辞批评看环境话语中的隐喻建构 [J]. 鄱阳湖学刊（4）：32–39.

[172] 赵奎英，2020. 生态美学、生态美育与生生美学：曾繁仁生态美学研究的三大领域及其内在演进 [J]. 鄱阳湖学刊（5）：11–23，125.

[173] 赵蓉晖，2020. 语言文字学术团体与科研机构 [C]. 上海市教育科学研究院，上海外国语大学. 语言生活皮书：上海语言生活状况报告（2020）. 北京：商务印书馆：16.

[174] 赵蓉晖，2014. 中国外语规划与外语政策的基本问题 [J]. 云南师范大学学报（哲学社会科学版），46（1）：1–7.

[175] 赵蕊华，2022. 和谐话语分析：缘起、核心概念与应用扩展——黄国文教授和谐话语分析评述 [J]. 鄱阳湖学刊（1）：54–63，126–127.

[176] 赵蕊华，陈瑜敏，2021. 生态语言学视角下中国新生态故事研究 [J]. 外语学刊（4）：18–25.

[177] 赵蕊华，黄国文，2021. 和谐话语分析框架及其应用 [J]. 外语教学与研究，53（1）：42–53，159–160.

[178] 赵蕊华，黄国文，2017. 生态语言学研究与和谐话语分析：黄国文教授访谈录 [J]. 当代外语研究（4）：15–18，25.

[179] 赵世举，2019. 语言在国家安全中的角色和功能 [J]. 云南师范大学学报（哲学社会科学版），51（2）：31–39.

[180] 赵世举，2018. 重视网络空间语言的规划与治理 [J]. 人民周刊（3）：68–69.

[181] 赵宗锋，彭澍，2015. 国内外高校外文网站差异比较及启示 [J]. 对外传播（12）：38–39.

[182] 郑明明，吴莎，2023.《中国英语能力等级量表》应用研究的现状及启示 [J]. 中国考试（2）：56–63.

[183] 郑通涛，1985. 语言的相关性原则：《语言生态学初探》之一 [J]. 厦门大学学报（哲学社会科学版）（4）：150–157.

[184] 中共中央党史和文献研究院，2021. 习近平关于网络强国论述摘编 [M]. 北京：中央文献出版社.

[185] 中国翻译协会，2023. 2023 全球翻译及语言服务行业发展报告 [R]. 北京：中国翻译协会.

[186] 中国翻译协会，2023. 2023 中国翻译及语言服务行业发展报告 [R]. 北京：中国翻译协会.

[187] "中国语言生活状况报告" 课题组，李宇明，2007. 中国语言生活状况报告：2006 上编 [M]. 北京：商务印书馆.

[188] "中国语言生活状况报告" 课题组，李宇明，2006. 中国语言生活状况报告：2005 上编 [M]. 北京：商务印书馆.

[189] "中国语言生活状况报告" 课题组，周庆生，2009. 中国语言生活状况报告：2008 上编 [M]. 北京：商务印书馆.

[190] "中国语言生活状况报告" 课题组，周庆生，2008. 中国语言生活状况报告：2007 上编 [M]. 北京：商务印书馆.

[191] 仲伟合，王巍巍，黄恩谋，2016. 国家外语能力建设视角下的外语教育规划 [J]. 语言战略研究，1（5）：45–51.

[192] 周建军，张倩，2022. 谈大学英文网站建设中的翻译问题 [J]. 英语教师，22（11）：109–113.

[193] 周文娟，2018. 国外生态语言学在中国的引介述评 [J]. 外语与外语教学（5）：21–25，147.

[194] 周文娟，2019. 生态语言学研究的新视角：和谐生态语言学 [J]. 阴山学刊，32（2）：78–82.

[195] 周文娟，2020. 生态哲学观：阐释、建构、融合与拓展 [J]. 阴山学刊，33（6）：54–59.

[196] 祝智庭，2020. 未来学习的近景是混合学习，远景是智慧教育 [J]. 上海教育（9）：22–24.

[197] 祝智庭，彭红超，2020. 技术赋能智慧教育之实践路径 [J]. 中国教育学刊（10）：1–8.

[198] Alexande, R, Stibbe, A., 2014. From the analysis of ecological discourse to the ecological analysis of discourse [J]. *Language Sciences* (41): 104–110.

[199] Bryam, M., 2004 *Routledge Encyclopedia of Language Teaching and Learning* [M]. London: Routledge.

[200] Chomsky, N., 2004. Knowledge of Language, Human Nature, and the Role of Intellectuals [A]. In: Otero, S (Ed.), *Language and Politics* [C]. Oakland: A. K. Press.

[201] Cowley, S., 2011. *Distributed language* [C]. Amsterdam: John Benjamins.

[202] Cowley, S., 2018. Life and language: Is meaning bio semiotic? [J]. *Language Sciences*(67): 46–58.

[203] De Saussure, F., 1916. Cours de Linguistique Générale [M]. Lausanne: Payot.

[204] Donmall, B. G., 1985. *Language Awareness: NCLE Papers and Reports* [M]. London: CILT.

[205] Haugen, E., 1972. *The ecology of language: essays* [M]. Stanford: Stanford University Press: 325–339.

[206] Fill, A., 2001. Ecolinguistics: States of the art [A]. In Fill, A, Mühlhäusler. P. (Eds). *The Ecolinguistics Reader: Language, Ecology and Environment*. London:

Continuum: 43–53.

[207] Fill, A, Penz, H., 2018. *The Routledge Handbook of Ecolinguistics* [C]. London: Routledge.

[208] Garner, M., 2004. *Language: An Ecological View* [M]. Oxford: Peter Lang.

[209] Halliday, M. A. K.,1990. New ways of meaning: The challenge to applied liinguistics [J]. *Journal of Applied Linguistics* (6): 7–36.

[210] Halliday, M. A. K., 2003. New Ways of Meaning: A Challenge to Applied Linguistics [A]. In: Webster, J. (Ed.), *On Language and Linguistics* [C]. London: Continuum.

[211] Haugen, E., 1972. *The Ecology of Language* [C]. Palo Alto: Stanford University Press.

[212] Mahmud, H. G. Y., 2022. Fong, B. B. U., A study of human-AI symbiosis for creative work: Recent developments and future directions in deep learning [J]. *ACM Transactions on Multimedia Computing Communications and Applications* (4): 225–268.

[213] McKay, S., 2002. *Teaching English as an International Language: Rethinking Goals and Approaches* [M]. Oxford: Oxford University Press.

[214] Naess, A., 1995. The Shallow and the Long Range,Deep Ecology Movement [A]. In: Drengson, A. (Ed.), *The Deep Ecology Movement: An Introductory Anthology* [C]. Berkeley: North Atlantic Books.

[215] Newmark, P., 2001. *Approaches to Translation* [M]. Shanghai: Shanghai Foreign Language Education Press.

[216] Nord, C., 2003. *Textanalyse und Übersetzen* [M]. Tübingen: Julius Groos Verlag.

[217] Nord, C., 2017. Warum kann man "danke" nicht einfach mit "gracias" übersetzen? Vom Zusammenhang zwischen Sprache und Kultur [A]. In Hampe, B. (Ed.). *Welten verbinden durch Übersetzen und Dolmetschen* [C]. Berlin: BDÜ Fachverlag: 123–128.

[218] Phillipson, R., 2016. Additive University Multilingualism in English-Dominant Empire: The Language Policy Challenges [A]. In Langner, M., Jovanovic,V. (Eds). *Facetten der Mehrsprachigkeit. Reflets du plurilinguisme* [C]. Bern: Peter Lang.

[219] Sapir, E., 1912. *Language and Environment. American Anthropologist*, 14: 226–242 [EB/OL]. https://doi.org/10.1525/aa.1912.14.2.02a00020.

[220] Saraceni, M., 2008. English as a lingua franca: Between form and function [J]. *English Today*, 24(2): 20–26.

[221] Steffensen, S. V., 2007. Language, ecology and society: An introduction to dialectical linguistics [C]. in J. Bang Chr. and J. Døør (eds), *Language, Ecology and Society: A Dialectical Approach.* London: Continuum: 3–31.

[222] Steffensen, S. V., Fill, A., 2014. Ecolinguistics: The state of the art and future horizons [J]. *Language Sciences* (41): 6–25.

[223] Stibbe, A., 2001. Language, power, and the social construction of animals [J]. *Society and Animals* (9): 145–162.

[224] Stibbe, A., 2003. As charming as a pig: The discursive construction of the relationship between pigs and humans [J]. *Society and Animals* (11): 375–392.

[225] Stibbe, A., 2005. Environmental education across cultures: Beyond the discourse of shallow environmentalism [J]. *Language & Intercultural Communication* (4): 242–260.

[226] Stibbe, A., 2012. *Animals Erased: Discourse, Ecology, and Reconnection with the Natural World* [M]. Middletown, CT: Wesleyan University Press.

[227] Stibbe, A., 2015. *Ecolinguistics: Language, Ecology and the Stories We Live By* [M]. London: Routledge.

[228] Wei, R, Su, J., 2012. The statistics of English in China [J]. *English Today*, 28(3):10–14.

[229] Yang, J., 2006. Learners and users of English in China [J]. *English Today*, 22(2): 3–10.

图书在版编目（CIP）数据

数字化时代的江苏外语生态研究 / 沈红伟，姜海霞著 . ---北京：中国人民大学出版社，2023.11
（外国语言文学学术论丛）
ISBN 978-7-300-32381-7

Ⅰ.①数… Ⅱ.①沈… ②姜… Ⅲ.①外语—语言学—生态学—研究 Ⅳ.①H0-05

中国国家版本馆 CIP 数据核字（2023）第 221999 号

外国语言文学学术论丛
数字化时代的江苏外语生态研究
沈红伟　姜海霞　著
Shuzihua Shidai de Jiangsu Waiyu Shengtai Yanjiu

出版发行	中国人民大学出版社		
社　　址	北京中关村大街 31 号	邮政编码	100080
电　　话	010 - 62511242（总编室）	010 - 62511770（质管部）	
	010 - 82501766（邮购部）	010 - 62514148（门市部）	
	010 - 62515195（发行公司）	010 - 62515275（盗版举报）	
网　　址	http:// www. crup. com. cn		
经　　销	新华书店		
印　　刷	天津鑫丰华印务有限公司		
规　　格	720 mm × 1000 mm　1/16	版　次	2023 年 11 月第 1 版
印　　张	14.25	印　次	2023 年 11 月第 1 次印刷
字　　数	232 000	定　价	59.00 元

版权所有　　　侵权必究　　　印装差错　　　负责调换

中国人民大学出版社读者信息反馈表

尊敬的读者：

感谢您购买和使用中国人民大学出版社的 _____ 一书，我们希望通过这张小小的反馈表来获得您更多的建议和意见，以改进我们的工作，加强我们双方的沟通和联系。我们期待着能为更多的读者提供更多的好书。

请您填妥下表后，寄回或传真回复我们，对您的支持我们不胜感激！

1. 您是从何种途径得知本书的：
   □书店　　　□网上　　　□报纸杂志　　　□朋友推荐
2. 您为什么决定购买本书：
   □工作需要　　□学习参考　　□对本书主题感兴趣　　□随便翻翻
3. 您对本书内容的评价是：
   □很好　　　□好　　　□一般　　　□差　　　□很差
4. 您在阅读本书的过程中有没有发现明显的专业及编校错误，如果有，它们是：
   _____
   _____
   _____

5. 您对哪些专业的图书信息比较感兴趣：
   _____
   _____
   _____

6. 如果方便，请提供您的个人信息，以便于我们和您联系（您的个人资料我们将严格保密）：
   您供职的单位：_____
   您教授的课程（教师填写）：_____
   您的通信地址：_____
   您的电子邮箱：_____

请联系我们：黄婷　程子殊　王新文　王琼　鞠方安
电话：010-62512737，62513265，62515580，62515573，62515576
传真：010-62514961
E-mail：huangt@crup.com.cn　　chengzsh@crup.com.cn　　wangxw@crup.com.cn
　　　　crup_wy@163.com　　jufa@crup.com.cn
通信地址：北京市海淀区中关村大街甲59号文化大厦15层　　邮编：100872
中国人民大学出版社